Weitere Bücher von Kathrin Lange im Arena Verlag:

Wenn die Nebel flüstern, erwacht mein Herz
Die Fabelmacht-Chroniken (1). Flammende Zeichen
Die Fabelmacht-Chroniken (2). Brennende Worte

Kathrin Lange
geboren 1969, arbeitete als Verlagsbuchhändlerin und Mediendesignerin, bevor sie 2005 das Schreiben zu ihrem Beruf machte. Seither ist sie für ihre Thriller und fantastischen Jugendbücher bekannt. Kathrin Lange lebt mit ihrer Familie in der Nähe von Hildesheim.

Kathrin Lange

Everything we left unsaid

Arena

KATHRIN
LANGE

every
thing
we left
unsaid

Ein Verlag in der Westermann Gruppe

MIX
Papier | Fördert
gute Waldnutzung
FSC® C110508

1. Auflage 2024

Rottendorfer Straße 16, 97074 Würzburg

Dieses Werk wurde vermittelt durch die
Textbaby Medienagentur, www.textbaby.de

Text: Kathrin Lange
Lektorat: Laura Held
Umschlaggestaltung: Johannes Wiebel | punchdesign, München
Umschlagmotive: Johannes Wiebel; mariadeta – stock.adobe.com
Layout und Satz: Malte Ritter, Berlin

Gesamtherstellung: Westermann Druck Zwickau GmbH
Gedruckt in Deutschland

ISBN 978-3-401-60677-4

Besuche uns auf:
www.arena-verlag.de

@arena_verlag
@arena_verlag_kids

HINWEIS

Dieses Buch kann sensible Themen enthalten. Weitere Informationen dazu findest du auf S. 382.

Achtung: Diese Hinweise enthalten Spoiler!

We are all broken. That's how the light gets in.

(Ernest Hemingway zugeschrieben)

KAPITEL 1

Die Bustür öffnete sich und mit einem Hüpfer landete Isa Durant auf dem Bürgersteig neben dem Fahrzeug. Sie drehte sich um und wartete, bis ihr Bruder Ben und Sera, ihre Wahlschwester, ebenfalls ausgestiegen waren. Dann verzog sie die Mundwinkel zu einem spöttischen Grinsen. »Der Typ da eben hätte nur allzu gerne deine Telefonnummer gehabt«, sagte sie zu Sera.

Die blies sich gegen die dunkelblonden Haarsträhnen und verdrehte die Augen. »Klar.«

Isa lachte. »Komm schon! Der war doch wirklich ganz süß!«

»Süß?«, warf Ben ein. »Der war einfach nur ein Macho!«

Das sah Isa anders, aber sie behielt das lieber für sich. Ben und sie hätten für Zwillinge durchgehen können, obwohl Ben fast ein Jahr jünger war als sie. Sie hatten beide das gleiche schmale Gesicht und die gleichen feinen Haare, die so hellblond waren, dass sie im Sonnenlicht manchmal weiß wirkten.

»Ist doch egal!« Sera zuckte mit den Schultern. Sie hatte den Jungen im Bus längst abgetan, das war klar. Isa betrachtete ihre Wahlschwester einen Moment lang. Nicht nur, dass Sera fast einen Kopf größer war als Isa und Ben, ihre Haare waren viel dunkler und kräftiger als Isas und ihre Züge energisch. Selbstbewusst, fand Isa. Wenn es ein Wort gab, das Sera beschrieb, dann war es *selbstbewusst.*

»Sie ärgert sich immer noch über die blöde Lefebre«, erklärte Ben mit einem Grinsen. Und diesmal hatte er recht. Sera schien in Gedanken wirklich noch bei der letzten Schulstunde dieses Tages zu sein. Kurz zuvor, im Bus, hatte sie Isa und Ben erzählt, dass Madame Lefebre, ihre Physiklehrerin, sie zum Vorrechnen an die Tafel geholt hatte. Sera war an der komplizierten Formel spektakulär gescheitert und der herablassende Spott ihrer Lehrerin wurmte sie.

»Jetzt hör schon auf, über die blöde Kuh zu grübeln!«, rief Isa. »Weiß doch jeder, dass die Frau einen Knall hat.« Sie selbst hatte Madame Lefebre in Mathe und in dem Fach stand demnächst eine Klausur an, die sie eigentlich hätte nervös machen sollen. Aber Isa hatte, so lange sie denken konnte, einen Wahlspruch: Über Dinge, die man nicht ändern konnte, sollte man besser nicht allzu lange grübeln. Das, worüber Sera sich manchmal tagelang aufregen konnte – ein Pickel auf der Stirn, ein verregnetes Wochenende oder eine verhauene Klausur zum Beispiel –, entlockte Isa meist nur ein müdes Lächeln. Irgendwie, dachte sie, war das schon immer so gewesen: Tief in ihrem Innersten wusste sie, dass die alltäglichen, kleinen Katastrophen belanglos waren. Weil einem nämlich jederzeit etwas wirklich, wirklich Schlimmes passieren konnte. Etwas, worüber es sich zu grübeln lohnte ...

Ihre Gedanken wurden unterbrochen, weil Sera sich bei ihr unterhakte. »Hast ja recht.« Sie machte ein so komisch-verzweifeltes Gesicht, dass Isa auflachte.

»Alte Grüblerin!« Sie knuffte Sera in die Seite, dann zog sie sie mit sich, die Straße entlang, in der ihr Zuhause lag.

Der Art-déco-Hausflur wirkte dunkel gegen die kalte Frühlingssonne, die über Paris schien. Isa wandte sich dem Briefkasten mit der Aufschrift *Durant/Leroc* zu und während sie in ihrer Jackentasche nach ihrem Schlüsselbund kramte, verkündete Sera: »Ben und ich gehen schon mal hoch!«

»Macht das.«

Die beiden liefen die geschwungene hölzerne Treppe nach oben. Isa fand den Schlüsselbund, öffnete den Briefkasten und sah hinein. Mehrere Sendungen lagen darin, darunter zwei verspätete Glückwunschkarten für das vierte Mitglied ihres Geschwisterkleeblattes, Alexander, der vor ein paar Tagen achtzehn geworden war. Genau wie Sera war auch Alexander nicht mit Isa und Ben verwandt, sondern lebte als ihr Pflegebruder bei ihnen. Aber während Seras Mutter vor ein paar Jahren einmal eine längere Beziehung mit Isas und Bens Vater gehabt hatte, die irgendwann wieder auseinandergegangen war, war Alexanders Mutter vor ein paar Jahren bei einem furchtbaren Autounfall ums Leben gekommen. Wie so oft, wenn Isa daran dachte, musste sie schlucken. Sie schob die Gedanken an Alexander fort und sah die anderen Umschläge durch. Sie sahen allesamt offiziell aus. Rechnungen und Schreiben von der Bank oder einer Versicherung. Ein ziemlich großer Brief kam von dem Literaturagenten von Isas Vater, der Schriftsteller war. Auf allen Umschlägen stand der Name von Isas und Bens Vater: Johann Durant.

Und dann war da noch das in braunes Packpapier eingeschlagene Päckchen. Es maß vielleicht zehn mal zehn Zentimeter im Quadrat, war dafür aber auch mindestens drei oder vier Zentimeter dick. Die Postbotin musste es gerade so durch den Briefkastenschlitz bekommen haben.

Neugierig betrachtete Isa die auffällige Frauenhandschrift darauf.

Familie Durant
Johann ♥ Isména ♥ Benjamin

Die Absenderin hatte Isas Namen ausgeschrieben, und den von Ben auch. Und sie hatte die Herzchen, die sie zwischen die Namen gesetzt hatte, sorgfältig gezeichnet und mit einer sauberen Schraffur gefüllt. Neugierig drehte Isa das Päckchen um, weil sie nachsehen wollte, von wem es kam.

Es hatte keinen Absender.

Sie hob ihren Rucksack auf, den sie kurz abgestellt hatte. Dann nahm sie die gesamte Post mit nach oben in die Wohnung, in der es jetzt am späten Nachmittag nach Essen roch und ein wenig nach dem Holzofen im Wohnzimmer, der meistens von Herbst bis Ostern brannte. Fast alle Wände der Wohnung waren mit randvollen Bücherregalen bedeckt. Die gesamte Einrichtung war eine Mischung aus chaotisch vollgestellt und hyperkreativ mit all den Büchern und Kunstwerken, die Isas Vater sammelte, mit den Bildern, die Isa selbst gemalt, und den Dingen, die Ben aus Schrottteilen zusammengeschraubt hatte und die seltsame Namen trugen wie *Ikarus weint* oder *Ein Tag am singenden Meer.*

Isa zog ihre Jacke aus und hängte sie an die Garderobe. Wie üblich waren Sera und Ben sofort nach dem Heimkommen in ihren Zimmern verschwunden. Alexander und auch Isas Vater würden heute erst kurz vor dem Abendessen zu Hause sein, sodass Isa nur auf Claudia traf, das deutsche Au-pair-Mädchen der Familie. Claudia stand in der Küche und bereitete irgendeine Quiche vor. Isa begrüßte sie beiläufig, legte die Briefe und die Glückwunschkarten für Alexander auf den Küchentisch und überlegte dann, ob sie mit dem Päckchen zu Ben gehen und es ihm zeigen sollte. Irgendwas jedoch hielt sie davon ab. Unschlüssig stand sie da.

»Post von einem Verehrer?«, fragte Claudia mit einem raschen Blick über die Schulter. Ihr Französisch war fast fehlerfrei, aber sie hatte einen harten deutschen Akzent, den Isa lustig fand, weil er so zackig klang.

»Ha, ha!«, murmelte sie, dann nahm sie das Päckchen mit in ihr eigenes Zimmer und schloss die Tür hinter sich. Im Raum war es eisig, da sie heute Morgen das Fenster offen stehen gelassen und die kalte Frühlingsluft stundenlang Zeit gehabt hatte, sich breitzumachen. Isa legte das Päckchen auf den windschiefen Stapel ungelesener Bücher auf ihrem Nachtschrank. Ihren Rucksack ließ sie achtlos von der Schulter gleiten, die Schuhe streifte sie von den Füßen. Dann schloss sie das Fenster, drehte die Heizung auf und betrachtete einen Moment lang das Poster neben der Tür.

Es war eine Reproduktion eines Selbstbildnisses von van Gogh. Er trug darauf einen Verband um den Kopf, weil er sich in einem Anfall von Wahnsinn kurz vorher ein Ohr abgeschnitten hatte. Das Gemälde hatte Isa schon immer fasziniert, auch wenn sie nicht so recht sagen konnte, warum eigentlich. Es hatte so was Dramatisches an sich, das sie aus irgendeinem Grund ansprach. Außerdem mochte sie van Goghs Malstil. Die Art, wie er die Pinselstriche auf die Leinwand gesetzt hatte, sodass sich daraus Sonnenblumen oder Sterne ergaben, versuchte sie immer wieder zu kopieren – mit eher mäßigem Erfolg allerdings.

Sie wandte sich ihrer Staffelei und der leeren Leinwand darauf zu. Sie malte viel und gern, aber gerade wusste sie nicht, was das Motiv ihres nächsten Kunstwerks sein sollte. Mit einem Schnaufen warf sie sich der Länge nach auf das Bett.

Wer das Päckchen wohl geschickt hatte?

Sie schüttelte es vorsichtig. Etwas im Inneren klapperte. Sie setzte sich aufrecht hin. Sollte sie es öffnen? Es war immerhin auch an sie adressiert und sie konnte ihrem Vater und Ben den Inhalt ja später immer noch zeigen.

Vorsichtig löste sie das Klebeband und entfernte das Packpapier. Zum Vorschein kam ein kleiner Karton, in dem irgendwann einmal Macarons einer Handwerksbäckerei aus Avignon gewesen waren.

Isa runzelte die Stirn. Tante Claire, die Schwester ihres Vaters, lebte in Avignon. Ob sie das Päckchen geschickt hatte? Aber sie hatte nicht so eine schöne, fast dramatisch wirkende Handschrift. Vor allem aber würde die praktisch veranlagte Claire niemals Herzchen in eine Adresse malen. Nein, dieses Päckchen musste definitiv von jemand anderem kommen.

Noch neugieriger geworden, pulte Isa auch von dem Karton das Klebeband ab. Dann klappte sie den Deckel auf.

Zum Vorschein kam ein matt glänzendes rotes Seidentuch, das lose zusammengeknüllt den ganzen Karton ausfüllte. Es sah edel aus und ziemlich teuer. Vorsichtig schlug Isa seine Zipfel zur Seite. Darunter befand sich eine dieser Miniaturmechaniken, die man in Souvenirshops kaufen und in Spieluhren einbauen konnte. Isa nahm die Mechanik aus der Kiste und schaute auf die Unterseite.

Sur le Pont d'Avignon, stand dort auf einem kleinen Aufkleber. Verwundert drehte Isa die Spieluhr wieder um. Warum schickte ihnen jemand so ein Ding?

Auf der Suche nach einer Antwort warf sie einen Blick in den Karton. Unter dem Seidentuch lag ein zusammengefaltetes Blatt. Genau wie das Tuch wirkte auch das Papier teuer. Isa nahm es heraus, faltete es auseinander.

Dieselbe dramatische Handschrift wie auf dem Päckchen kam zum Vorschein. Die Nachricht war nur kurz.

Lieber Johann,

ich weiß, es ist lange her, und was geschehen ist, tut mir unendlich leid. Ich würde mich gern mit dir und den Kindern zur üblichen Zeit unter der Brücke treffen. Unsere Vergangenheit habe ich zerstört, aber vielleicht gibt es für uns ja eine Zukunft? Mein Herz sehnt sich danach.

Adèle

Isa ließ das Blatt sinken.

Adèle.

Ihr war ein wenig schwindelig zumute. Der Brief war von ihrer Mutter! Sie nahm ihn wieder auf, starrte auf die Worte, die vor ihren Augen verschwammen, und horchte in sich hinein, wo sich tief in ihrem Magen ein kleiner, schmerzhafter Knoten gebildet hatte. Adèle hatte die Familie schon vor Jahren verlassen. Isa war damals gerade mal vier Jahre alt gewesen und sie hatte so gut wie keine Erinnerungen an ihre Mutter. Ganz im Gegenteil: Für Isa war Adèle nur irgendeine Frau, die zwar zufällig Ben und sie geboren, die aber sonst nicht das Geringste mit ihnen zu tun hatte. Isa fühlte überhaupt nichts, wenn sie an Adèle dachte. Sie und Ben lebten bei ihrem alleinerziehenden Vater und das war völlig okay so.

Während ihr diese Gedanken durch den Kopf gingen, drehte Isa den seltsamen Brief in den Händen.

Was sollte sie nun tun? Spontan verspürte sie das Bedürfnis, Ben vor diesem Brief zu beschützen. Anders als sie hatte ihr kleiner Bruder nämlich oft Sehnsucht nach Adèle. Es beschäftigte ihn, dass er seine Mutter nicht kannte, und jetzt diesen

Brief von ihr zu lesen, würde in ihm vermutlich die starke Hoffnung wecken, seine Mutter würde irgendwie wieder zu ihnen zurückkehren. Und ihr Vater? Was würde er empfinden, wenn er diesen Brief las? Isa wusste aus Erzählungen ihrer Tante Claire, dass er damals sehr lange und sehr stark unter Adèles Fortgang gelitten hatte.

Sie biss die Zähne aufeinander, legte den Brief auf die Bettdecke, nahm ihn wieder zur Hand.

Am besten, sie zeigte ihn und auch die Spieluhr Sera und besprach mit ihr, was sie nun tun sollte. Sera würde eine Lösung wissen. Sie wusste oft so viel besser, was man tun konnte, als Isa selbst.

Isa stand auf und trat mit Spieluhr und Brief auf den Flur hinaus. Bens und Seras Zimmertüren waren immer noch zu, vermutlich schrieben die beiden entweder mit Klassenkameraden oder waren auf Insta und TikTok unterwegs. Claudia briet Zwiebeln an und hatte dafür die Küchentür geschlossen, damit der Geruch nicht penetrant durch die ganze Wohnung zog. Drückende Stille umfing Isa. Alles, was sie hören konnte, war der gedämpfte Lärm des Verkehrs unten auf der Straße.

Aus irgendeinem seltsamen Grund machte diese Stille etwas mit ihr. Plötzlich wusste sie, was sie tun musste.

Sie ging ins Wohnzimmer, vorbei an dem Flügel, der dort stand, und hin zu dem brennenden Ofen. Direkt davor blieb sie stehen, spürte die Hitze auf ihrem Gesicht.

Sie nahm den Ofenhandschuh.

Zog ihn über und öffnete die Glastür. Sie zögerte, fragte sich, ob es richtig war, was sie vorhatte, aber dann gab sie sich einen Ruck. Sie warf beides, Spieluhr und Brief, in die Flammen.

KAPITEL 2

Einige Wochen später

Isa umrundete die Ecke des Schulgebäudes und wäre beinahe mit Alexander zusammengerempelt, der bei den Fahrradständern stand und knutschte.

Mist!, dachte sie. Das hatte ihr ja gerade noch gefehlt. Der Tag war von Anfang an verkorkst gewesen. Gleich früh am Morgen hatte sie saure Milch auf ihr Müsli gegossen und es erst gemerkt, als sie einen Löffel voll davon schon im Mund hatte. Dann hatte sie die Matheklausur zurückbekommen, die sie bei Madame Lefebre geschrieben hatte. Sie hatte sie natürlich verhauen, was sie mit ihrem üblichen Achselzucken kommentiert hatte. Und jetzt zu allem Überfluss musste sie auch noch mit ansehen, wie ihr großer Bruder an den Lippen eines Mädchens hing.

Das Mädchen hatte Isa den Rücken zugewandt, aber trotzdem erkannte sie sofort, dass es nicht Jeannine war, mit der Alexander zurzeit eigentlich ging. Jeannine hatte schulterlange dunkelblonde Haare, das Mädchen hier allerdings war weizenblond. Ihr Pferdeschwanz fiel ihr bis fast zu den Hüften hinab.

In der ganzen Schule gab es nur ein einziges Mädchen mit solchen Haaren.

Chloe!

Wann hatte Alexander mit Jeannine Schluss gemacht? Und was noch viel wichtiger war: Warum hatte er ihr nichts davon erzählt? Besonders die zweite Frage nervte Isa, denn eigentlich besprachen Alexander und sie alles. Wirklich alles. Auch wenn sie nicht verwandt waren: Alexander war ihr großer Bruder. Sie liebte und bewunderte ihn, wie man nur einen großen Bruder lieben und bewundern konnte, und umso mehr ärgerten sie seine neuerdings ständig wechselnden Freundinnen. Unbemerkt versuchte sie, sich an den beiden Turteltäubchen vorbeizuschieben. Es gelang nicht. Alexander öffnete genau im falschen Moment die Augen und entdeckte sie.

Mist!

»Lasst euch nicht stören!«, murmelte sie, ging mit gesenktem Kopf zu ihrem Fahrrad und schloss es auf. Seit es in Paris Frühsommer geworden war, verzichtete sie nur allzu gern auf den meist überfüllten Bus.

Alexander löste sich von Chloe. Über ihre Schulter hinweg grinste er Isa an, und wie immer, wenn er das tat, erschienen zwei tiefe Grübchen rechts und links seiner Mundwinkel. Der Anblick war Isa so vertraut, dass sie schlucken musste.

Zu allem Überfluss drehte sich jetzt auch noch Chloe zu ihr um. »Oh. Isa! Hey!«

»Hey, Chloe.« Isa zog ihr Rad aus dem Fahrradständer und wendete es. »Bis nachher, Al.« Sie wusste, dass er es hasste, wenn sie ihn so nannte. Er bestand mit großem Eifer darauf, dass er *Alexander* hieß, und zwar deutsch ausgesprochen, weil seine Mutter eine Bewunderin von Alexander von Humboldt gewesen war.

»Bei aller Knutscherei das Abendessen nicht vergessen!« Isa wartete Alexanders Erwiderung nicht ab, sondern schwang sich in den Sattel und machte, dass sie wegkam. Erst als sie um eine Hausecke gefahren war und Alexander sie ganz sicher nicht mehr sehen konnte, atmete sie tief durch.

Dieser Blödmann wechselte seine Freundinnen neuerdings wirklich wie andere Leute ihre Hemden. Es tat verblüffend weh, das zu denken, und wie an einer Schnur gezogen, wanderten Isas Gedanken zu dem Tag zurück, als sie neun Jahre alt gewesen war und ihr Vater Alexander bei sich aufgenommen hatte …

»Isa, Ben, ihr kennt Alexander ja. Er wird ab heute bei uns wohnen, und ich erwarte, dass ihr nett zu ihm seid.« Das hatte ihr Vater zu ihnen gesagt, als er mit Alexander den Hausflur betreten hatte. Vor Isa stand ein schmaler dunkelhaariger, gerade mal elfjähriger Junge mit großen, verblüffend blauen Augen, in denen es verdächtig glitzerte. Kein Wunder, dachte sie, denn sie wusste ja bereits, dass Alexanders Mutter bei einem Autounfall gestorben war. Sie versuchte, sich vorzustellen, wie es wäre, wenn ihr Vater sterben würde. Oder Ben. Es ging nicht. Die beiden waren einfach immer da und es durfte – nein, es würde niemals, niemals anders sein! Alexanders Maman aber war tot. Sie war in ihr Auto gestiegen und nicht mehr zurückgekommen, aber nicht, weil sie abgehauen war, wie Isas Mutter. Sondern weil ein unaufmerksamer Lastwagenfahrer ihr Auto gerammt hatte. Einfach so. Isa hätte zu gern gewusst, was in Alexander vorging, aber auch wenn sich ihre Blicke sehr lange und sehr intensiv ineinander verhakten, konnte sie seine Gedanken nicht erraten. Sie sah ihm nach, als er schweigend an ihr vorbeiging und ihrem Vater in das Zimmer folgte, das extra für ihn eingerichtet worden war. Erst später am Tag – beim allerersten gemeinsamen Abendessen – machte Alexander den Mund auf. Isas Vater hatte gerade versucht, ein Gespräch in Gang zu bringen und irgendwas sehr Dummes gesagt wie: »Ist doch eigentlich schön, dass ihr jetzt noch einen großen Bruder habt, oder?«

Isa erinnerte sich noch sehr genau, was Alexander daraufhin erwidert hatte.

»Ich kann nicht Isas Bruder sein.«

»Ach?«, rutschte es Ben raus. »Und warum nicht?«

»Weil ich sie später mal heiraten werde.«

Vor lauter Lachen prustete Ben seinen Orangensaft quer über den Tisch. Ihr Vater sah ihn tadelnd an und fasste dann Alexander ins Auge. »Das ist ein sehr nettes Kompliment«, sagte er und Isa hatte nicht so recht gewusst, was sie denken sollte. Sie fand den Spruch irgendwie sonderbar, gleichzeitig aber auch ziemlich süß.

Alexander jedoch hatte nur mit den Schultern gezuckt. Danach hatte er viele Tage lang gar nicht mehr gesprochen und es hatte lange gedauert, bis er seine Trauer um seine tote Mutter überwunden hatte und zu ihrem großen Bruder geworden war. Seitdem jedoch war er ein fantastischer großer Bruder. Einer, um den Isa viele beneideten. Er war zur Stelle, wenn sie etwas von einem hohen Regal nicht selbst herunterholen konnte oder wenn sie einen Schraubverschluss nicht aufbekam. Früher hatte er ihr Mut zugesprochen, wenn sie sich im Freibad nicht vom Dreier getraut hatte. Er hatte mit ihr aus Decken und Stühlen Höhlen gebaut und darin die halbe Nacht im Schein von Taschenlampen Comics gelesen … Sie presste die Lippen aufeinander.

Die Erinnerung fühlte sich an wie etwas, das wütend in ihrem Kopf herumpolterte. Gleichzeitig war es, als würde jemand sie gegen den Strich streicheln. Das nervte total und nicht mal der Anblick der langsam dahinfließenden Seine und die *Pont de Grenelle,* die sie sonst sehr mochte, gefielen ihr heute. Das Haus ihrer Familie lag in einem Viertel links von dem großen Fluss. Isa und ihre Geschwister gingen allerdings auf eine Privatschule im 16. Arrondissement, und das war am anderen Ufer. Darum musste sie auf dem Schulweg eben diese *Pont de Grenelle* überqueren. Es war eine breite Brücke, auf der sie sich manchmal vorkam wie zwischen zwei Welten hindurchgefallen. Linker Hand konnte man von hier aus nämlich den Eiffelturm sehen, und rechter Hand, auf einer kleinen Landzunge mitten in der Seine, stand eine Kopie der Freiheitsstatue. Manchmal, wenn Isa über diese Brücke fuhr, kniff sie spaßeshalber die Augen zusammen und stellte sich vor, dass sie nicht durch Paris radelte, sondern durch Manhattan.

Heute allerdings war sie mit ihren Gedanken zu sehr bei Alexander für solche Spielchen.

Mit einem Kopfschütteln blieb sie an einer roten Ampel stehen. Das war genau der Moment, als ihr Handy klingelte. Seufzend schob sie das Rad ein Stück zur Seite und nahm das Telefon aus der Tasche. *Ben,* verkündete das Display.

Ihr jüngerer Bruder war mit seinem Geschichtskurs für eine Woche auf Studienfahrt in der Provence. Die Reise war ziemlich wichtig für ihn, denn er musste anschließend darüber einen Essay schreiben. Und von diesem Essay hing ab, ob er in die nächste Klasse versetzt werden würde. Ben nahm die Sache sehr ernst und aus genau diesem Grund hatte Isa nicht damit gerechnet, etwas von ihm zu hören. Dass er so unvermittelt anrief, machte sie ein bisschen nervös.

War ihm etwa was passiert? Eilig nahm sie ab. »Hey!«

»Hey, Isa! Ich bin's!«

»Ist was passiert?«, rutschte es ihr tatsächlich raus, und sie biss sich auf die Lippe. Ben hasste es, wenn sie ihn bemutterte.

»Nö? Wieso soll was passiert sein?« Er klang überrascht, aber nicht so, als habe er ihre Reaktion nicht erwartet, sondern eher, als wundere er sich gerade über die gesamte Welt.

»Wir haben heute einen Tagesausflug nach Avignon gemacht und Talleyrand hat uns den Nachmittag freigegeben, damit wir uns die Stadt ansehen können.« Sie hörte ein Grinsen in seiner Stimme.

Isa war erleichtert. »Avignon! Wie cool! Da hättest du ja direkt Tante Claire besuchen können.«

Tante Claire lebte auf einem alten Weingut in der Nähe der Stadt, und wenn Isa an sie dachte, hatte sie diverse Sommerferien in der Provence im Kopf. Dann spürte sie sofort das Gefühl von Sonne auf der Haut, hatte den Geruch von Lavendel oder reifen Feigen in der Nase. Ferien bei Tante Claire, das bedeutete: lange faule Nachmittage unter uralten Olivenbäumen und Platanen, winzige Fledermäuse, die nach Einbruch der Dunkelheit unter einer mit Blauregen bewachsenen Pergola auf Beutezug gingen. Nicht zu vergessen, Tante Claires unfassbar leckere provenzalische Küche ... Beinahe hätte Isa bei all diesen Erinnerungen wohlig geseufzt.

»Hab ich nicht, nein. – Isa ...?« Plötzlich klang Ben angespannt. »Ich rufe dich wegen was ganz anderem an.«

In Isas Magen bildete sich augenblicklich ein Knoten. »Was ist los, Ben?«, fragte sie. So wie Alexander ihr großer Bruder war, war sie Bens große Schwester. Solange sie denken konnte, hatte sie sich Sorgen um ihn gemacht.

Ben atmete tief durch. »Okay. Ich ...«

Bevor er weitersprechen konnte, erklang im Hintergrund eine Frau: »Mit wem telefonierst du da? Ist das Isa? Los doch! Sag es ihr!« Isa hatte die Stimme noch nie gehört.

»Gleich!«, sagte Ben zu der unbekannten Frau, dann kehrte er ans Telefon zurück. »Hör zu, Schwesterherz.« Jetzt klang er, als hätte er sich entschlossen, den Sprung von einer hohen Klippe zu wagen. »Das eben, das war ... Maman.«

Isa nahm das Handy vom Ohr, starrte es an. Presste es wieder ans Ohr. »Du verarschst mich doch!«

»Nein, ich … he! Wo willst du denn hin?« Die letzten Worte rief er offenbar der Frau hinterher, dann wandte er sich wieder an Isa. »Ich muss Schluss machen. Ich melde mich wieder.«

Nichts da, kleiner Bruder!, wollte Isa ihn anfahren, aber da hatte er schon aufgelegt.

Isa lehnte das Rad, das sie das ganze Telefonat über zwischen den Beinen festgehalten hatte, an eine Hauswand. Zum ersten Mal seit Wochen musste sie wieder an das Päckchen denken, dessen Inhalt sie aus einem Impuls heraus verbrannt hatte. Erst hatte ihre Mutter ihnen dieses Päckchen geschickt, und jetzt traf sie sich mit Ben? Es sah fast so aus, als sei sie nach all den Jahren wirklich wild entschlossen, wieder Kontakt zu ihrer Familie aufzunehmen.

Isa war unsicher, ob sie das gut oder schlecht finden sollte.

Warum hatte Ben so angespannt geklungen?

Sie versuchte, ihn zurückzurufen. Vergeblich. Ben ging nicht ran, aber er schickte ihr eine kurze Nachricht.

Melde mich! Erzähl Papa nichts, okay?

Sie ahnte, warum er darum bat. Ihr Vater wäre in den Grundfesten erschüttert, wenn er erführe, dass ihre Mutter wiederaufgetaucht war. Okay, schrieb sie zurück. Mit einer Mischung aus Verwirrung und Beunruhigung stieg sie anschließend wieder auf ihr Rad.

KAPITEL 3

Die Gedanken kreisten durch Isas Kopf, als sie durch ihr Heimatviertel fuhr. Wieso tauchte Adèle nach all den Jahren plötzlich wieder auf? Hatte Ben sie zufällig in Avignon getroffen? Oder hatte Ben sich da unten auf die Suche nach ihr gemacht? Immerhin hatte ihre Familie mal dort unten in der Provence gewohnt – damals, als Adèle noch bei ihnen gewesen war. Vielleicht hatte Adèle ja nach dem Schicken des Päckchens auch irgendwie Kontakt mit Ben aufgenommen. Hatte sie gewusst, dass er auf Klassenfahrt in der Provence war?

An der nächsten roten Ampel versuchte Isa, ihren kleinen Bruder noch einmal anzurufen. Vergeblich.

Okay. Also blieb ihr nichts anderes übrig, als zu warten. Ben hatte versprochen, sich wieder zu melden. Vielleicht sollte sie einfach Ruhe bewahren, bis er das tat. Vielleicht war das Ganze ja auch nur ein übler Scherz.

Ja, genau. Ein Scherz! So musste es sein. Sicher hatte sie ihn mit irgendwas verärgert und jetzt rächte er sich auf diese fiese Weise …

Die Ampel sprang um und Isa radelte weiter durch die Straßen des Quartier Germain. Die Wohnung ihrer Familie lag in einem eleganten Bau aus dem 19. Jahrhundert mit vier Stockwerken, winzigen Balkons vor den Fenstern und dem für Paris so typischen metallbeschlagenen Dach. Obwohl ihr Vater als Schriftsteller recht erfolgreich war, hätte er sich eine Wohnung in einem der teuersten Viertel von Paris nie im Leben leisten können. Aber er hatte die Wohnung von seinen Eltern geerbt, vor vielen Jahren schon, als die Innenstadt von Paris noch nicht so teuer gewesen war wie heute. Dieser Tage war eine Wohnung in ihrem Viertel und von ihrer Größe locker einen niedrigen Millionenbetrag wert.

Zu Hause angekommen schloss Isa die Haustür auf, brachte ihr Rad in den Keller und war gerade auf dem Weg die Kellertreppe nach oben, als die Haustür sich erneut öffnete.

Alexander schob sein silbernes Rennrad in den Flur. »Mademoiselle.« Mit einer übertriebenen Verbeugung und einer affektierten Handbewegung bedeutete er ihr, die Treppe frei zu machen, damit auch er sein Rad nach unten tragen konnte.

Der Gedanke an Chloe und die Art, wie er mit ihr rumgemacht hatte, vertrieb Isas Grübelei über Bens sonderbaren Anruf. Ein ganz feiner Stich fuhr ihr durch den Magen. Sie wollte sauer auf Alexander sein, weil er schon wieder eine neue Freundin hatte, aber irgendwie ging es nicht. Das, was sie empfand, fühlte sich nicht an wie Ärger oder Wut. Aber was war es dann? Sie bekam es nicht so recht zu fassen. Mit zusammengepressten Lippen überwand sie die letzten Stufen. Alexander überragte sie um einen ganzen Kopf. Als sie sich an ihm vorbeischob, roch sie das Aftershave, das sie ihm zu Weihnachten geschenkt hatte. *Fierce* hieß es. Bisher hatte er es noch nie benutzt. Sie mochte den Geruch, aber sie hielt trotzdem die Luft an, als sie sich an ihm vorbeischob und ihm dabei ganz nahe kam. Sie war schon halb die Treppe in den ersten Stock hoch, als er ihr nachrief.

»Hey!«

Sie verdrehte die Augen, blieb aber stehen.

»Isa …«, sagte er.

Jetzt erst drehte sie sich um. »Was denn?« Sie klang schroff, das hörte sie selbst. Seltsamerweise hatte sie seit Kurzem ganz oft, wenn sie mit ihm redete, das Gefühl, ihn anzicken zu müssen.

Alexander stand immer noch vor der Kellertür. Sein Rad befand sich zwischen ihnen. »Ist alles okay mit dir?«, fragte er. Das war so typisch ihr großer Bruder. Er hatte ihr schon immer angesehen, wenn etwas nicht in Ordnung war, und genau das hasste sie jetzt gerade. Wie eigentlich alles an ihm. Sein gutes Aussehen. Sein schwaches, leicht verunsichertes Lächeln. Die Art, wie er sich ständig Sorgen um sie machte. Das vor allem fühlte sich seit Kurzem nicht mehr beruhigend an, sondern viel eher einengend. Mehr noch. Plötzlich hatte Isa manchmal sogar das Gefühl, deswegen keine Luft mehr zu bekommen.

»Klar«, gab sie zurück. Es sollte cool klingen, aber irgendwie kam es einfach nur lahm heraus.

Alexanders Augenbrauen hoben sich ein paar Millimeter. Sein Blick hatte sich an ihrem festgehakt. Sie wollte ihn sich fortwischen, aber sie stoppte ihre Hand auf halbem Wege zum Gesicht, stopfte sie in die Hosentasche.

»Du magst nicht, dass ich mit Chloe zusammen bin«, sagte er ihr auf den Kopf zu.

»Ich dachte, du datest Jeannine«, erwiderte sie kühl.

Leicht beschämt senkte er den Blick und sie hatte das Bedürfnis nachzutreten.

»Ach nee, warte! War das nicht Nuri? Nein, die hast du ja wegen Jeannine sitzen lassen. Vor ... zwei Wochen, oder so?«

Diesmal blitzte Ärger in seinen Augen auf. Sie hätte gern gewusst, was genau hinter seiner Stirn vorging, aber aus irgendeinem Grund konnte sie ihn nicht mehr so lesen wie früher. Dazu war sie wahlweise zu wütend auf ihn oder zu verwirrt, wenn er in ihrer Nähe war.

»Eigentlich wollte ich dich fragen, ob du Lust hast, mit Chloe, mir und ein paar anderen morgen Abend ins Kino zu gehen«, sagte er. »Aber wenn du *so* drauf bist ...«

»Keine Lust!« Sie verzichtete darauf, ihm zu sagen, dass ein Kinobesuch zusammen mit ihm und Chloe ungefähr das Letzte war, das sie wollte. Stattdessen nickte sie ihm zu, dann eilte sie den Rest der Treppe hinauf.

Als sie gleich darauf die Wohnung betrat, roch es im Flur lecker nach Thymian und Knoblauch. Sie streckte den Kopf in die Küche und begrüßte Claudia.

Das Au-pair-Mädchen schaute von dem Brettchen auf, auf dem sie Hühnchenbrüste in schmale Streifen schnitt. »Essen dauert noch mindestens zwanzig Minuten.« Aus einem kleinen Bluetooth-Lautsprecher auf der Arbeitsplatte erklang ein deutscher Popsong, bei dem Isa nur die Refrainzeile verstand: *Ich vermisse dich.* Okay. Damit war bewiesen, dass ihr Deutsch genauso schlecht war wie ihre Matheskills. Als hätte Claudia ihre Gedanken gelesen, fragte sie: »Und? Die Mathearbeit wiederbekommen?«

Isa verzog das Gesicht. »Reden wir nicht davon.«

»So schlimm?« Claudia lächelte mitleidig. »Tut mir leid.«

»Schon okay. Ich habe nicht vor, später mal Astrophysikerin zu werden.«

Das Wort *Astrophysikerin* hatte Claudia offenbar nicht verstanden, denn auf ihrer Miene erschien dieser leicht verwirrte Ausdruck, den Menschen bekamen, wenn sie rätselten, was da gerade zu ihnen gesagt worden war.

Isa winkte ab. »Nicht so wichtig.«

Sie ließ Claudia weiterschnippeln und ging den langen, mit honiggelben Holzdielen ausgelegten Flur entlang zu ihrem

Zimmer. Ganz am Ende des Flurs befand sich eine der wenigen Wände in der Wohnung, an der keine Regale standen. Stattdessen hingen hier neben einem Bild von Tante Claires Weingut, das Isa gemalt hatte, ein paar silbern gerahmte Familienfotos. Isas Blick streifte eines, auf dem sie selbst mit ihren zwei Brüdern zu sehen war. Das Foto war irgendwo am Meer aufgenommen worden. Sie stand darauf zwischen Alexander und Ben. Alexander hatte ihr in einer brüderlichen Geste einen Arm um die Schultern gelegt und lachte das strahlende, herzzerreißende Lachen, das er früher oft gelacht hatte. Und das Isa irgendwie ganz schön vermisste. Alexanders Haare auf dem Foto glänzten nass und wirkten dadurch fast schwarz und lockig. Seine Haut hatte ständig einen leichten Bronzeton, selbst im tiefsten Winter, in dem Isa und Ben bleich wie Wasserleichen rumliefen.

Isa musste sich zwingen, den Blick von Alexander loszureißen. Sie marschierte in ihr Zimmer und warf die Tür hinter sich zu. Nach ihrem üblichen Ritual – Rucksack von der Schulter, ihre Schuhe in eine Ecke – schaute sie van Gogh auf seinem Selbstbildnis an, dann starrte sie auf die Staffelei vor dem Fenster. Diesmal war die Leinwand darauf nicht leer. Isa hatte auf ihr Umrisse einer einsamen Landschaft skizziert. Das Bild wartete darauf, dass sie daran weitermalte, aber sie war gerade nicht in der Stimmung, kreativ zu sein, also warf sie sich auf ihr Bett und lauschte in sich hinein. Sie fühlte sich, als wäre ihre Haut dünn und mürbe wie uraltes Pergamentpapier.

Um dieses blöde Gefühl zu vertreiben, versuchte sie noch einmal, Ben anzurufen, aber er ging immer noch nicht ran. *Na toll!* Da die Zeit bis zum Mittagessen ohnehin nicht reichte, um irgendwas anzufangen, ging Isa auf Instagram.

Ein bisschen Unterhaltung konnte schließlich nicht schaden.

Dass es allerdings mit Ablenkung nichts werden würde, wurde ihr klar, als gleich die erste Story, die ihr angezeigt wurde, von Juliet Povret war. Juliet war in Isas Parallelklasse und in Isas Augen war sie eine hochgestylte, dumme Pute, die es sich zur Aufgabe gemacht hatte, sämtliche Beziehungen an der Schule auf ihrem Account süffisant durch den Dreck zu ziehen. Ihre Posts strotzten nur so vor Klatsch und Tratsch, waren immer gewürzt mit ein paar mehr oder weniger geistreichen, immer aber gehässigen Pointen und vor allem jeder Menge Halbwahrheiten. Isa folgte Juliet mit eher schlechtem Gewissen, denn eigentlich interessierte sie sich null für deren Geschreibsel. Aber vor ein paar Wochen hatte Juliet sich an Alexander rangeschmissen und er hatte sie spektakulär abblitzen lassen. Natürlich hatte er sie sich damit zur Erzfeindin gemacht, und seitdem war er Juliets liebstes Hassobjekt. Beinahe jeden Tag arbeitete sie sich an ihm ab, doch Alexander schien das völlig gleichgültig zu sein. Egal, was für Spitzen Juliet gegen ihn abfeuerte, er tat einfach so, als würden sie an ihm abprallen. Isa hingegen hatte das Gefühl, dass irgendjemand Juliets Gemeinheiten im Auge behalten musste, darum hatte sie sich schweren Herzens entschieden, der blöden Kuh zu folgen.

Natürlich hatte Juliet auch heute wieder eine fiese Story über Alexander gemacht.

Es war ein absichtlich mit einem Weichzeichnungsfilter hinterlegtes Foto von einem knutschenden Pärchen. Alexander und Chloe, das erkannte Isa sofort. Über das Foto hatte Juliet einen Sticker gelegt, bei dem man auf die Frage »Wie lange, bis Mr Superhot sie diesmal abserviert?« entweder mit

»Drei Stunden« oder mit »Drei Tage« antworten konnte. Isa hätte gern gewusst, wie die Abstimmung stand, aber dazu hätte sie selbst mit abstimmen müssen, und das ging dann doch eindeutig zu weit.

Ihr drehte sich der Magen um. »Du blöde Bitch!«, murmelte sie und wusste nicht genau, auf wen sie in diesem Augenblick wütender war, auf Juliet, auf Alexander oder doch viel mehr auf sich selbst und ihre verknoteten Gefühle.

Alexanders Bett stand Wand an Wand mit dem von Isa, und ihm war bewusst, dass er vermutlich nur wenige Zentimeter von ihr entfernt auf seiner Bettdecke hockte. Früher hatten sie oft geheime Klopfzeichen ausgetauscht, wenn sie eigentlich längst hätten schlafen sollen. Allein der Gedanke daran sandte ein wehmütiges Lächeln auf sein Gesicht.

Eben im Treppenhaus hatte Isa ihn angesehen, als habe er sich über Nacht in eine Kakerlake verwandelt. Kein Wunder. Sie hatte gesehen, wie er mit Chloe geknutscht hatte und irgendwie war das ja auch der Sinn dieser Aktion gewesen.

Alexander presste den Rücken fester gegen die Wand, zog ein Knie an und versuchte, seine Gedanken von Isa abzulenken. Alles, was er damit erreichte, war allerdings, dass er an den Kuss denken musste, den er und Chloe vorhin getauscht hatten. Das Gefühl, ein Dreckskerl zu sein, wurde von Minute zu Minute größer. Er hatte es bewusst ausgenutzt, dass Chloe seit Monaten auf ihn stand. Ihm kam dieser Umstand sehr gelegen, auch wenn er sich beim besten Willen nicht erklären konnte, warum so viele Mädchen etwas in ihm sahen, das er selbst nicht finden konnte. Obwohl sein Herz keiner von ihnen gehörte, war er erst mit Nuri gegangen und dann mit Jeannine und jetzt ... Er schloss die Augen, rieb sich die

Stirn, hinter der es dumpf pochte. Seufzend nahm er das kleine schwarze Notizbuch zur Hand, das er immer bei sich trug und in das er seine Gedanken und Gefühle notierte, wenn er nicht mehr weiterwusste.

Mit zusammengebissenen Zähnen schlug er es auf und las sich das Gedicht durch, das er gestern Abend geschrieben hatte. Es war melodramatischer Scheiß. Mit einem leisen Fluch wollte er das Notizbuch schon wieder zuklappen, doch dann überlegte er es sich anders. Er zog einen zweifach zusammengefalteten Zettel aus dem hinteren Fach. Das Papier war angegilbt, die Falze so alt und brüchig, dass er vorsichtig sein musste beim Auseinanderfalten.

Auch auf dem Zettel stand ein Gedicht, allerdings stammte es nicht von ihm. Es war mit einer altmodischen Schreibmaschine geschrieben, bei der jemand so heftig auf die Tasten gehämmert hatte, dass bei manchen A und O kleine Löcher in das Papier gestanzt worden waren.

Mit einem melancholischen Gefühl las Alexander die wenigen Zeilen.

Hab dich mir unters schlüsselbein graviert
friere an dir fest
zieh du mir die Gefühle aus
mondblume
gleiche dem vogel der an dein
                    fenster
              prallt
wieder und wieder

und ...

Seufzend hing Alexanders Blick an der letzten, unvollständigen Zeile, und er fühlte sich wie gehäutet. Gemma, seine Mutter, hatte ihm diesen Zettel gegeben, eine knappe Stunde bevor sie diesen furchtbaren Unfall gehabt hatte und dabei gestorben war. »Wir reden heute Abend darüber«, hatte sie gesagt.

Dazu war es dann allerdings nie gekommen und Alexander hatte weder eine Ahnung, wer das Gedicht geschrieben, noch warum Gemma es ihm gegeben hatte. Als er die Worte jetzt allerdings zum wohl zehntausendsten Mal las, wurde ihm bewusst, dass sie exakt das wiedergaben, was er gerade empfand.

Verdammt!

Er fühlte sich, als schwebe er mit einem Fuß über dem Abgrund, und er wusste nicht, ob Isa ihn von der Kante wegziehen konnte – oder vielmehr diejenige war, die ihn in die Tiefe stürzen würde.

Seufzend strich er sich über die Unterlippe. Dann faltete er das Gedicht wieder zusammen und schob es zurück in die Tasche hinten im Notizbuch. In seinem Mund lag ein Geschmack, als hätte er Kupfermünzen gelutscht.

Sein Handy vibrierte und zeigte an, dass er eine Nachricht erhalten hatte. Er schaute auf das Display: Chloe. Mit einem schlechten Gewissen drehte er das Handy um. Er würde sich später ansehen, was sie geschrieben hatte.

Vielleicht sollte er ihr sagen, dass ihre Küsse ihm nichts bedeuteten, und vielleicht sollte er es bald tun. Bevor er ihr das Herz im Leib zu Staub zermahlen hatte.

Was bist du neuerdings für ein Scheißherzensbrecher? Das hatte Isa ihm voller Verachtung an den Kopf geknallt, als er mit Jeannine Schluss gemacht hatte. Jeannine, die nicht wie

Chloe nach Erdbeerlipgloss schmeckte, sondern meistens nach Minzkaugummi und ein ganz bisschen nach dem Zigarettenrauch, den sie damit zu überdecken versuchte.

Isa roch nie nach Lipgloss und auch nie nach Kaugummi ... Bevor seine Gedanken diesen eingeschlagenen Höllenpfad weitereilen konnten, schluckte er den Kupfermünzengeschmack runter. Warum eigentlich war er nicht froh, dass Isa ihn verachtete? Warum tat ihre Verachtung – ganz im Gegenteil – so furchtbar weh? Er wollte ihre schwesterliche Bewunderung zurück. Er wollte, dass sie ... Der Schmerz hinter seiner Stirn wurde heftiger, wie so oft, wenn er es nicht schaffte, seine Gedanken im Zaum zu halten.

Er lehnte den Kopf wieder an die Wand, veränderte seine Sitzposition ein wenig und legte die flache Hand gegen die Tapete. Wenn er sich stark genug konzentrierte, konnte er Isas Gegenwart durch die Wand hindurch spüren.

KAPITEL 4

Als Isa zum Essen die Küche betrat, war Claudia gerade dabei, Reis sowie Hühnchen in Tomatensoße auf mehrere Teller zu verteilen. Sera, die heute zwei Stunden früher Schulschluss gehabt hatte als Isa, saß bereits am Tisch. Alexander ließ wie immer auf sich warten.

Isa setzte sich neben ihre Wahlschwester, griff nach ihrem Besteck und starrte dabei auf den ebenfalls verwaisten Platz ihres Vaters. »Ganz schön reiselustig, unsere Familie, oder? Deine Mutter in Dubai, Papa auf Lesereise irgendwo in der Bretagne, Ben in Avignon. Und wir armen zurückgelassenen Kinderchen …«

Claudia lachte auf. »Klar. Ihr armen vernachlässigten Küken.«

Sera lachte ebenfalls. Sie hatte ihre langen Haare zu einem lockeren Pferdeschwanz gebunden, aus dem sich ein paar Strähnen gelöst hatten und sich um ihr ovales Gesicht kringelten. »Wie war die Mathearbeit?«

Isa verzog das Gesicht.

»Oha!« Sera lachte.

Isa nahm es ihr nicht übel.

»Jeder hat ein Fach, das ihm einfach nicht liegt«, tröstete ihre Wahlschwester.

»Was mich am meisten nervt, ist die viele Zeit, die ich mit Lernen verschwendet habe«, sagte Isa, nahm von Claudia einen Teller entgegen und schnupperte daran. »Das riecht lecker.« Es roch sogar so gut, dass Isa das Wasser im Mund zusammenlief. Da das Mathethema abgeschlossen zu sein schien, erkundigte sie sich: »Wo ist Alexander?«

»Der kommt gleich«, antwortete Claudia. »Er musste noch irgendwas aufschreiben, hat er gesagt.«

Es war in der Familie ein offenes Geheimnis, dass Alexander vorhatte, in die Fußstapfen von Isas Vater zu treten und auch Schriftsteller zu werden. Manchmal, wenn ihm eine Idee für ein Gedicht oder eine Geschichte durch den Kopf schoss, dann sprang er sogar vom Essen auf und rannte in sein Zimmer, um sie zu notieren. Und manchmal, wenn er zu sehr mit Schreiben beschäftigt war, dann kam er eben auch zu spät zu Tisch. Genau wie heute.

Als ihr großer Bruder kurz darauf erschien, murmelte er eine Entschuldigung und setzte sich. Ganz kurz nur streifte sein Blick Isa, und es fühlte sich an, als würde in ihrem Magen irgendwas zu flattern anfangen.

Sie wusste nicht so recht, wohin sie schauen sollte. Sie spürte Seras Blick, wich ihr ebenso aus wie Alexander und pulte mit der Gabel in ihrem Reis herum. Sollte sie den anderen von Bens Anruf erzählen? Aber dann müsste sie ihnen eventuell auch von dem Päckchen beichten, das sie verbrannt hatte, und das war nicht so einfach. Es gab eine Art unausgesprochenes Gesetz zwischen den vier Geschwistern: *Wir haben keinerlei Geheimnisse voreinander.* Mit ihrem spontanen Einfall, den Brief und die Spieluhr ins Feuer zu werfen, hatte Isa dieses Gesetz gebrochen, und Bens sonderbarer Anruf hatte sie sozusagen mit der Nase auf diese Missetat gestoßen. Seit sie gehört hatte, dass ihr kleiner Bruder mit Adèle zusammen durch Avignon marschierte, hatte sie ein megaschlechtes Gewissen, weil sie den anderen ihre zerstörerische Tat verschwiegen hatte.

Aber spät war immerhin besser als nie, oder? Besser also, sie machte hier und jetzt reinen Tisch …

»Stimmt mit dem Essen was nicht?« Claudias Blick wanderte zu Isas Teller.

»Nein, nein«, versicherte Isa. »Ich habe nur plötzlich keinen Hunger mehr.« Sie lächelte das Au-pair-Mädchen an. »Tut mir leid. Dein Essen schmeckt toll, aber mir liegt wohl noch die Mathearbeit im Magen.«

Lügnerin!, flüsterte eine Stimme in ihrem Hinterkopf. »Juliet hat schon wieder eine neue Story über dich gepostet«, hörte sie sich zu Alexander sagen.

Er nahm es mit der üblichen Gleichgültigkeit hin. »Na und?« Gelassen schob er Hühnchen und Reis auf seine Gabel.

Froh, nicht mehr über den Brief und die Spieluhr nachdenken zu müssen, holte Isa ihr Telefon raus und hielt ihm den Screenshot vor die Nase, den sie gemacht hatte. Er kaute unbeeindruckt. Es ärgerte sie, dass er so ruhig blieb. Sie selbst hätte Juliet am liebsten die Augen ausgekratzt.

»Zeig mal!«, verlangte Sera und Isa zeigte auch ihr die Story.

Sera machte eine finstere Miene. »Du solltest zur Schulleitung gehen, Alexander, und Juliet dort anzeigen.«

Alexander jedoch schüttelte den Kopf. »Die will nur Aufmerksamkeit. Irgendwann wird ihr langweilig, wenn ich nicht auf sie reagiere.« Isa sah ihn schwer schlucken und stellte sich vor, dass sich Reis und Hähnchen in seinem Mund in rostige Nägel verwandelt hatten.

In Wahrheit, das spürte sie, ließen ihn Juliets Gemeinheiten alles andere als kalt. Ganz im Gegenteil. Isa sah ihm an, dass etwas ihn umtrieb, und sie hätte zu gern gewusst, was es war. Sie ahnte aber auch, dass die Zeiten, in denen sie sich gegenseitig das Herz ausgeschüttet hatten, aus irgendeinem Grund vorbei waren.

Sie wollte Alexander am liebsten packen und schütteln.

Als sie zurück in ihrem Zimmer war, warf sie sich wieder auf ihr Bett und öffnete Instagram. Ihr Feed erschien und als Erstes wurde ihr ein Reel angezeigt, das Ben gepostet hatte. Das Titelbild zeigte nichts weiter als ein paar verschwommene grüne und rote Flecken.

Neugierig tippte Isa auf die Kachel und das Video startete. Es zeigte ein antikes Karussell, das sich drehte. Das Bild wackelte stark, ganz offensichtlich war das Video schnell und aus der Hand gedreht worden. Seltsam. Normalerweise plante und choreografierte Ben seine Insta-Beiträge sorgfältig. Sein Account war ein Gesamtwerk aus Fotos seiner Kunst und kleinen Videos davon, wie er bei deren Entstehung vorgegangen war. Dieses laienhaft aufgenommene Filmchen passte überhaupt nicht in seinen Feed, vor allem deshalb nicht, weil die ferne Karussellmusik auf einmal vom Summen einer Stimme übertönt wurde. Isa brauchte einen kleinen Moment, aber dann erkannte sie die Stimme der Frau, die vorhin bei Ben gewesen war.

Adèle.

Aus dem Off und mit dem Mikro offenbar ganz dicht am Mund summte sie eine Melodie. *Sur le Pont d'Avignon.*

Fast hätte Isa den Beitrag nach oben hin weggewischt, aber dann hielt sie inne. Die Stimme war ihr immer noch völlig fremd. Die Melodie allerdings ...

Warum hatte Isas Herz plötzlich angefangen zu jagen?

Sie saß da und starrte vor sich hin, auch noch, nachdem das Video durchgelaufen war. Ihre Finger zitterten, als sie es erneut startete und dann die Melodie mittendrin stoppte. Es dauerte etliche Minuten, bis ihr Herzschlag sich wieder beruhigt hatte. Verflixt, wieso reagierte ihr Körper so seltsam auf dieses harmlose Lied? Auf die Melodie, die auch diese Spieluhrmechanik gespielt hätte – wenn Isa sie nicht ins Feuer geworfen hätte …

Mit einem Ruck sprang sie auf.

Sie ging zu ihrem Schreibtisch, schloss die unterste Schublade auf und öffnete sie. Das Holzkästchen, das sie von ihrer Großmutter zum zehnten Geburtstag bekommen hatte und in dem sie ihre kleinen Schätze aufbewahrte, lag obenauf. Sie schob es achtlos beiseite. Darunter kam lauter Krimskrams zum Vorschein, unter anderem ein altes Handy samt pinkfarbener, mit Strasssteinen beklebter Hülle und ein samtgebundenes Poesiealbum, das sie zweckentfremdet hatte. Bevor ihr Vater ihr erlaubt hatte, ein eigenes Smartphone zu besitzen, hatte sie Alexander oft gebeten, ihr Fotos von den Schauspielern und Sängern auszudrucken, für die sie schwärmte. Sie erinnerte sich noch gut daran, wie er bei dieser Bitte geschmunzelt hatte und wie sie beide dafür dann heimlich den Computer ihres Vaters benutzt hatten. Sie hatten die rote Farbpatrone seines Laserdruckers völlig leer gedruckt, was ein bisschen Ärger gegeben hatte. Jetzt tanzten Isas Fingerspitzen achtlos über den Umschlag des Albums, dann schob sie das Buch zur Seite und wühlte weiter, bis sie weichen Stoff ertastete.

Ihr Herzschlag beschleunigte sich schon wieder. Sie bekam den in das blutrote Seidentuch eingeschlagenen Gegenstand zu fassen und zog ihn hervor. Sekundenlang wog sie ihn unschlüssig in der Hand, legte ihn dann auf die Schreibtischplatte.

Sie musste sich ein Herz fassen, um die Zipfel des Tuches auseinanderzuschlagen. Vor ihr lagen die angekohlten Überreste der Spieluhrmechanik. Isa hatte sie nach wenigen Sekunden wieder aus dem Feuer geholt, weil sie es nicht mit ansehen konnte, wie die Mechanik zerschmolz. Den Brief allerdings hatte sie nicht mehr retten können. Er war vollständig verbrannt und zu Asche zerfallen.

KAPITEL 5

Das Bild des in den Flammen verkokelnden Briefes tanzte vor Isas Augen, und sie spürte wieder das schlechte Gewissen, das sie in dem Moment damals empfunden hatte. Sie musste das endlich Ben und ihrem Vater beichten, aber sie konnte es immer noch nicht. Sie fühlte sich völlig paralysiert und sie hatte nicht die geringste Ahnung, wieso. Sie wusste nicht, wie viel Zeit vergangen war, als sie die halb verbrannte, halb geschmolzene Spieluhrmechanik wieder in das rote Tuch einschlug und zurück in die Schreibtischschublade stopfte. Irgendwann klopfte es an ihrer Tür und gleich darauf streckte Sera den Kopf ins Zimmer. »Alles in Ordnung mit dir? Du warst beim Mittagessen so komisch.«

Isa nickte, aber natürlich sah Sera, dass etwas ganz und gar nicht in Ordnung war. »Oh!«, machte sie. Dann kam sie herein, drückte die Tür hinter sich ins Schloss und trat an Isas Bett. »Was ist denn los, Süße?«

Isa wollte abwinken. Sie wollte behaupten, dass gar nichts los, dass alles in Ordnung war. Sie fühlte sich seltsam, irgendwie, als wäre sie soeben über die Kante eines tiefen Abgrunds hinaus ins Freie getreten und würde nun in der Luft hängen. Die Melodie aus Bens Reel hallte in ihrem Kopf wider und plötzlich war da ein Unbehagen, das sich richtig, richtig fies anfühlte.

»Raus mit der Sprache!«, befahl Sera.

Zitternd holte Isa Luft. »Ach …«, meinte sie gedehnt.

»Rutsch mal ein Stück!« Sera scheuchte sie zur Seite und als Isa ihr Platz gemacht hatte, setzte sie sich neben sie aufs

Bett. »Und jetzt der Reihe nach: Was ist los? Geht es um Alexander?«

»Wie kommst du darauf?« Das rutschte Isa sehr viel heftiger heraus, als sie beabsichtigt hatte. Sie hatte jetzt definitiv keine Lust, sich mit Sera über ihren großen Bruder zu unterhalten!

Sera schwieg nur. Wartete.

Da seufzte Isa. »Es geht um Bens aktuellen Insta-Post.«

Sera zog die Augenbrauen hoch. »Was ist damit?«

Isas Hände zitterten schon wieder, als sie ihrer Schwester das Video zeigte. Erneut erklang die Stimme, die *Sur le Pont d'Avignon* summte. Erneut fühlte es sich an, als würde Isa der Boden unter den Füßen weggezogen.

Auf Seras Gesicht jedoch erschien nur ein verwirrter Ausdruck. »Was soll das denn?«

»Ben muss das gepostet haben, nachdem er ... mich vorhin angerufen hat.« Den zweiten Teil des Satzes musste Isa regelrecht hervorwürgen.

»Ben hat dich angerufen? Warum hast du davon beim Essen kein Wort gesagt?«

Tja. Warum?

Isa wusste es selbst nicht genau. Sie musste sich zusammennehmen, bevor sie hervorbrachte: »Er hat gesagt, dass er sich mit Adèle getroffen hat!«

Danach war es eine Weile sehr still im Zimmer. Seras Augen wurden so riesengroß, dass Isa das Gefühl hatte, durch ihre Pupillen bis in ihr Hirn schauen zu können. Irgendwann stand Sera wortlos auf und wollte den Raum verlassen. Isa, die wusste, was nun kam, stoppte sie. »Nicht Alexander Bescheid sagen!«

Einige Sekunden lang musterte Sera Isa aufmerksam und

die kam sich vor wie unter einem Röntgengerät. Dann beschloss Sera, Isas Bitte zu ignorieren. Sie verließ das Zimmer. Isa hörte, wie sie an Alexanders Tür klopfte und sie dann öffnete. »Fab-Four-Notfall!« Mehr musste sie nicht sagen.

Fab-Four-Notfall war das Codewort dafür, dass eines der vier Geschwister die Hilfe der anderen brauchte. Was auch immer vorher passiert war – egal, ob sie sich gestritten hatten oder ob einer von ihnen sich auf eine wichtige Klausur vorbereiten musste –, wenn der Fab-Four-Notfall ausgerufen wurde, dann ließen die anderen alles stehen und liegen und kümmerten sich.

Wir sind so was wie eine klitzekleine NATO. So hatte Ben es einmal ausgedrückt und der Vergleich gefiel Isa. Alexander hingegen verglich ihr Geschwisterquartett manchmal mit den vier Musketieren. *Einer für alle. Alle für einen,* und so. Isa hatte bisher nicht entschieden, ob er eher der draufgängerische d'Artagnan war, oder doch eher der grüblerische und düstere Athos. Sie liebte es, dass sie alle vier so eng miteinander waren. Heute allerdings wäre es ihr sehr recht gewesen, wenn Alexander in seinem eigenen Zimmer geblieben wäre.

»Isa oder du?«, hörte sie ihn fragen.

»Isa«, antwortete Sera.

»Ich komme.« Klang er genervt? Isa konnte es nicht sagen und als er gleich darauf in ihrem Zimmer stand, hochgewachsen, mit verwuschelten Locken, die aussahen, als habe er sie gerade gerauft, da machte ihr Herz einen kleinen Satz. »Was ist passiert?«, fragte er. Er trug seine älteste, verwaschene und an den Knien zerrissene Jeans und ein schwarzes T-Shirt. Und er war barfuß. Isa ahnte, dass er auf seinem Bett gehockt und geschrieben hatte. Sie hätte gern gewusst, worüber, und als sie an Chloe dachte und an die Art, wie er sie geküsst hatte, hätte sie fast angefangen zu heulen. *Verdammt noch mal!* Was war bloß los mit ihr?

»Ben hat Isa angerufen«, erklärte Sera. Sie saß bereits wieder neben Isa auf dem Bett. »Wie es aussieht, hat er sich mit Adèle getroffen.«

»Was?« Auch Alexander riss die Augen auf, aber ganz kurz nur, dann gewann sofort sein Verstand die Oberhand über seine Überraschung. »Hat er sie zufällig getroffen, oder was?«, fragte er mit dieser besonnenen Großer-Bruder-Stimme, die Isa früher immer so beruhigend gefunden hatte, die ihr jetzt jedoch nur noch schwer erträglich vorkam.

»Das habe ich mich auch gefragt«, murmelte sie. Sie zog die Knie vor die Brust und umschlang sie mit beiden Armen.

Alexander ging zum Schreibtisch und nahm sich ihren Drehstuhl. Während er den Stuhl ans Bett rollte, sich umgekehrt darauf niederließ und die Arme auf der Rückenlehne verschränkte, klebte Isas Blick an der Schublade mit der Spieluhrmechanik darin. Nur mühsam riss sie sich davon los und zeigte Alexander genau wie Sera zuvor Bens Insta-Video. »Das hat er kurz nach seinem Anruf gepostet.« Sie musste sich zwingen, bei der unheimlichen Melodie nicht zu schaudern.

Alexander betrachtete das Reel schweigend und ebenfalls schweigend nahm er Isa das Handy weg und startete den Film ein zweites Mal. Wieder erklang dieses geisterhafte Summen, aber offenbar nutzte der unheimliche Effekt sich ab. Diesmal fühlte Isa sich nicht mehr ganz so angefasst davon wie die Male zuvor. »Als Ben und ich telefoniert haben, war eine Frau bei ihm«, berichtete sie. »Er hat gesagt, dass es Adèle ist, aber mehr hat er nicht erklärt. Es klang, als würde sie vor ihm davonlaufen und er musste hinterher. Er meinte, er würde sich wieder melden.« Sie rieb sich die Stirn.

»Und? Hat er das?«, fragte Sera.

»Bisher nicht. Und ich erreiche ihn auch nicht. Nur dieses Video hat er gepostet.«

Alexanders Augenbrauen berührten sich beinahe über seiner Nase. Noch einmal startete er das Video und diesmal ließ er Isa nicht aus den Augen. »Ich kann verstehen, warum du auf Adèle verwirrt reagierst, aber was ist mit diesem Lied? Du wirkst ja regelrecht paralysiert davon.«

Mist, das hatte er ihr angesehen? Eigentlich hatte sie gedacht, sich gut im Griff zu haben.

Sie schluckte.

Paralysiert. Genau. Das war das passende Wort dafür, wie sie sich gerade fühlte. Paralysiert. Ihr Blick wollte schon wieder zu ihrer Schreibtischschublade wandern. Nur allzu gern wollte sie Sera von dem Päckchen und ihrer dummen Aktion mit dem Feuer erzählen. Aber Alexanders Gegenwart hielt sie davon ab und sie wusste nicht genau, warum.

»Keine Ahnung.« Sie lauschte in sich hinein, hatte auf einmal ein total raues Gefühl in der Kehle. »Es kommt mir vor, als würde ich dieses Lied kennen. Von früher, als meine Mutter noch bei uns war.«

Alexander sah ihr in die Augen. Völlig sachlich sagte er: »Du warst vier, als sie verschwunden ist.«

Stimmt.

Weil sie nicht darauf reagierte, fuhr er fort: »Man kann sich in der Regel nicht daran erinnern, was man mit vier Jahren erlebt hat.«

Es wurmte sie, dass er ihr nicht glaubte. »Denkst du, ich lüge, oder was?« Das kam schroffer heraus, als sie beabsichtigt hatte.

Sanft schüttelte er den Kopf. »Denke ich nicht, nein.«

Sie biss sich auf die Unterlippe. Das raue Gefühl in ihrer Kehle hatte sich in ein Brennen verwandelt und sie spürte, wie ihr schon wieder die Tränen in die Augen schießen wollten.

Zu allem Überfluss wurde Alexanders Miene jetzt auch noch weich. Klar, er hatte sie noch nie weinen sehen können. Sie wollte, dass er sie in den Arm nahm, und gleichzeitig hatte sie genau davor eine Heidenangst. Sie war erleichtert, als er auf Abstand blieb. Und nur eine Sekunde später fand sie genau das unerträglich.

Herrgott noch mal! Dieses Gefühlschaos war ja kaum auszuhalten!

Alexander strich sich über den Nasenrücken. »Ich glaube dir, dass du denkst, du kannst dich an dieses Lied erinnern. Aber manchmal erinnern wir uns an Dinge, die nicht echt sind. Vielleicht haben wir ein Foto gesehen und glauben, deshalb, dass wir uns an die Szene erinnern. Oder jemand hat uns von einer Melodie erzählt, die wir als Baby gehört haben, und wir halten das für eine Erinnerung.«

Sie hatte den Mund schon auf, um ihm zu widersprechen, aber sie wusste einfach nicht, was sie sagen sollte: dass ihr jedes Mal der Boden unter den Füßen weggezogen wurde, wenn sie dieses bescheuerte Lied hörte? Dass sie einmal sogar das unheimliche Gefühl gehabt hatte zu fallen?

Das hätte sich doch völlig bekloppt angehört!

»Ach, verdammt!«, flüsterte sie.

An Alexanders Stelle zog Sera sie nun in die Arme. »Du bist ja ganz durcheinander! Vielleicht sollten wir Ben über Insta anschreiben und ihn fragen, was das Ganze soll.«

Isa war so erleichtert über diesen Vorschlag, dass sie sich vorbeugte, Alexander ihr Telefon wieder aus der Hand pflückte und die DMs von Insta aufrief. Schnell schrieb sie: Was ist das für ein komisches Video? Und was ist das für eine Sache mit Adèle?? Melde dich mal!!! Als sie die Nachricht abgeschickt hatte, fühlte es sich an, als hätte sie eine wichtige Entscheidung getroffen.

»Was, wenn er jetzt gerade bei ihr ist?«, flüsterte sie. »Bei Adèle, meine ich.« Der Gedanke war unerwartet beängstigend und sie dachte an das, was Ben ihr geschrieben hatte.

Erzähl Papa nichts …

Dass Adèle offenbar hartnäckig versuchte, Kontakt mit ihrer Familie aufzunehmen, fühlte sich falsch an. Falsch und bedrohlich.

»Hey!«, sagte Alexander leise. Er erhob sich von ihrem Schreibtischstuhl, trat vor ihr Bett hin und ging davor auf ein Knie. Ein unsicheres Grinsen überzog seine Lippen und in Isas Magen begann es schon wieder zu flattern. Sie ignorierte es. Damit würde sie sich später befassen. Jetzt erst mal brauchte sie das altvertraute Große-Bruder-Gefühl, das er ihr gab. Sie rutschte bis nach vorn an die Kante des Bettes, sodass er sie an sich ziehen konnte. Sie legte die Wange an seine Schulter. Er roch so gut … Sie schloss die Augen. Ihre Wimpern waren ganz schwer von diesen blöden Tränen, die einfach immer wiederkamen.

»Ist doch klar, dass dich die Sache in Panik versetzt«, hörte sie Alexander dicht an ihrem Scheitel sagen. Sein Atem strich warm über ihre Kopfhaut. »Aber eins ist klar: Wenn deine Mutter wirklich wiederaufgetaucht ist, Isa, wenn sie wirklich Kontakt haben will, bist du damit nicht allein. Wir kümmern uns zusammen darum, okay?«

Sie ist wiederaufgetaucht!, hämmerte es in Isas Kopf und sie dachte an den Brief, den sie ins Feuer geworfen hatte. Alexanders Worte steigerten ihr Schuldgefühl wegen dieses blöden

Geheimnisses noch. Sie zwang sich zu einem verzagten Lächeln. »Danke.«

Alexander schob sie ein Stück von sich fort und forschte in ihrem Gesicht herum.

»Was machen wir jetzt?«, fragte sie.

Er sah Sera an. Sie zuckte mit den Schultern.

»Wir sollten mit Dad reden«, schlug Alexander vor. Er hatte angefangen, Isas Vater *Dad* zu nennen, nachdem er ungefähr ein Jahr in ihrer Familie gewesen war. Isa mochte es, weil es so nah klang, so liebevoll. »Er sollte wissen, dass Adèle wiederaufgetaucht ist, findet ihr nicht?«, fügte Alexander hinzu.

»Nein!«, presste Isa hervor.

»Und warum nicht?«

Erzähl Papa nichts ...

Warum hatte Ben das geschrieben?

»Ben will nicht, dass er es erfährt«, sagte Isa.

»Er will nicht, dass euer Vater von seinem Treffen mit seiner Mutter erfährt?«, murmelte Sera.

»Scheint so.«

»Aber warum?«

»Keine Ahnung. Adèle hat Papa das Herz gebrochen, als sie damals fort ist, und ...« Isa unterbrach sich. »Das würde doch nur alte Wunden aufreißen.«

Alexander nickte gedankenverloren vor sich hin. »Ergibt irgendwie Sinn.«

»Vielleicht sollten wir bis morgen früh warten«, schlug Sera vor. »Wenn Ben sich wieder meldet und Adèle immer noch bei ihm ist, können wir zu viert diskutieren, was wir machen sollen. Danach können wir es Johann immer noch erzählen.« Anders als Alexander nannte sie Isas Vater immer bei seinem Vornamen.

Zustimmend nickte Isa. Das klang sehr vernünftig. Vor allem aber erleichterte es sie. Sie konnte dringend einen kleinen Aufschub in dieser seltsamen Sache gebrauchen.

Sehr viel später am Abend lag sie im Bett und konnte nicht schlafen. Sie versuchte alles Mögliche, um ihren Kopf vom Grübeln abzuhalten. Zuerst probierte sie verschiedene Atemtechniken, die aber allesamt nicht funktionierten. Immer wieder kehrten ihre Gedanken zu Bens Anruf und zu Adèle zurück und weil sie sich nicht verrückt machen wollte, konzentrierte sie sich auf Alexander und die Art, wie er sie festgehalten und getröstet hatte. Die Erinnerung daran fühlte sich an wie eine warme Decke, in die sie sich einhüllen wollte, bis ihr die Augen zufielen. Blöd nur, dass das ihre Gedanken auch nicht beruhigte. Im Gegenteil: Ihr Kopf rotierte nur noch mehr, diesmal um all die kleinen Momente in der letzten Zeit, in denen ihr Herz so komisch geklopft hatte.

Sie hatte so was bisher nur ein einziges Mal gespürt – vor zwei Jahren, als sie sich Hals über Kopf in einen Jungen aus der Parallelklasse verknallt hatte. Der Typ hatte nichts von ihr wissen wollen und eine Weile lang hatte sie Liebeskummer gehabt, der sich allerdings irgendwie mehr süß als bitter angefühlt hatte. Gerade so, als würde er nicht ihr passieren, sondern als spiele eine Schauspielerin ihr Leben und sie selbst würde dem Ganzen nur mit einem Dutzend Papiertaschentüchern und einer extragroßen Packung Vanilleeis auf dem Schoß zusehen.

Bei Alexander jedoch war es etwas ganz anderes. Das fühlte sich echt an, vor allem echt schmerzhaft. Was nicht den geringsten Sinn ergab, schließlich war er ihr großer Bruder. Sie liebte ihn, aber so, wie man eben einen großen Bruder liebt: voller Bewunderung. Nicht so mit Herzklopfen und allem …

Nein. Das war einfach nur eine kurzzeitige, dämliche Gefühlsverirrung. Es würde bald wieder vorbeigehen.

Mit Schwung drehte sie sich auf die andere Seite.

Und wieder zurück.

Mist. Verdammter.

Okay. Das brachte so definitiv nichts. Besser, sie klärte hier und jetzt ein paar Dinge, bevor sie noch durchdrehte. Mürrisch setzte sie sich auf, angelte ihr Handy vom Nachttisch und rief ihre Messenger-App auf. Ein Blick hinein zeigte ihr, dass ihr Vater vor ein paar Minuten noch online gewesen war. Sie schaute auf die Uhr. Es war kurz vor zwölf. Vermutlich war er mit den Buchhändlerinnen, bei denen er heute Abend gelesen hatte, essen gewesen und danach noch einen Wein trinken. Anschließend schrieb er in seinem Hotelzimmer oft noch eine Weile, sodass Isa sich keine Sorgen machen musste, dass sie ihn weckte.

Mit einem leicht schlechten Gewissen – immerhin hatte Ben gebeten, nichts zu erzählen – wählte sie die Telefonnummer ihres Vaters und wartete, bis er ranging.

»Hallo, Schatz. Ist alles in Ordnung bei euch zu Hause?« Er klang heiter. Im Hintergrund waren Stimmen und Gelächter zu hören. Und Klaviermusik. Isa stellte ihn sich in einer Hotelbar vor, umringt von seinen Fans, die darauf warteten, dass er sich wieder zu ihnen gesellte. Augenblicklich verging ihr der Wunsch, ihm von Bens Anruf und vor allem von Adèle zu erzählen.

»Ja«, hörte sie sich selbst sagen. »Und bei dir?«

»Die Lesung heute Abend war ein voller Erfolg!« Er lachte fröhlich.

»Das ist toll, Papa!«

»Du klingst komisch. Bist du sicher, dass alles okay ist?« Jemand im Hintergrund rief nach ihm. Er nahm kurz das Telefon vom Ohr und sie hörte ihn gedämpft rufen: »Das ist meine Tochter! Ich komme gleich!« Dann war er wieder dran. »Also, Schätzchen, was ist los? Du rufst mich doch nicht ohne Grund so spät in der Nacht an!«

Die Melodie, die Adèle gesummt hatte, hallte in Isas Kopf wider. Isa schluckte. »Darf ich dich was fragen?«

»Natürlich.«

Sie fühlte sich, als müsse sie einen Schritt über eine steile Klippe in den Abgrund tun. »Hat Adèle früher oft *Sur le Pont d'Avignon* gesungen?«

Für einen Moment lang war es völlig still am anderen Ende der Leitung. Nur die Stimmen im Hintergrund waren zu hören. Und der Herzschlag ihres Vaters, dachte Isa, bis ihr bewusst wurde, dass es ihr eigener war.

»Wie kommst du ausgerechnet jetzt darauf?«, fragte ihr Vater zurück. Auf einmal klang er gar nicht mehr so heiter. Eher wachsam.

»Ich weiß nicht ...«, murmelte sie in dem Versuch, die richtigen Worte zu finden. Doch plötzlich kam es ihr total unpassend vor, ihrem Vater ausgerechnet am Telefon von Adèles Brief und der Spieluhr zu erzählen.

Ihr Vater hüstelte leise. »Isa.« Er klang jetzt ziemlich eindringlich. »Ich weiß nicht, warum du mir ausgerechnet jetzt diese Frage stellst. Bis heute hattest du kein Problem damit, dass deine Mutter fortgegangen ist.«

Warum sagte er das?

»Hab ich auch nicht, aber ...«

Ihr Vater atmete scharf ein. »Sag nicht, Adèle hat sich mit

dir in Verbindung gesetzt?« Er klang so erschrocken, dass die Lüge ein Reflex war.

»Nein.« Pause. »Natürlich nicht.«

»Gott sei Dank!«, stieß er hervor und schuldbewusst biss sie sich auf die Unterlippe. Wieder war es Sekunden lang unangenehm still in der Leitung. »Wir haben nie viel über Adèle geredet«, murmelte sie schließlich.

»Weil es da nichts zu reden gab. Deine Mutter und ich haben damals in Avignon gelebt. Ich habe sie kennengelernt, sie wurde schwanger. Du wurdest geboren und kurz darauf Ben. Sie hat uns verlassen. Ende der Geschichte.«

»Ja«, murmelte Isa. »Das sagst du nicht zum ersten Mal.« So wie er allerdings jetzt gerade klang, dachte sie, war sie sich ganz sicher, dass es ihm nach all den Jahren immer noch wehtat, darüber zu reden. Vielleicht war er doch nicht über Adèle hinweg, wie sie gedacht hatte.

»Hast du nie nach ihr gesucht?«, fragte Isa.

Schweigen. Dann: »Dafür, dass deine Mutter dir egal ist, stellst du plötzlich eine Menge Fragen.«

»Warum nicht?«, hakte Isa nach.

Er seufzte. Wieder rief jemand aus dem Hintergrund nach ihm. Diesmal ignorierte er ihn. »Weil sie nicht gut für uns war.« Er schnappte nach Luft, als bereute er, das gesagt zu haben. »Hör mal, Isa«, fügte er rasch hinzu. »Ich muss dieses Gespräch jetzt beenden, weil die anderen auf mich warten. Ich verspreche dir, wir reden darüber, sobald ich zu Hause bin, okay?«

Er war auf einer Lesereise, das würde also erst in knapp einer Woche sein.

Es fühlte sich an, als würden sich in Isas Magen spitze Dornen bilden. »Du hast recht«, lenkte sie ein. »Es tut mir leid, dass ich dich gestört habe. Geh zu deinen Leuten zurück, wir hier sind ja nicht so wichtig.« Erst schämte sie sich für ihre Worte und gleich darauf dachte sie, dass ihr Vater diese Zickigkeit sehr wohl verdient hatte. Im selben Moment klopfte es an ihrer Tür und Alexander streckte den Kopf ins Zimmer.

Sie winkte ihn herein. »Entschuldige«, sagte sie zu ihrem Vater. »Das war nicht fair. Ich soll dich von Alexander grüßen.«

»Das ist nett. Isa, ich ...«

»Schon okay, Papa. Amüsier dich noch. Und mach dir keine Sorgen um uns.« Sie verzog das Gesicht bei diesem letzten Satz, weil sie fürchtete, ihren Vater damit erst recht misstrauisch gemacht zu haben. Aber offenbar war er mit seinen Gedanken jetzt wieder voll bei seiner Lesung.

»Passt auf euch auf«, bat er. Dann verabschiedete er sich.

Als Isa aufgelegt hatte, starrte sie missmutig auf ihr Telefon und nannte ihren Vater im Stillen einen Blödmann.

Alexander schob die Tür hinter sich ins Schloss. »Ich habe Licht unter der Tür gesehen. Kannst du nicht schlafen?« Er war selbst auch schon im Bett gewesen, das sah sie daran, dass er nur Boxershorts und ein T-Shirt trug. Genauso lange wie eben auf ihr Handy starrte sie nun auf seine nackten Beine.

»Ich muss nach Avignon«, sagte sie. Der Gedanke war urplötzlich da und sie wusste nicht, wo er sich die ganze Zeit versteckt hatte. Aber auf einmal war es ganz klar.

Alexanders Augen weiteten sich. »Isa, Ben ist kein kleines Kind mehr. Der kann allein auf sich aufpassen.«

Logisch. Er musste denken, dass sie sich Sorgen um Ben machte, und das tat sie ja auch. Aber war das wirklich der einzige Grund, warum sie nach Avignon wollte, und das so schnell wie möglich? Die Melodie hallte in ihrem Schädel wider.

»Schon klar.«

»Irgendwie benimmst du dich gerade, als wäre Adèle eine gefährliche Serienmörderin.« Alexander machte einen Schritt auf ihr Bett zu. Früher hatte er sich in Krisensituationen immer zu ihr unter die Decke gekuschelt und sie hatten geredet, bis sie Seite an Seite eingeschlafen waren. »Seit du diese Melodie gehört hast, benimmst du dich total komisch.«

Sie zuckte mit den Schultern.

»Du kannst nicht einfach so da runterfahren«, sagte er. »Immerhin ist noch Schule.«

»Das ist mir egal. In meiner Klasse sind alle Klausuren für die Zeugnisse längst geschrieben.« Ihr kam ein Gedanke. Alexander absolvierte gerade sein letztes Schuljahr. Er hatte seine Prüfungen längst hinter sich und seinen Schulabschluss sicher in der Tasche. Seine letzten Tage in der Schule waren eigentlich nur noch Warterei. »Warum fahren wir nicht zusammen? Ich meine: Du bist fertig mit der Schule. Und du bist volljährig und kannst Auto fahren.« Die Worte waren einfach so aus ihr herausgesprudelt und nun wartete sie gespannt, wie Alexander reagieren würde. Ohne dass sie es verhindern konnte, taumelten Bilder durch ihren Kopf. Sie und er. Allein unter der warmen Sonne der Provence, gemeinsame Stunden an Tante Claires Pool. Ihre Zimmer im Gästetrakt des Weingutes Tür an Tür … Die Vorstellung allein machte, dass ihr ganz schön warm wurde.

Alexander allerdings schien von dem Vorschlag überhaupt nicht angetan. »Vergiss es!«, presste er hervor. Er tastete nach der Türklinke hinter seinem Rücken und zögerte nur kurz. Fast fluchtartig verließ er anschließend das Zimmer. Sie schaute ihm fassungslos hinterher.

Was sollte das denn?

Alexander stand in seinem Zimmer am Fenster und starrte gegen die Fassade der gegenüberliegenden Häuser. Im zweiten Stock brannte noch Licht und er konnte den Vogelkäfig sehen, den die alte Dame dort auf der Fensterbank stehen hatte. Der Vogel tat ihm leid: Tag für Tag die Freiheit vor Augen und doch von einer Fensterscheibe und Gitterstäben davon getrennt zu sein … Im Stockwerk über dem Vogel, das wusste er, gab es eine dicke rote Perserkatze. Die Vorstellung, dass die beiden Tiere so nahe beieinanderlebten und dass eine vom anderen nichts wusste, hatte ihn schon oft amüsiert. Jetzt jedoch deprimierte sie ihn und er wünschte sich, er und Isa wären wie diese beiden Tiere.

Dass sie nicht wie Bruder und Schwester miteinander leben mussten.

Er schloss die Augen und lehnte die Stirn gegen die kühle Scheibe.

Ein leises Klopfen ließ ihn herumfahren. Sein dummes Herz machte einen Satz, weil er kurz hoffte, dass es Isa war. Aber an ihrer Stelle kam Sera herein.

»Isa will, dass ich mit ihr nach Avignon fahre«, sagte er, ohne sich einen Millimeter zu rühren.

Sera schwieg einen Moment. Dann kam sie näher, fasste ihn an der Schulter und zwang ihn, sich zu ihr umzudrehen.

Ernst sah sie ihm in die Augen. »Wann hast du vor, es ihr endlich zu sagen?«

Er wusste natürlich, wovon sie sprach. *Ihr was sagen?*, wollte er trotzdem fragen. *Dass ich mich wie ein Vollidiot in meine kleine Schwester verliebt habe?* Um seine unangemessenen Gefühle zu überspielen, grinste er. »Ich habe keine Ahnung, wovon du sprichst!« Es war ein alberner Satz, denn Sera wusste schon länger, was er für Isa empfand. Mit ihrer typischen Art hatte sie es von Anfang an durchschaut und vor ein paar Wochen, hatte sie es ihm sogar auf den Kopf zugesagt. »Du klingst neuerdings ganz anders, wenn du ihren Namen sagst«, hatte sie gemeint. »Viel weicher.«

»Scheiße«, war es ihm rausgerutscht. »Hört man das wirklich?«

Sera hatte milde gelächelt. »Hast du nicht schon als Zehnjähriger behauptet, dass du Isa mal heiraten würdest?«, hatte sie gefragt, und genau diese Frage wiederholte sie auch jetzt. »Du hast schon ganz zu Anfang gewusst, dass du sie mal heiraten würdest«, fügte sie hinzu.

Er verdrehte die Augen. »Das war doch nur das dumme Geschwätz von einem kleinen Jungen, der kurz vorher seine Mutter verloren hat!«

»Klar.« Sera wartete einen Moment.

Er seufzte. »Damals habe ich noch nicht so gefühlt, so …« Er hob die Hände in einer hilflosen Geste auf Schulterhöhe.

Sera verstand, was er sagen wollte. »Du hast immer noch nicht mit ihr über deine Gefühle geredet.« Es war eine Feststellung, keine Frage.

Nein, dachte er. *Eher beiße ich mir die Zunge ab.* Laut sagte er: »Ich wüsste nicht, was es da zu reden gäbe.«

»Na ja. Ich würde meinen, sie sollte wissen, dass deine Gefühle für sie neuerdings eine ganz neue Qualität angenommen haben.«

Er knirschte mit den Zähnen, als er daran dachte, wie oft ihm in der letzten Zeit schon die Wahrheit auf der Zunge gelegen hatte und wie oft er sie nicht über die Lippen gebracht hatte. »Das würde alles kaputtmachen.«

»Woher willst du das wissen?«

Er schüttelte den Kopf.

»Alexander!«, ermahnte Sera ihn. »Rede mit ihr darüber!«

»Ich kann nicht!«

»Doch kannst du! Isa ist weder doof noch blind. Und du bist nicht James Bond. Pokerface kannst du nicht. Glaubst du nicht, dass sie nicht längst gemerkt hat, was du für sie empfindest?«

Er schwieg.

So lange, bis sie schnaubte. »Du bist ein Riesenidiot, das ist dir klar, oder?«

Wut und Selbstekel, weil er seine dämlichen Gefühle nicht im Griff hatte, schlugen über ihm zusammen. »Vielleicht gehe ich zu Chloe und vergesse über ihr alle meine Sorgen.« Die unangemessenen Worte brannten in seiner Kehle und veranlassten Sera, ihm mit der Faust gegen die Schulter zu knuffen. »Du bist wirklich ein Arsch.«

Er wich ihr nicht aus. »Echt? Wäre ich von allein nicht drauf gekommen.«

»Bieg das endlich gerade, Alexander!«

»Logisch. Ich gehe dann mal eben kalt duschen.«

»Das meine ich nicht.« Er konnte den Ausdruck in Seras Augen nicht deuten. Er sah sie noch einmal schlucken. Wortlos drehte sie sich um und sie war schon halb aus dem Raum, als er sie stoppte.

»Sera?«

»Ja?« Sie wandte sich zu ihm um.

Er biss die Zähne aufeinander, aber dann zwang er sich, zu sagen: »Was soll ich denn jetzt machen?«

Sie brauchte eine halbe Ewigkeit, bis sie darauf eine Erwiderung parat hatte. »Vielleicht solltest du morgen mit ihr in die Provence fahren.« Damit ging sie. Sie zog die Tür hinter sich ganz leise ins Schloss, aber das Klicken des Riegels dröhnte ihm in den Ohren.

Nachdem Isa sich ein wenig abgeregt hatte und nicht mehr ganz so fassungslos darüber war, wie Alexander sie abgekanzelt hatte, konnte sie immer noch nicht schlafen. Also stellte sie sich barfuß vor ihre Staffelei und betrachtete das Bild, das sie vor ein paar Tagen angefangen hatte. Es sollte eine Landschaftsansicht werden, neblige Hügel, die in der Bretagne genauso gut liegen konnten wie in Yorkshire. Sie wollte dramatische, windzerrissene Wolken malen und irgendwo ins untere Drittel des Bildes, das war der Plan, würde sie einen einsamen Wanderer setzen. Aber noch war sie lange nicht so weit. Bisher hatte sie nur die Umrisse skizziert und die erste Grundierung des Himmels vorgenommen. Jetzt griff sie nach einem Pinsel, aber irgendwie traute sie sich nicht, ihn in Farbe zu tauchen und auf die Leinwand zu setzen. Sie war zu aufgewühlt und zu sehr mit anderen Dingen beschäftigt, als dass sie sich auf das Bildthema konzentrieren konnte, das *Melancholie* lautete.

Vielleicht, dachte sie, sollte sie es umtaufen. In *Einsamkeit.*

Mit einem Schnauben legte sie den Pinsel wieder weg. Was waren das denn für blöde Gedanken? Besser, sie machte ein anderes Mal weiter, bevor sie das Bild noch ruinierte, indem sie all ihre verknoteten und verwirrenden Gefühle auf die Leinwand schmierte. Sie kehrte auf das Bett zurück, griff sich ihren Skizzenblock und begann, ziellos herumzukritzeln, aber anders als sonst hatte sie diesmal nicht das Gefühl, dass sich ihre Emotionen klärten, wenn sie sie durch den Stift auf das Papier fließen ließ. Heute fand sie keine Antworten auf Fragen, die sie umtrieben.

Frustriert warf sie den Skizzenblock aufs Bett, nahm ihr Handy und rief die Website ihres Vaters auf, um sich seinen genauen Lesereisenplan anzusehen. Das brachte allerdings auch nichts. Als sie in einem Anfall von Ratlosigkeit einfach *Johann Durant* und *Autor* in eine Suchmaschine eingab, erhielt sie eine ganze Reihe Treffer, von denen sie wahllos einen anklickte. Es war ein kurzer Film mit einem Interview, das er einem Pariser Lokalsender gegeben hatte. Einige Minuten lang hörte sie der hellen Stimme der Reporterin und der dunkleren ihres Vaters zu.

»In Ihren Büchern geht es sehr oft um zerplatzte Lebensträume und das Scheitern der einen, der großen Liebe«, sagte die Reporterin. »Das ist auch in Ihrem neuesten Werk der Fall. Können Sie unseren Leserinnen und Lesern sagen, wie viel davon autobiografisch ist?«

Isas Vater lächelte nachsichtig. »Nun. Ich fürchte, ich muss Sie enttäuschen. Meine Bücher sind Literatur, keine Autobiografien, und das gilt auch für dieses Buch.«

»Aber wie kommt es dann, dass Sie die Emotionen, die Sie darin beschreiben, so perfekt einfangen können?«

»Keine Ahnung.« Das Lächeln ihres Vaters verblasste. »In der Realität kommt mir das, was ich empfinde, tatsächlich oft eher eindimensional oder, hm, matt vor. Oft fühle ich mich, als würde sich etwas zwischen mich und die Welt schieben. Besonders im Umgang mit anderen Menschen geht mir das so: Ich rede mit ihnen, agiere, aber ich fühle mich wie ferngesteuert. Oft weiß ich hinterher nicht mal, was genau ich alles gesagt und gedacht habe. Dann muss ich schreiben, weil dadurch die Dinge … greifbar werden.« Er ließ sein Lächeln wieder aufblitzen.

»Interessant«, sagte die Reporterin. »Und uns Lesern beschert das …«

Isa hielt das Video an.

Ratlos starrte sie in die vertrauten Augen ihres Vaters. Dann auf das Cover seines Buches, das zwischen ihm und der Reporterin auf einem kleinen Tischchen aufgebaut dastand.

Diskrete Verwegenheiten.

Es war der vierte Roman ihres Vaters, nachdem er sein Debüt irgendwann mit Mitte zwanzig geschrieben hatte. *Die Frau in Rot* hatte es geheißen und das Buch stand in dem kleinen Regal über Isas Bett. Sie zog es heraus und betrachtete das Cover, das einen wilden Wirbel aus bunten Schlieren zeigte. Nur das Hauptmotiv, eine Frau in einem roten Kleid, hatte der Fotograf scharf gestellt. Sie war von hinten zu sehen, hatte den Kopf mit dem langen schwarzen Haar in den Nacken geworfen und schien aus vollem Hals zu lachen. Vor einer Weile hatte Isa einmal vergeblich versucht, dieses Buch zu lesen. Es ging darin um ein Liebespaar, das wusste sie noch, und auch, dass die Frau verheiratet war, aber mit dem Freund ihres Mannes etwas trinken ging und sich natürlich prompt in ihn verliebte. An mehr konnte sie sich nicht erinnern, vor allem weil Liebesgeschichten schon seit einiger Zeit nicht mehr ihr Ding waren.

Jedenfalls redete sie sich das nur allzu gern ein.

KAPITEL 6

Der Fahrkartenautomat spuckte Isas Ticket aus und klang dabei, als würde ein winziger, in dem Kasten eingesperrter Sachbearbeiter leise vor sich hin stöhnen. Die Geräuschkulisse des Gare du Lyon, von dem aus in einer halben Stunde der TGV nach Avignon abfahren würde, kam ihr laut vor. Hektisch. Vor allem aber aufregend.

Was natürlich daran lag, dass sie etwas Verbotenes tat.

Das Gefühl, ganz dringend nach Avignon fahren zu müssen, war im Laufe der Nacht zur Gewissheit geworden. Zum Teil, weil sie sich wirklich Sorgen um Ben machte. Er hatte sich auch heute Morgen nicht gemeldet und er ging auch immer noch nicht ans Telefon, was für ihn völlig ungewöhnlich war.

Ben war allerdings nicht der einzige Grund dafür, dass Isa sich entschlossen hatte, die letzten Schultage vor den Ferien zu schwänzen und ihrem kleinen Bruder hinterherzufahren. Ein Teil von ihr hatte auch das starke Gefühl, dass sie Adèles wegen unterwegs war. Dass sie herausfinden musste, was es mit dieser Frau auf sich hatte, die behauptete, ihre Mutter zu sein. Und die diese Melodie gesummt hatte, auf die Isa so sonderbar reagierte. Gleich zweimal hatte Isa in der Nacht von dieser Melodie geträumt und beide Male war sie mit dem panischen Gefühl, sich in schrecklicher Gefahr zu befinden, aus dem Schlaf aufgeschreckt.

Also hatte sie beim Frühstück, als Sera sie gefragt hatte, was sie vorhatte, vorgegeben, sich auf den Weg zur Schule zu machen. Aber sie war heimlich wieder umgekehrt, hatte im

Hauseingang gegenüber gewartet, bis Claudia sich auf den Weg zum Markt gemacht hatte und die Wohnung leer war. Danach hatte sie sich in ihr Zimmer geschlichen, hatte ein paar Sachen in ihren Rucksack gestopft und das rote Seidentuch mit der halb verbrannten Spieluhr obenauf gelegt. Anschließend hatte sie sich auf den Weg hierher zum Bahnhof gemacht.

Das schlechte Gewissen pikte sie, weil sie einfach so davonrannte. Aber war das nicht in gewisser Weise auch Alexanders Schuld? Warum weigerte er sich, mit ihr zusammen nach Avignon zu fahren? Und warum fühlte es sich so bedrohlich an, es allein zu tun? Herrgott noch mal! Sie war fast achtzehn. Sie fuhr durch Frankreich, nicht quer durch Afghanistan. Wenn sie angekommen war, würde sie die anderen anrufen und ihnen sagen, wo sie war. Der TGV, der französische Hochgeschwindigkeitszug, brauchte von Paris bis Avignon nur gut zweieinhalb Stunden. Wenn sie Glück hatte, würden Sera und Alexander also noch nicht einmal gemerkt haben, dass sie überhaupt weg war. Sie würden gar keine Zeit haben, sich Sorgen um sie zu machen.

Alles ganz easy.

Eigentlich ...

»Worauf warten Sie? Dass der Apparat Sie an Ihr Ziel beamt, oder was?« Die ungeduldige Altmännerstimme hinter ihr schreckte sie aus ihren Gedanken. Ihr wurde bewusst, dass sie minutenlang vor dem Fahrkartenautomaten gestanden und auf das Ticket in ihrer Hand gestarrt hatte.

»Entschuldigung«, murmelte sie und machte Platz.

»Also so was!«, grummelte der Alte.

Kurz verspürte sie diesen absurden Anflug von schlechtem Gewissen, der sie immer überkam, wenn allein die Tatsache, dass sie existierte, einen anderen Menschen in seinem Tun gestört hatte. Dann allerdings ärgerte sie sich über die Unfreundlichkeit des Kerls und weil sie nicht wusste, wohin mit den ganzen bescheuerten Gefühlen in ihrer Brust, reagierte sie bissig. »Ihnen auch einen schönen Tag«, knurrte sie ihn an.

Er warf ihr einen Blick zu, den sie nicht deuten konnte. »Kinder! Tz«, glaubte sie noch zu hören, als sie sich schon längst abgewandt hatte. Als Kind bezeichnet zu werden, ließ den Ärger in ihr hochbrodeln, und zwar so heftig, dass sie noch mal zu ihm herumfuhr.

»Haben Sie heute morgen Mies-drauf-Tabletten geschluckt, oder was?«, blaffte sie ihn an.

Sein Unterkiefer klappte herunter und sie konnte sehen, dass ihm unten links ein Backenzahn fehlte. Er wollte etwas erwidern, aber er schien von ihrer Empörung so überrumpelt, dass er nur ein weiteres »Tz!« herausbrachte.

»Ja. Tzsen Sie ruhig weiter und verbreiten Sie schlechte Laune um sich herum. Blödmann!« Damit ließ sie ihn stehen. Mit langen Schritten marschierte sie in Richtung Bahnsteig.

Ein wohlbekanntes, leises Lachen ließ sie innehalten.

Alexander stand vor einem riesigen Werbeplakat, das mit vielen bunten Federn und in schreiend roten Buchstaben auf irgendein Theaterstück aufmerksam machte. Ganz offensichtlich hatte ihn Isas kleines Geplänkel mit dem Mann amüsiert. »Ich würde sagen, eins zu null für dich.« Mit dem Kinn deutete er zu dem unfreundlichen alten Kerl, der sich gerade ratlos am Kopf kratzte und nicht zu wissen schien, was für Buttons auf dem modernen Touchscreen er drücken musste. Bevor Isa ihre Sprache wiederfand, marschierte Alexander los, ging dabei einen Tick zu dicht an ihr vorbei und sprach den Alten an. »Kann ich Ihnen irgendwie helfen?«

»Ja, hm. Ich bin nicht sicher ...«

»Wo müssen Sie denn hin?«

»Nach Lyon.«

»Dann müssen Sie ... Moment ...« Alexander drückte ein paarmal auf den Touchscreen und navigierte sich damit durch das Menü. »So«, meinte er liebenswürdig. »Jetzt müssen Sie nur noch Ihre Kreditkarte da reinstecken und Ihre PIN eingeben.«

Der Mann sah ihn dankbar an. »Zu freundlich, junger Mann.«

Alexander nickte ihm zu, dann lächelte er eine Frau mit einem Kleinkind auf dem Arm an, die schon ungeduldig hinter dem Mann wartete. »Vielen Dank für Ihre Geduld«, sagte er zu ihr. »Die besitzen heutzutage nicht mehr viele Leute.«

Der unfreundliche Kerl errötete, aber Alexander tat, als würde er das nicht bemerken. Zufrieden wandte er sich an Isa. »Kommst du?«, fragte er sie.

Es bereitete ihr diebisches Vergnügen zuzusehen, wie dem Alten schon wieder die Kinnlade herunterfiel. »Gute Reise«, wünschte sie ihm zuckersüß, dann nahm sie Alexanders dargebotenen Arm und hakte sich unter.

Als sie um die nächste Ecke waren, blieben sie beide lachend stehen.

»Das war genial!«, entfuhr es Isa.

Alexander wirkte urplötzlich ernst. »Hoffentlich ist der Kerl den Rest des Tages jetzt ein bisschen freundlicher.«

»Täte ihm gut.«

Alexander zuckte mit den Schultern. »Vielleicht hat er Magengeschwüre.«

»Ja, vielleicht. Vielleicht aber ist er auch einfach ein Blödmann.«

»Möglich.«

Isa wurde bewusst, wie dicht sie beieinanderstanden, und sie hielt einen Moment inne, um das zu genießen. Alexander trug wieder das Aftershave, das sie ihm geschenkt hatte. Heute morgen roch es anders als gestern Nachmittag im Treppenhaus. Spitzer. Nicht so sehr nach Moschus und Sandelholz wie gestern.

Isa wich einen Schritt zurück, starrte ihrem großen Bruder ins Gesicht. »Was machst du hier?« Nach seinem Auftritt gestern Abend hätte sie nie im Leben damit gerechnet, ihn hier zu sehen.

»Wonach sieht es aus?«

Sie wusste nicht, wohin sie schauen sollte. Sein forschender Blick brannte auf ihrem Gesicht.

»Meiner kleinen Schwester hinterherlaufen, die vorhat, von zu Hause auszureißen?«, beantwortete er seine Frage selbst. Dann grinste er. »Könnte man jedenfalls meinen.«

»Ich reiße nicht aus! Ich ... Egal! Warum hast du dich umentschieden?«

Ein Ausdruck flog über sein Gesicht, den sie nicht deuten konnte. Irgendwie wirkte er wie tiefe Resignation, fand sie. Aber das ergab nicht wirklich Sinn.

Er deutete in die Richtung, in der soeben der unfreundliche Mann verschwand. »Du bist noch keine fünf Minuten allein aus dem Haus und schon bringst du halb Paris gegen dich auf. – Aua!« Er hielt sich den Oberarm, gegen den Isa empört geboxt hatte. Ein spöttisches Funkeln erschien in seinen Augen, erlosch jedoch sofort wieder. »Nein, im Ernst. Es tut mir leid, dass ich gestern Abend so ekelig war. Mein Wagen steht im Parkhaus gegenüber und ich habe das mit Sera besprochen. Wenn du willst, fahre ich mit dir gemeinsam runter zu Tante Claire.«

Isa ging zum Infoschalter, um zu versuchen, ihr gerade eben gekauftes und noch unbenutztes Ticket zurückgegeben. Alexander wartete in der geschäftigen Bahnhofshalle auf sie und verfluchte sich im Stillen für den Riesenfehler, den er hier gerade machte. Er hatte die halbe Nacht mit sich gerungen, ob er Isa besser doch in die Provence begleiten sollte. Und heute Morgen, als er ihr beim Frühstück an der Nasenspitze abgelesen hatte, dass sie ausreißen würde, da war er sogar kurz froh darüber gewesen. Ein paar Tage ohne sie hätten ihm sicher geholfen, seine Gefühle für sie in den Griff zu kriegen. Hatte er gedacht.

Und dann hatte er trotzdem Sera erklärt, dass er Isa begleiten würde. Sie hatte zufrieden ausgesehen. Offenbar glaubte sie, dass er die Fahrt nutzen würde, um sich mit Isa auszusprechen, aber wie sollte das gehen? Er war wie ein Hündchen, das Isa an einer unsichtbaren Leine hinter sich herzerrte, allerdings ohne auch nur zu ahnen, dass sie diese Leine überhaupt in der Hand hatte.

Volltrottel. »Hab dich mir unters Schlüsselbein graviert ...«, murmelte er und riss sich zusammen, weil er sie quer durch die Bahnhofshalle auf sich zukommen sah.

Eine unsichtbare Energie ging von ihr aus, etwas, das ihn in den Bann zog und ihm den Atem raubte.

»Geschafft«, sagte sie, als sie nur noch wenige Schritte von ihm entfernt war.

»Wie hast du sie überredet, das Ticket zurückzunehmen?«, fragte er. Er hatte gesehen, wie sie mit der jungen Frau am Schalter eine Weile lang diskutiert hatte.

Isa grinste vielsagend. »Ich habe ihr eine rührselige Geschichte erzählt, davon, dass ich mich mit meinem Freund gestritten habe und wegwollte. Und dass ebendieser Freund hier steht und mich tränenüberströmt um Verzeihung gebeten hat. Als ich auf dich gezeigt habe, hat sie nur genickt und das Ticket zurückgenommen.«

»Aha.« Er zwang sich zu einem Lächeln. Gott. Wie nur sollte er die lange Fahrt mit ihr ganz allein in seinem Auto überstehen?

Sie lächelte zurück und für eine Sekunde gestattete er sich, das warme Gefühl zu genießen, das dieser Ausdruck in ihm auslöste. Dann verschloss er sich dagegen. Sie sah in ihm den großen Bruder. Auch wenn Sera anderer Meinung war: Er würde Isa nicht in die Verlegenheit bringen, ihm sagen zu müssen, dass er für sie nichts weiter als das war. Ein großer Bruder!

Sie kniff die Augen zusammen, musterte ihn nachdenklich. Er hätte seinen rechten Arm dafür gegeben zu erfahren, was sie dachte.

»Was?«, fragte er. Bis vor Kurzem – als er seine idiotischen Gefühle wenigstens noch halbwegs unter Kontrolle gehabt hatte – hatte er immer ziemlich genau gewusst, was in ihrem Kopf vorging. Dass er das jetzt nicht mehr wusste, zeigte nur allzu deutlich, was für ein Riesenidiot er war.

Sie grinste. »Nichts. Was hat Chloe dazu gesagt, dass du einfach so nach Avignon fährst?«

»Nichts.« Musste sie auch nicht. Weil er, als er die Entscheidung gefällt hatte, Schluss gemacht hatte. Allerdings würde er das Isa nicht so schnell auf die Nase binden.

»Wolltet ihr beide nicht heute Abend ins Kino?«

»Das haben wir verschoben.«

»Oh«, machte sie und sie schien zu ahnen, dass das mit Chloe nicht so perfekt lief. »Cool. Aber warum habe ich gerade das Gefühl, dass du vor einem Problem davonläufst?«

Er grinste. Seine Mundwinkel schmerzten. *Wie es aussieht,*

dachte er bei sich, *laufe ich meinem größten Problem gerade treudoof hinterher.* »Ich habe keine Ahnung, wovon du redest«, behauptete er.

Sie lachte auf.

Um sie nicht zu packen und einfach in seine Arme zu ziehen, schob er die Hand in die Hosentasche und holte den Autoschlüssel hervor.

Natürlich war eine stundenlange Autofahrt zu zweit mit Alexander nicht die genialste Idee, das zeigte sich für Isa, kaum dass sie die Innenbezirke von Paris verlassen hatten und an der Pont Amont auf den Boulevard Périphérique fuhren, der sie zur Autobahn Richtung Süden bringen würde. Isa hatte sich mit der rechten Schulter gegen die Beifahrertür gelehnt und den Sicherheitsgurt ein Stück von ihrem Hals weggezogen. Sie betrachtete Alexander, während er sich auf den dichter werdenden Verkehr konzentrierte. »Warum hast du dich denn nun umentschieden? Gestern fandest du die Idee, mit mir zusammen da runterzufahren, noch total blöd.«

Sein Kehlkopf ruckte einmal. Täuschte sie sich oder krampfte er die Hände fester ums Lenkrad? »Darf ich meine Meinung nicht ändern?«

»Doch. Schon.« Sie presste die Lippen aufeinander. »Ich möchte es trotzdem gerne wissen.« Sein Tonfall ärgerte sie schon wieder und gleichzeitig hatte sie das Bedürfnis, ihren großen Bruder zu berühren.

»Und ich möchte nicht darüber reden, okay?«

»Hm.«

Danach schwiegen sie einige Kilometer lang. Es war ein schweres Schweigen, eines, das überhaupt nicht angenehm war, so wie früher sonst immer, wenn sie zusammen gewesen waren. Diesmal fühlte es sich bedeutungsschwanger an, so, als müssten sie dringend etwas besprechen und keiner von ihnen traute sich, den Anfang zu machen.

Jedes Mal, wenn Alexander die Hand nach dem Schaltknüppel ausstreckte, um den Gang zu wechseln, hoffte sie, dass er sie auf ihr Bein legen würde! Die Vorstellung, dass er das tat, war aufregend und grotesk zugleich.

Sie schob die Hände unter die Oberschenkel und konzentrierte sich auf das raue Gefühl des Polsters an ihren Fingerspitzen. Sie würde sich zusammenreißen müssen. Das, was sie empfand, war nur ein winziger Anflug von Verliebtsein. Vermutlich hatte Alexander irgendwas gesagt oder getan, das dieses Gefühl in ihr ausgelöst hatte. Ein Gefühl, das wieder vorbeigehen würde.

Alles, was sie tun musste, war, es zu ignorieren, so wie sie Unangenehmes sonst auch gern ignorierte. Wenn man die Dinge nämlich einfach übersah, hörten sie irgendwann von ganz allein auf, da zu sein.

Weil sie keine Lust mehr auf das bescheuerte Schweigen hatte, beugte sie sich zu ihrem Rucksack im Fußraum des Wagens hinab und nahm das Buch heraus, das sie am Morgen auch noch eingesteckt hatte. Es war der Debütroman ihres Vaters. Sie hatte ihn zusammen mit der Spieluhr und ein paar anderen Sachen eingepackt, ohne so genau zu wissen, warum eigentlich. Sie betrachtete das bunte Cover und das leuchtend rote Kleid der Frau darauf.

Alexander warf aus dem Augenwinkel einen Blick darauf. *»Die Frau in Rot?«*, fragte er.

Sie strich mit den Fingerspitzen über das lange schwarze Haar der Frau auf dem Cover. Ob ihre Mutter schwarze Haare gehabt hatte?

Seit wann interessiert dich das?

Sie zuckte mit den Schultern. »Ich dachte mir, ich ... Keine Ahnung. Irgendwie frage ich mich, ob Papa darin die Geschichte von sich und Adèle verarbeitet hat.«

Alexander schürzte die Lippen. »Du hast es nicht gelesen?«

»Ich habe immer gedacht, Adèle interessiert mich nicht.« Sogar stolz war sie darauf gewesen, dass sie diese Frau genauso ignoriert hatte wie alle unangenehmen Dinge in ihrem Leben. Genau das allerdings fühlte sich jetzt beängstigend an. Wie eine Wahrheit, die sie eigentlich nicht hören wollte.

»Und das ist jetzt anders?«, fragte Alexander.

Sie schwieg. Lauschte in sich hinein und versuchte, nicht schon wieder an diese unheimliche Melodie zu denken. »Irgendwie schon«, murmelte sie. Es war die Melodie, die alles verändert hatte, das spürte sie.

Alexander ging vom Gas, weil ein paar Hundert Meter voraus eine Mautstation auftauchte. »In dem Buch geht es nicht darum, was damals passiert ist«, sagte er.

Sie schaute auf, musterte ihn prüfend. »Du hast es gelesen.« Sie sagte das als Feststellung, nicht als Frage. Er hatte alle Bücher ihres Vaters gelesen, das wusste sie.

»Er schreibt über sie, aber er schreibt nicht *von* ihr«, sagte er.

Isa runzelte die Stirn. »Und das soll ich verstehen?«

Er schmunzelte. »In allen seinen Büchern geht es ums Verlassenwerden. Um die Einsamkeit des Menschen, der an der modernen Gesellschaft scheitert, weil er nicht in der Lage ist, seine Gefühle abzutöten.« Alexander richtete den Blick nach vorn auf die Mautstation. Der Wagen vor ihnen bremste ab und er tat es auch. »Wenn überhaupt, dann findest du in *Die Frau in Rot* Figuren, die von Adèle inspiriert sind. Ich glaube aber nicht, dass dich das irgendwie weiterbringt.«

»Weil?«, fragte sie.

»Weil Literatur die Wahrheit erzählt, ohne die Wahrheit zu erzählen.«

Sie warf ihm einen finsteren Blick zu. »Und das soll was sein? Eine Alexander Leroc-Weisheit?«

Er verringerte die Geschwindigkeit noch weiter und entschied sich für die mittlere der drei Schlangen, die vor der Mautstation entstanden waren. Erst als sie ganz zum Stehen gekommen waren, antwortete er. »Vielleicht.«

Dieses Gespräch nervte sie, stellte sie fest. *Die Wahrheit erzählen, ohne die Wahrheit zu erzählen.* Was, bitte schön, sollte das denn heißen? Erst als sie ein wenig darüber nachdachte, fielen ihr ihre eigenen Bilder ein und das, was sie erst kürzlich im Kunstunterricht über Maler wie Vincent van Gogh und Picasso gelernt hatte. In deren Bildern ging es auch nicht darum, die Realität so abzubilden, wie sie aussah, sondern darum, eine neue Sichtweise herzustellen. Sozusagen die Emotionen mit abzubilden. Für die Malerei war ihr das ziemlich nachvollziehbar vorgekommen.

Vielleicht war es ja beim Schreiben genauso.

Sie wollte Alexander bitten, ihr mehr von seinen Gedanken zu erzählen. Sie wollte Dinge über ihn erfahren, die sie an ihm bisher noch überhaupt nicht wahrgenommen hatte. Die Tatsache zum Beispiel, dass er ihr Aftershave trug ... »In einem Interview hat Papa mal gesagt, dass er schreibt, weil die Dinge dadurch für ihn greifbarer werden.«

Alexander nickte, als könne er das sehr gut nachempfinden.

»Ist das bei dir auch so?«, fragte sie.

»Teilweise, würde ich sagen.«

»Heißt?«

Er wandte den Kopf und sah sie einen Moment zu lange an.

»Heißt, dass ich hauptsächlich schreibe, weil ich mir dadurch besser beim Denken zuhören kann.«

Sie dachte an sein Notizbuch, das er immer bei sich trug. Ob darin auch etwas über sie stand?

Der Gedanke kam so überfallartig, dass sie trocken auflachte. In der Schlange neben ihnen stand ein Viehtransporter. Der Geruch von Schweinen drang durch die Lüftungsschlitze ins Innere des Wagens und Alexander schien zu glauben, dass das der Grund für ihr Lachen war. Er schaltete die Lüftung aus, aber das machte es kaum besser.

Vorsichtig meinte Isa: »Weißt du, was? Irgendwie frage ich mich, ob du sauer auf mich bist.«

»Sauer?« Der Wagen vor ihnen fuhr ein Stück vor und Alexander tat es auch. Der Gestank war kaum zu ertragen.

Isa rümpfte die Nase. »Ja. Seit einer Weile bist du echt komisch zu mir. Ich meine, abgesehen davon, dass du jetzt mit mir in dir Provence fährst, was ich total nett finde. Aber irgendwie streiten wir neuerdings wegen jeder Kleinigkeit ...« Sie hielt inne, fühlte sich albern und geschwätzig und hoffte doch eigentlich nur, dass ihre Frage ihn dazu bringen würde, sie nach ihren Gefühlen zu fragen.

Er schwieg.

»Keine Ahnung, ich hab mir halt Sorgen gemacht, dass du irgendwie sauer auf mich bist«, sagte sie.

Sein Blick lag auf ihr. »Ich bin nicht sauer auf dich.« Kurz hatte sie das Gefühl, dass er noch etwas hinzufügen wollte, aber sie hatten die Mautstation jetzt erreicht. Während er bezahlte und gleich darauf wieder Gas gab, entstand schon wieder diese drückende Stille zwischen ihnen.

Zähneknirschend schlug Isa das Buch ihres Vaters auf und begann zu lesen.

KAPITEL 7

Alexander hatte recht: Die Geschichte der Frau in Rot brachte keine neuen Erkenntnisse über die Frau, die Isas Mutter war. Der Roman erzählte eine Geschichte, in der es ums Verlassenwerden ging, aber es war einfach unmöglich, herauszufinden, ob die Frau in Rot an Adèle angelehnt war oder ob ihr Vater sie sich komplett ausgedacht hatte. Frustrierend war das.

Irgendwann steckte Isa das Buch zurück in den Rucksack, nahm stattdessen ihren Skizzenblock heraus und die flache Metallschachtel, in der sie auf Reisen ihre Buntstifte transportierte. Sie begann, auf einer leeren Seite herumzukritzeln, ohne sich dabei Gedanken zu machen, was sie zeichnete. Nach einer Weile betrachtete sie ihr Werk. Es war vollständig in einer einzigen Farbe gezeichnet – rot – und ergab auf den ersten Blick keinen wirklichen Sinn.

»Eine Frau im roten Kleid?« Es war Alexander, der sie erst darauf brachte, dass sie offenbar unbewusst das Motiv von dem Buchcover variiert hatte. Wenn man genau hinsah, zeigte ihre flüchtige Skizze nämlich wirklich eine Frau in einem wehenden roten Kleid.

Isa seufzte und steckte auch den Skizzenblock wieder fort.

Immerhin: Das Lesen und auch das Zeichnen hatten dafür gesorgt, dass ein paar Stunden der Fahrt vergangen waren. Die Landschaft draußen vor dem Fenster wirkte inzwischen hügeliger und auch mediterraner. Die Sonne wärmte Isas Haut und ließ Erinnerungen in ihr aufscheinen. Die meisten davon drehten sich um die zahllosen Ferien, die sie und die Familie auf Tante Claires Weingut verbracht hatten. Tante Claire hatte auf dem alten Anwesen der Familie mehrere gut gehende Ferienwohnungen eingerichtet. Die wenigen Weinstöcke, die sie noch besaß, waren nicht mehr als eine nostalgische Erinnerung an eine Zeit, in der die Durants die reichsten und angesehensten Weinbauern in der Gegend gewesen waren.

Isa lächelte, als lauter Bilder von sonnendurchglühten, faulen Tagen unter den alten Olivenbäumen an ihr vorüberzogen. An die Zeit, in der sie, Ben und ihr Vater hier unten in der Provence gelebt hatten, erinnerte sie sich nur noch vage. Sie war fünf gewesen, als die Familie nach Paris gezogen war.

Als Alexander die Autoroute du Soleil wieder verließ, meinte er: »Vielleicht solltest du Tante Claire anrufen und sie vorwarnen, dass wir kommen.«

Isa nahm ihr Handy und wählte die Nummer ihrer Tante. Es dauerte eine Weile, bis Claire ranging.

»Isa, Herz!«, rief sie. »Wie schön, von dir zu hören!«

»Wir sehen uns auch gleich«, erklärte Isa ihr.

»Wie? Was soll das heißen?«

»Alexander und ich fahren gerade durch La Grave. Wir sind in zehn Minuten bei dir.«

»Wie bitte? Aber ich habe doch gar keine Wohnung für euch frei ... egal! Ich freue mich, Kinder!« Sie kicherte und wie so oft bei ihr klang es mädchenhaft, obwohl Tante Claire schon über fünfzig war. Sie versprach, einen Schlafplatz für sie beide zu finden, dann legte sie auf.

Kurz darauf bog Alexander von der Landstraße ab in einen schmalen Weg, der rechts und links von uralten Platanen gesäumt war. Die Bäume warfen einen angenehmen Schatten auf die erhitzte Erde und das Flirren ihrer Strahlen im Geäst ließ Isa blinzeln. Eine umzäunte Weide mit ein paar Pferden lag rechter Hand und auf einem kleinen Hügel dahinter erhob sich eine riesige Steineiche. Isa und Ben waren früher oft darin herumgeklettert und hatten sich vorgestellt, Piraten zu sein, die auf hoher See in der Takelage eines großen Segelschiffes standen und Ausschau nach fernen Landen hielten …

Das war gewesen, bevor Sera und Alexander zur Familie gestoßen waren.

Links wurden die Felder nun abgelöst von einer zwei Meter hohen, von Efeu überwachsenen Mauer. Alexander fuhr noch ungefähr hundert Meter bis zu einem schmiedeeisernen Torbogen. Das Tor stand offen und er lenkte den Wagen hindurch auf den kiesbedeckten Parkplatz vor dem alten Herrenhaus, wo sie beide ausstiegen.

In der Luft lag der Geruch von Staub und den gelben Blüten einiger Ginsterbüsche, die hier oft bis in den Sommer hinein blühten. Auf dem Hof waren eine Menge Arbeiten im Gange. Michel, einer von Tante Claires Angestellten, war dabei, Tische aufzustellen, auf denen später offenbar ein Büfett aufgebaut werden sollte. An den Balken von Schuppen und Nebenhaus hingen Girlanden aus Blumen und Tannenzweigen und auch eine kleine Hüpfburg war schon aufgebaut. In der Region war es Tradition, dass die umliegenden Ferienhöfe einmal im Jahr reihum ein Fest für die Kinder der Feriengäste ausrichteten. Offenbar war in diesem Jahr Tante Claire damit dran.

Bevor Isa eine entsprechende Bemerkung machen konnte, kamen Tante Claires zwei struppige Hunde, Bonaparte und Charles, angerannt. Ihnen dicht auf den Fersen eilte auch ihre Tante persönlich herbei.

»Isa!« Sie fiel Isa um den Hals. Sie war eine kleine, drahtige und energiegeladene Frau, die fast ausschließlich in Latzhose und festem Schuhwerk herumlief. Ihre dichten Locken kitzelten Isa im Gesicht, als ihre Tante ihr Küsse auf beide Wangen drückte. »Das nächste Mal müsst ihr unbedingt früher Bescheid sagen, wenn ihr kommen wollt! Dann halte ich euch eine Ferienwohnung frei. Jetzt fürchte ich, habe ich nur das Gewächshaus, wo ich euch unterbringen kann.« Sie wandte sich Alexander zu, der sich nach der langen Autofahrt reckte und dehnte. Auch ihm fiel sie um den Hals, und zwar, ohne ihr aufgeregtes Schwatzen dabei zu unterbrechen. »Aber ihr seid es ja gewohnt, da zu schlafen, nicht wahr?« Sie hielt einmal kurz inne, um Luft zu holen. »Wie geht es Johann?«, plapperte sie weiter. »Ist er wohlauf? Und Sera? Und Claudia ...?«

Alexander wusste sich nicht anders zu helfen, als sie einmal kurz hochzuheben und so ihren Redefluss zu unterbrechen.

»Huch!«, quietschte sie. »Was machst du! Du Verrückter!« Sie lachte und als er sie wieder auf die Füße stellte, schlug sie spielerisch nach ihm.

Er grinste sie an. »Hallo, Tante Claire.«

Sie lachte noch einmal. »Da rede und rede ich! Dabei müsst ihr total erschossen sein! Kommt doch erst mal rein. Ich bin zwar mitten in den Vorbereitungen für das jährliche Kinderfest, aber ich kann gut eine Pause gebrauchen. Und ich bin superneugierig, was euch hertreibt. Ist nicht eigentlich noch Schule? Egal! Kommt! Kommt! Ich habe einen Krug Limonade im Kühlschrank!« Und mit einer Menge weiteren Geplappers eilte sie quer über den Platz, vorbei an zwei uralten Agaven, die in großen Tontöpfen den Durchgang zum hinteren Teil des Anwesens flankierten.

Isa und Alexander sahen sich grinsend an. Im Vorbeigehen grüßten sie Michel, der sich nur knapp gegen die Stirn tippte und dann weiterarbeitete. Mit leicht schlechtem Gewissen, dass sie ihrer Tante jetzt noch zusätzlich Arbeit machten, folgten Isa und Alexander ihr.

Bonaparte und Charles trotteten ein Stück hinter ihnen her, zogen es dann aber vor, sich in den Schatten zu legen. Sie hechelten heftig, und Isa konnte es ihnen nachfühlen. Hier unten im Süden waren es über fünfunddreißig Grad, mindestens fünfzehn mehr als in Paris. Für dieses Wetter war sie mit ihrer Jeans und dem T-Shirt schon zu warm angezogen, und sie war froh, dass sie in weiser Voraussicht ein leichtes Sommerkleid eingepackt hatte.

Tante Claire umrundete das Herrenhaus, in dem sie wohnte. Im Vorbeigehen sah Isa an dem Pool im Garten ein paar Leute liegen. Einer davon war ein Junge ungefähr in ihrem Alter. Er fiel ihr auf, weil er ungewöhnlich rote Haare hatte – und weil er sie beinahe auf dem ganzen Weg mit dem Blick verfolgte.

»Was ist das denn für ein Spanner?«, hörte sie Alexander leise murmeln.

Tante Claire wandte den Kopf. »Das ist Pascal. Er und seine Familie wohnen über dem alten Pferdestall. Sie kommen aus Belgien und sind für drei Wochen hier im Urlaub.«

Isa warf Pascal einen Blick zu, den der mit einem selbstbewussten Kopfnicken beantwortete, dann hatten sie die Terrasse erreicht und der Pool samt Pascal entschwand aus ihrer Sicht. Zusammen mit Alexander und ihrer Tante betrat sie das Haus durch die Terrassentür, durch die sie direkt in einen kleinen, sehr eleganten Salon gelangten. Drinnen war es angenehm kühl, da eine mit Wein bewachsene Pergola die Terrasse beschattete. Wie immer, war das Erste, das Isa auffiel, der vertraute Geruch dieses alten Hauses. Es roch nach Lavendelsäckchen, nach Tante Claires Parfüm und nach Papier. Letzteres, weil die Regale, die sämtliche Wände des Salons bedeckten, allesamt vollgestopft mit Büchern waren. Isa fühlte sich bei diesem Anblick wie immer sofort wie zu Hause.

»Setzt euch!«, befahl Claire und wuselte davon, um Gläser und die Limonade zu holen.

»Uff«, machte Alexander und warf sich in einen der zierlichen Sessel. Er sah müde aus, was nicht verwunderlich war, denn er war ja eben mehr als acht Stunden Auto gefahren. Isa fühlte sich selbst auch ziemlich gerädert, denn sie hatte sich acht Stunden lang beherrschen müssen, um nicht mit irgendwas Dummem herauszuplatzen. Es war für sie so selbstverständlich, all ihre Nöte und Sorgen mit Alexander zu teilen, dass es regelrecht nervenaufreibend gewesen war, ihm nicht auch von ihren seltsamen neuen Gefühlen ihm gegenüber zu erzählen. Immer wieder war sie nur Millimeter davor gewesen, es ihm zu sagen und ihn zu fragen, was er davon hielt. Und dann wieder – wenn er zum bestimmt hundertsten Mal zum Schaltknüppel gegriffen und sie gehofft hatte, er würde sie berühren – war sie sich albern und kindisch vorgekommen. Hegte sie denn wirklich die Hoffnung, dass er ihre Gefühle erwiderte? Das war doch geradezu absurd, denn er war ihr großer Bruder und das wollte sie auf keinen Fall kaputtmachen. Also hatte sie sich stundenlang auf die Zunge gebissen und den Mund gehalten.

Total anstrengend.

Jetzt fuhr sie mit den Fingerspitzen über eines der Regalbretter und ließ den Blick über die dort stehenden Bücher schweifen. Neben der Tür zum Flur standen auch Ausgaben aller Titel, die ihr Vater geschrieben hatte.

»Wir hätten uns vielleicht wirklich eher ankündigen sollen«, sagte Alexander. »Dann hätte sie genug Zeit gehabt, sich abzuregen. Sie ist schließlich nicht mehr die Jüngste, so viel Aufregung ist nicht gut für sie.«

»Das habe ich gehört!« Mit einem Tablett kam Claire aus der Küche zurück. Strafend sah sie Alexander an, aber ihre Augen glitzerten amüsiert. Sie wusste genau, dass Alexander absichtlich so laut gesprochen hatte, dass sie es mitbekam. »Immer noch die alte Spottdrossel, oder?« Sie tätschelte ihm die Wange, runzelte kurz die Stirn, als sie erst ihm in die Augen sah und dann in Isas Richtung. Danach machte sie sich daran, die Limonade auf drei Gläser zu verteilen. »Wie lange bleibt ihr denn?«

Isa erwartete eine ganze weitere Fragenkaskade und Alexander ging es offenbar ebenso. Jedenfalls war es einen Moment lang ganz still im Raum, als besagte Fragen ausblieben. Nur das ferne Brummen irgendeines Motors war zu hören. Es unterstrich die Ruhe und Stille dieses Ortes aber mehr, als sie zu stören.

Mit einer Handbewegung überließ Alexander Isa das Wort.

»Ein paar Tage«, antwortete sie.

»Was ist mit der Schule?«

»Die Zeugnisse sind geschrieben, darum haben wir Sonderurlaub gekriegt«, verbog Isa die Wahrheit ein klein wenig zu ihren Gunsten.

Alexander schwieg, aber sie konnte ihm ansehen, dass er ihre Lüge missbilligte.

»Wir sind wegen Ben hier«, wechselte sie das Thema.

Mit einem interessierten Blick setzte Tante Claire sich. »Ist was mit ihm?«

Isa überlegte. Wie viel sollte sie verraten? »Er hat mich angerufen.« Sie stieß Luft durch die Nase, dann ergänzte sie: »Wir glauben, dass er sich mit Adèle getroffen hat.«

Claire riss überrascht die Augen auf. »Adèle?« Sie klang so erschrocken, dass Isa augenblicklich unbehaglich zumute wurde. Hatte ihr Vater nicht ganz ähnlich reagiert, als sie ihm gegenüber Adèles Namen genannt hatte?

»Ja. Was ist daran so schlimm?«

Claire schluckte einmal schwer. »Nichts. Ich … ich glaube, ich bin nur überrascht davon, dass Adèle so plötzlich wieder auftaucht.« Sie wich Isas Blick aus, während sie das sagte. Bisher hatte sie immer eine Art vorgespielte Gleichgültigkeit an den Tag gelegt, wenn es um Adèle ging.

Sie hat euch geboren und danach ist sie abgehauen. Verschwendet keine unnötigen Gedanken an sie.

So oder so ähnlich hatte sie geklungen.

»Ben ist auf Klassenfahrt hier in der Provence, oder?«, fragte sie jetzt.

Isa nickte. »Ist er, ja.«

Claire schüttelte den Kopf, als könne sie es nicht glauben.

Isa erzählte ihr in kurzen Worten von Bens Anruf. Sie erzählte auch von dem seltsamen Reel auf seinem Instagram-Account, aber dass Ben seitdem nicht mehr erreichbar war, verschwieg sie. Ebenso wie die Tatsache, dass er sie gebeten hatte, ihrem Vater nichts von Adèle zu verraten. »Das ist alles, was wir wissen«, behauptete sie.

»Und auf diesem, wie sagst du … diesem Reel hat sie *Sur le pont* gesummt?« Mit einem Ruck stand Tante Claire von ihrem Stuhl auf und wandte sich ab. Isa wechselte einen verwunderten Blick mit Alexander. Er schien ähnlich verwundert über Claires Verhalten wie sie selbst.

Schließlich drehte Claire sich wieder zu ihnen um. »Ruf Ben an! Frag ihn, ob es ihm gut geht!«, bat sie so eindringlich, dass Isa gleich noch mulmiger wurde. Sollte sie nun doch erwähnen, dass sie ihren kleinen Bruder seit gestern nicht mehr erreicht hatte? Steckte etwa mehr dahinter als die Tatsache, dass Ben sich in einen unzuverlässigen Blödmann verwandelte, wenn er mit einer Sache intensiv beschäftigt war? In dieser Sekunde erst wurde Isa bewusst: Ben war mit dieser Frau zusammen, die in ihr dieses unheimliche Empfinden von Bedrohung auslöste. Was, wenn Adèle eine Gefahr für ihn war?

Mit einem unguten Gefühl nahm Isa ihr Handy heraus, wählte Bens Nummer. Zu ihrer Überraschung ging er diesmal ran. »Hey, Schwesterherz! Du, es ist gerade ganz ungünstig …«

»Geht es dir gut?«, fiel Isa ihm ins Wort. Sie spürte sowohl Tante Claires als auch Alexanders Blicke auf sich.

»Klar. Warum soll es mir nicht gut gehen? Hör zu, Isa, Talleyrand hat uns in den Papstpalast geschleift und wenn er merkt, dass ich telefoniere, macht er mir die Hölle heiß … ich melde mich wieder!« Und damit legte er einfach auf.

Isa blies sich die Haare aus der Stirn. »Uff.«

Tante Claire jedoch schien erleichtert zu sein. »Er ist nicht mehr bei ihr, das ist gut!«

»Tante Claire?« Fest blickte Alexander ihre Tante an.

Sie schüttelte sich, als müsse sie ihren Kopf von zu schweren Gedanken befreien. »Ich mache mir mal wieder viel zu viele Sorgen«, sagte sie mit einem Lachen, das ziemlich gekünstelt klang.

Alexander und Isa tauschten einen Blick. Was ging hier vor?

»Warum hast du solche Angst vor Adèle?«, fragte Isa. Das war völlig neu. Ja, sie hatten selten über diese Frau geredet, aber niemals zuvor hatte Isa das Gefühl gehabt, dass Tante Claire sich vor Adèle fürchtete. Genau danach sah es jetzt allerdings plötzlich aus.

»Ich habe doch keine Angst!« Tante Claires Hände wedelten durch die Luft.

Isa spürte, dass ihr Mund ganz trocken war. Sie nahm ihr

Glas und trank ein paar Schlucke. Tante Claires Limonade schmeckte nach Zitronen, ein bisschen nach Ingwer und ganz, ganz viel nach Kindheit. Isa leckte sich den Tropfen ab, der an ihrer Unterlippe hängen geblieben war. Als sie das Glas zurückstellte, zitterte ihre Hand. Sie wollte weiter in Tante Claire dringen, wollte aus ihr rausholen, warum sie so sonderbar reagierte, aber sie fand nicht die passenden Worte.

Bevor ihr etwas Sinnvolles eingefallen war, klingelte das altmodische Telefon auf dem kleinen Tischchen vor dem Bücherregal. Tante Claire schien froh über die Unterbrechung. Sie nahm ab. »Oh, hallo.« Sie lauschte kurz, dann meinte sie: »Ich rufe dich gleich zurück«, und legte auf. »Ich fürchte, ich muss mich da eben dringend um was kümmern«, informierte sie Isa und Alexander. Und damit verließ sie den Raum so eilig, als gälte es, eine Naturkatastrophe mit bloßen Händen aufzuhalten.

Alexander räusperte sich. »Ich glaube, Ben muss uns einiges erklären.«

Der Meinung war Isa auch. Ihr wurde bewusst, dass Alexanders Stimme belegt geklungen hatte. Er hatte sich auf seinem Stuhl zurückgelehnt und wirkte ein wenig blass um die Nase.

»Alles in Ordnung?«, fragte sie ihn.

Er blinzelte. »Ja«, stieß er hervor. »Ja, ja. Ich glaube, ich bin nur ziemlich erschossen von der langen Autofahrt.« Er erhob sich. »Ich gehe mal eben zur Toilette und dann rufe ich gleich Sera an. Sie sollte wissen, dass wir gut angekommen sind.« Mit diesen Worten verließ auch er den Salon und Isa blieb allein in dem sonnendurchfluteten Raum zurück.

Nachdem Alexander weg war, fiel Isas Blick auf das Festnetztelefon. Es war dunkelgrün und so alt, dass es sogar noch eine

Wählscheibe hatte. Früher, als sie noch Kinder gewesen waren, hatten Ben und sie sich manchmal hier hereingeschlichen und heimlich den Hörer abgenommen, um die Gespräche der Erwachsenen zu belauschen, die diese auf einem anderen Apparat im Haus führten. Nicht nur das Telefon nämlich war uralt, sondern auch der Anschluss, den Tante Claire besaß. So war das ohne Probleme möglich gewesen.

Einem Impuls folgend stand Isa auf. Sie nahm vorsichtig den Hörer ab und hob ihn ans Ohr. Im Grunde rechnete sie nicht damit, dass so eine Lauschaktion auch heute noch funktionieren würde, aber sie wurde überrascht.

»… und Alexander sind hier bei mir«, erklang Tante Claires Stimme in der Leitung.

»Ja, ich weiß. Sera hat es mir gesagt, darum habe ich ja angerufen.« Isas Vater wirkte verärgert, was verständlich war, schließlich hatten Alexander und Isa ihm nichts von ihrer Reise erzählt.

Isa konnte Tante Claire atmen hören. Sie selbst hielt die Luft an, denn wenn man nicht aufpasste, dann konnten die Belauschten einen hören und merkten, dass sie nicht allein in der Leitung waren.

»Es sieht so aus, als wäre Adèle wieder da«, stieß Claire hervor. »Offenbar hat sie sich mit Ben getroffen.«

Als Reaktion darauf zog Isas Vater Luft durch die Zähne. »Also doch!«

»Ja, die Kinder haben es mir erzählt.«

Isas Vater schwieg. »Herrgott!«, murmelte er dann.

Isa richteten sich die Haare auf.

»Geht es ihm gut?«, fragte ihr Vater.

»Offenbar. Isa hat eben mit ihm gesprochen und ich habe auch versucht, ihn zu erreichen. Allerdings erfolglos. Er scheint auf einem Ausflug mit seiner Klasse zu sein. Aber, um Himmels willen, Johann …«

»Ich weiß, Claire.«

»Was machen wir jetzt?«

»Versuch, die Nerven zu bewahren. Ich sage meine Termine hier vor Ort ab. Ich hoffe, das geht so einfach, aber dann komme ich sofort zu euch runter und kümmere mich darum.«

Diesmal war es Tante Claire, die schwieg. Ihre Stimme war nur ein Flüstern, als sie sagte: »Irgendwie habe ich immer gewusst, dass sie eines Tages wiederauftaucht.«

Eine fette Gänsehaut überzog mittlerweile Isas ganzen Körper. Das klang ja wirklich unheimlich …

»Wie gesagt: Wir müssen die Nerven behalten«, wiederholte ihr Vater. »Es ist viel Zeit vergangen seit damals. Und Ben und Isa sind keine naiven Kinder mehr.«

»Sollte ich ihnen nicht lieber erzählen …«

»Nicht ohne mich, hörst du? *Ich* muss ihnen die Wahrheit sagen.«

»Ich weiß nicht …«

»Doch, Claire. Ich versuche, so schnell wie möglich bei euch zu sein, aber ich fürchte, vor Montag kann ich hier nicht weg. Du musst so lange versuchen, die Kinder von Adèle fernzuhalten.«

Tante Claire schnaufte höhnisch. »Klar! Ich binde sie einfach im Garten an die Platane, oder wie?«

»Es geht nicht anders. Lenk sie einfach irgendwie ab. Ich beeile mich.« Er verabschiedete sich. Nachdem er und auch Tante Claire aufgelegt hatten, stand Isa noch mehrere Minuten da und starrte den Telefonhörer in ihrer Hand erschrocken an.

In dem kleinen Gästebad, das Tante Claire mit viel Stuck und Gold in einen Miniatur-Rokoko-Albtraum verwandelt hatte, starrte Alexander sich im Spiegel selbst in die Augen, dann griff er nach seinem Handy und wählte die Nummer von Sera.

»Hey«, meldete seine Wahlschwester sich. An den Geräuschen im Hintergrund erkannte er, dass sie in ihrem Zimmer saß und Musik hörte.

»Hey, Schwesterherz. Wir sind gut angekommen.«

»Super.« Sera drehte die Musik leiser. Sie schwieg einen Moment, dann fügte sie hinzu: »Wie geht es dir?« Alexander wusste, dass sie an die elend lange Autofahrt Seite an Seite mit Isa dachte. Und daran, was das mit ihm gemacht hatte. Er konzentrierte sich auf das Musikstück im Hintergrund. Es war irgendwas Getragenes, von dem er keine Ahnung hatte. Bach oder Beethoven oder so.

»Ich bin okay.«

»Hm.« Sie überlegte kurz, verzichtete dann zu seiner Erleichterung darauf, ihn zu fragen, ob er mit Isa geredet hatte. »Habt ihr Ben schon getroffen?«

»Wir sind erst vor fünf Minuten hier angekommen. Tante Claire ist ganz aus dem Häuschen und wir müssen sie erst mal beruhigen.«

Er konnte Seras Lächeln hören, als sie erwiderte: »Ja, das glaube ich.« Wieder verstrichen einige Sekunden. »Ich habe gerade eben mit Papa telefoniert«, sagte Sera.

Unwillkürlich richtete Alexander sich auf. »Hast du ihm gesagt, wo wir sind?«

»Ja. Tut mir leid, er wollte dich sprechen, da konnte ich ihn nicht anlügen.«

Alexander nickte. »Schon okay.«

»Ich habe ihm auch von Adèle erzählt.«

»Wie hat er reagiert?«

Sie produzierte ein leises Geräusch, das er nicht einordnen konnte. »Seltsam. Eigentlich hat er nur was ziemlich Zusammenhangloses gesagt. Über Isa.«

»Aha.«

»Sie ähnelt Adèle so sehr.«

Alexander rann ein Schauder über den Rücken. »Sie ähnelt Adèle so sehr?«

»Ja. Das waren seine Worte.«

Alexander verspürte einen scharfen Widerwillen bei dem Gedanken, Isa könne jener Frau ähneln, der vor Jahren ihre eigenen Kinder völlig egal gewesen waren.

»Er hat mich auch noch gebeten, dir zu sagen, dass du auf Isa aufpassen sollst.«

»Mache ich doch immer. Isa ruft dich nachher bestimmt noch selbst an.«

»Gib ihr einen Kuss von mir«, bat Sera.

Alexander schloss die Augen, weil die Vorstellung, Isa zu küssen, etwas mit ihm machte. Mit einem gemurmelten »Haha!« legte er auf. Starrte sich selbst in die Augen.

Isa küssen ...

Es war klar, dass Sera das mit Absicht gesagt hatte. Und es war auch klar, was sie nicht ausgesprochen, aber mitgemeint hatte. *Du elender Feigling!* Ein höhnisches Lachen drängte in seiner Kehle nach oben.

Er benutzte das WC, wusch sich die Hände und kehrte dann in den Salon zurück, wo Isa noch immer auf ihrem Platz saß. Als sie ihn hereinkommen hörte, schaute sie von ihrem Handy auf. »Du bist nicht mehr ganz so blass wie eben.«

Er nickte ihr zu. »Wo ist Tante Claire?«

Isa ließ das Handy auf den Tisch sinken, legte es aber nicht weg. »Sie ist gerade eben noch mal reingekommen und hat gesagt, dass die Familie, die in der Wagenremise wohnt, irgendwas von ihr will, und sie sich kümmern muss. Aber vorher hat sie mit Papa telefoniert.« Sie erzählte Alexander von dem Gespräch zwischen Claire und ihrem Vater, das sie belauscht hatte.

»Er muss uns die Wahrheit selbst sagen?«, wiederholte Alexander. »Was zum Henker meint er denn damit?«

Isa zuckte mit den Schultern. »Keine Ahnung. Jedenfalls wirkt es auf mich, als würde Tante Claire uns ausweichen, um nicht mit uns sprechen zu müssen, bevor Papa da ist. Ziemlich durchsichtiges Manöver, oder?« Sie grinste, aber es sah matt aus. Angestrengt. Sie legte den Kopf in den Nacken und massierte sich die verspannten Schultern. »Am liebsten würde ich auf der Stelle zu Ben in die Jugendherberge fahren und nachsehen, ob es ihm wirklich gut geht.«

Alexander konnte diesen Wunsch nachvollziehen. Die Art, wie Isas Vater auf Adèle reagierte, war wirklich beunruhigend. Andererseits: Als sie mit Ben gesprochen hatten, hatte er ganz normal geklungen. Alexander warf einen Blick auf die Uhr auf einem der Regalbretter. Es war mittlerweile weit nach acht Uhr abends. »Ich glaube nicht, dass sie uns da um diese Zeit noch reinlassen.«

Isa hielt ihr Handy hoch. Sie hatte Ben per Nachricht gefragt, ob wirklich alles okay war. Er hatte mit einem hochgereckten Daumen geantwortet. Alexander knirschte mit den Zähnen.

»Wir fahren gleich morgen früh als Erstes hin, ja?«, flüsterte Isa.

Alexander nickte. »Das machen wir«, versprach er.

KAPITEL 8

Tante Claire verwöhnte Isa und Alexander mit ihrem berühmten provenzalischen Fischeintopf und einem dicken Stück von einer selbst gebackenen Aprikosentarte, aber das Abendessen war trotzdem sonderbar und unangenehm. Tatsächlich versuchte Claire mit allen Mitteln, das Thema Adèle zu umschiffen, und Isa, die nicht wollte, dass ihre Lauschaktion am Telefon aufflog, konnte nur andeutungsweise darum herumtanzen.

Das Ganze war so ermüdend, dass sie schon vor dem Ende der Mahlzeit eigentlich nur noch ins Bett wollte.

Das Gewächshaus, von dem ihre Tante bei ihrer Ankunft gesprochen hatte, stand ganz am Ende des weitläufigen Gartens und hatte früher der Pflanzenanzucht gedient. Vor Jahren schon hatte Tante Claire es für die Kinder von Feriengästen als Abenteuerschlafplatz umbauen lassen. Durch sein gläsernes Dach und die gläsernen Wände konnte man die Sterne und sämtliche des Nachts durch den Garten streifende Tiere beobachten. Ein Abenteuer, das die meisten Kinder liebten. Das Gewächshaus enthielt außer zwei Doppelstockbetten und einem knallbunten Flickenteppich keinerlei Komfort und noch weniger Privatsphäre. Dort zu schlafen, hatte etwas von Zelturlaub, fand Isa immer, und genau das war auch ihr Gefühl, als sie an diesem Abend das Gewächshaus betrat. Sie hatte ihren Kulturbeutel unter dem Arm, weil sie sich im Haupthaus gewaschen und für die Nacht fertig gemacht hatte. Alexander saß bereits auf einem der beiden oberen Betten und schrieb im flackernden Schein einer brennenden Petroleumlampe in sein schwarzes Notizbuch. Er hatte seine Jeans ausgezogen, aber sein T-Shirt noch an. Nachtfalter flogen, von dem Licht angezogen, von außen gegen die Glasscheiben und prallten mit hörbarem *Tock* dagegen.

»Schade, dass Sera nicht da ist«, sagte Isa, während sie auf das andere obere Bett kletterte. Sie hatte mit ihrer Wahlschwester telefoniert und ihr genau wie Alexander in aller Ausführlichkeit von dem Gespräch zwischen ihrem Vater und Tante Claire erzählt, das sie belauscht hatte. Sera, die gute, praktische Sera, hatte sie beruhigt. Ben hatte gesagt, dass es ihm gut ging, warum sollten sie nicht glauben, dass das stimmte? Nur, weil ihr Vater ein paar ominöse Andeutungen gemacht oder weil Isa wegen dieses Liedes ein mulmiges Gefühl hatte? Ja, sie hatten keine Ahnung, was all das zu bedeuten hatte, aber morgen war ein neuer Tag. Sie würden es rausfinden.

Mit dieser Selbstvergewisserung legte Isa sich auf die Seite und betrachtete Alexander. Der Schein der Lampe schälte nur eine Hälfte seines Gesichtes aus der Dunkelheit. Auf seinen dunklen Locken lag ein lebendiger rötlicher Schimmer von der Flamme.

Er brauchte eine Weile, bis er bemerkte, dass Isa ihn ansah. »Was?«, fragte er, ohne von seinem Notizbuch aufzuschauen.

Sie wusste nicht, wie sie die sonderbare Stimmung, die sie plötzlich ergriff, in Worte fassen sollte. Da war ein vielschichtiges Gefühl in ihr, das sich aus der nächtlichen Atmosphäre dieses Ortes speiste, aus der Tatsache, dass sie zusammen mit Alexander auf dieser Reise war, und aus dem Gefühl, einem großen Familiengeheimnis auf der Spur zu sein. Zwar hatte sie bis heute gedacht, dass ihre Mutter sie keinen Deut interessierte, aber jetzt hier unten in der Provence zu sein und an das zu denken, was ihr Vater gesagt hatte, verursachte eine seltsame Mischung aus Hochgefühl und Traurigkeit in ihr. *Melancholie,* dachte sie. Das war das Wort dafür. Plötzlich wollte sie erfahren, was für ein Mensch ihre Mutter gewesen war. Ihr Vater hatte lange gebraucht, um über Adèle hinwegzukommen, darum sprach er so gut wie nie über sie. Zumindest hatte Isa das all die Jahre hindurch gedacht. Aber das, was ihr Vater am Telefon zu Tante Claire gesagt hatte, ließ Adèle wie eine *Femme fatale* wirken, eine Frau, die den Mann, der sie liebte, zerstörte. Und auch alle anderen Menschen in ihrer Nähe.

Ein kalter Schauder rann ihr über den Rücken.

War das der Grund, warum Adèle damals fortgegangen war? Hatte sie die Familie vielleicht gar nicht freiwillig verlassen, sondern Isas Vater hatte sich von ihr getrennt?

Der Gedanke war so neu und ungewohnt, dass Isa eine Weile brauchte, um ihn von allen Seiten zu betrachten. Eine neue Erkenntnis brachte ihr aber leider auch das nicht. Verdammt!

Sie war froh, dass Alexander in der Nähe war. »Danke«, hörte sie sich sagen.

»Wofür?« Jetzt endlich sah er hoch.

»Dass du mit mir hier hergekommen bist. Obwohl du nicht wolltest.« Sie legte den angewinkelten Arm unter die Wange. »Ich würde immer noch gern wissen, warum du deine Meinung geändert hast.«

Düsternis flog über sein Gesicht, aber sie war sich nicht sicher, ob sie vielleicht von dem Flackerlicht der Lampe kam. Er faltete einen Zettel zusammen, den er auf den offenen Seiten liegen hatte, und steckte ihn in die hintere Klappe des Notizbuches. »Hatten wir nicht vereinbart, dass wir darüber nicht reden?«

»Nein. Du hast gesagt, dass du nicht willst.« Sie schwieg einige Augenblicke und wunderte sich darüber, dass sie diesmal gar nicht sauer auf ihn wurde. »Warum also?«

Er stöhnte, als hätte sie ihm einen Boxhieb verpasst. »Du lässt nicht locker, oder?«

Sie grinste. »Der Herr macht auf geheimnisvoll. Sexy!« Sie wusste nicht genau, was sie ritt, das zu sagen, und irgendwie war sie froh, dass Alexander, statt darauf einzugehen, sein Notizbuch zuklappte und seinen Füller in den Rucksack steckte.

»Sei nicht albern«, sagte er.

Das melancholische Gefühl in ihr wuchs noch. Sie drehte sich auf den Rücken und betrachtete durch das Glasdach hindurch den Himmel. Ein paar Sterne waren zu sehen, aber die meisten wurden vom Lampenlicht verdeckt, das Alexander jetzt allerdings löschte. Kurz war es stockfinster vor Isas Augen, dann – nach und nach – schälten sich die Sterne hervor, bis Isa schließlich sogar die Milchstraße erkennen konnte.

Der Schatten einer Fledermaus huschte davor entlang.

»Hoffentlich treffen wir Ben morgen in der Jugendherberge«, sagte Isa. »Und hoffentlich geht es ihm wirklich gut.«

»Das wird schon.« Alexanders Stimme drang weich und samtig und irgendwie körperlos aus der Dunkelheit.

Eine Gänsehaut rann Isa den Rücken hinunter. Die Fledermaus kehrte zurück, wieder verdeckte ihr winziger schwarzer Körper für Sekundenbruchteile die Sterne.

»Stehst du wirklich auf Chloe?« Isa lauschte dem feinen Schmerz nach, den sie sich selbst mit dieser Frage zufügte. Warum fragte sie das ausgerechnet jetzt?

»Echt jetzt, Isa?«, gab er zurück und sie biss sich auf die Lippe, weil es sie störte, wie cool er das sagte. Die Melancholie wich ein Stück zurück, allerdings machte sie nur neuem Ärger auf Alexander Platz. Um dem auszuweichen, tastete sie nach ihrem Handy und aktivierte es. Der bläuliche Schimmer des Displays erfüllte das Gewächshaus mit geisterhaftem Licht.

»Na super«, murmelte Alexander.

Sie warf ihm einen fragenden Blick zu.

»Gerade habe ich gedacht, dass ich den Mars entdeckt habe, aber jetzt kann ich meine Augen neu an die Dunkelheit gewöhnen.«

»Du armer Mann«, spottete Isa. Sie ging auf Insta, um nachzusehen, ob Ben etwas Neues gepostet hatte. Das hatte er nicht. Mit einem mulmigen Gefühl im Magen sperrte sie das Handy wieder und legte es zur Seite.

»Danke«, sagte Alexander trocken.

Etwas prallte mit einem dumpfen Plopp von draußen gegen das Glas, ein großer Nachtfalter, vermutete Isa.

Vorsichtig, ermahnte sie ihn im Stillen und dachte dabei an die Fledermäuse auf der Jagd. *Es sind Vampire im Paradies.*

Dann schloss sie die Augen.

Sie hatte einen seltsamen Traum, in dem sie sich an einem düsteren Ort befand, der ihr gleichzeitig vertraut und ungewohnt fremd vorkam. Erst nach einer Weile begriff sie, dass es der Park in ihrem Wohnviertel in Paris war. Sie hatte ihn nicht erkannt, weil alle Bäume und Büsche seltsam verzerrt und krüppelig wirkten.

Jemand war hinter ihr her, das spürte sie. Sie wusste jedoch nicht, wer es war. Und dann erklang die Stimme.

»Sur le pont d'Avignon, l'on y danse, l'on y danse«, sang sie leise.

Nagende Panik erfasste Isa. Sie wollte weglaufen, aber es ging nicht. Ihre Füße schienen wie im Boden festgewurzelt. Sie wandte den Kopf in alle Richtungen, versuchte, die Schatten mit dem Blick zu durchdringen. Vergeblich. Sie hatte keine Ahnung, von wo die Gefahr drohte. Zu allem Überfluss kam der Gesang plötzlich aus allen Richtungen. *»Sur le pont d'Avignon, l'on y danse tout en rond …«*

»Lass sie in Ruhe.« Alexanders Stimme. Isa wirbelte herum. Alexander stand nur wenige Schritte entfernt vor den Büschen, eine dunkle Silhouette vor dunklem Hintergrund. Sie schluchzte auf. *Hilf mir!* Er streckte den Arm aus, schob sie hinter sich, und als seine Hand sie berührte, konnte sie sich endlich wieder bewegen. »Ich bin da«, sagte er und die drei Worte trafen sie so tief ins Herz, dass sie seinen Namen murmelte.

Die Stimme war plötzlich verschwunden und mit ihr das Gefühl von Bedrohung. Alexander lächelte zufrieden. Ganz dicht vor ihr stand er jetzt. Sie roch sein Aftershave. *Fierce,* flüsterte es in ihrem Kopf. *Fierce* hieß *leidenschaftlich.* Aber es hieß auch *grimmig* …

Der Gedanke taumelte durch ihren Verstand, aber er zerstob zu nichts, als Alexander sich vorbeugte und sie küsste …

Mit einem Keuchen fuhr sie aus dem Schlaf in die Höhe. Kurz überlagerten sich Park und Gewächshaus und verwirrt musste sie sich erst zurechtfinden. Sie sah den sternenübersäten Himmel über sich, hörte Alexanders gleichmäßigen, tiefen Atem im Nachbarbett.

Froh darüber, dass er schlief, sank sie in ihr Kissen zurück.

»Alter …!«, flüsterte sie.

Alexander starrte in die Dunkelheit und hoffte, dass Isa nicht merken würde, dass er wach war.

Er hatte lange grübelnd in die Sterne gestarrt, hatte über Ben nachgedacht, vor allem aber über seine eigenen Gefühle für Isa. Immer wieder waren Seras Worte durch seinen Kopf getaumelt:

Gib Isa einen Kuss von mir …

Eine Weile lang suhlte er sich in Selbstmitleid, bis er hörte, wie Isa im Schlaf seinen Namen seufzte. Es schoss ihm wie Lava durch den ganzen Körper.

Sie träumte von ihm?

Er biss die Zähne zusammen, lauschte auf das heftige Keuchen, mit dem sie aus dem Schlaf erwacht war. Auf das »Alter …«, das sie wisperte. Ganz kurz war er versucht, einen trockenen Spruch zu machen, irgendwas wie »Na? Das muss aber ein heißer Traum gewesen sein«. Er brachte es nicht über die Lippen.

Stattdessen krallte er beide Hände in das Laken seines Bettes.

KAPITEL 9

Als Isa am nächsten Morgen erwachte, war Alexander schon aufgestanden und ins Haus hinübergegangen. Sie nahm ihr Handy, wählte Bens Nummer, aber diesmal bekam sie nur eine automatische Ansage, die ihr mitteilte, dass der Angerufene nicht zu erreichen war. Sie fluchte vor sich hin. Weil es noch sehr früh war, blieb sie noch eine Weile lang liegen und starrte grübelnd durch die gläserne Decke des Gewächshauses in den hellblauen, völlig wolkenlosen Himmel. Das Licht hatte diesen Glanz, den es nur in der Provence gab und der seit Jahrhunderten Malerinnen und Maler faszinierte. Sie selbst hatte schon oft probiert, diesen besonderen Zauber einzufangen, aber sie war mit sich nie wirklich zufrieden gewesen. Klar. Sie war ja auch weder van Gogh noch Cézanne.

Als draußen im Garten Stimmen laut wurden, raffte sie sich auf, schlüpfte eilig in ihre Jeans und zog den Saum des Shirts, in dem sie geschlafen hatte, über den Bund. Dann kramte sie ihr leichtes Sommerkleid aus dem Rucksack, warf es sich über die Schulter, schnappte sich ihren Kulturbeutel und verließ das Gewächshaus in Richtung Haupthaus.

»Guten Morgen!«

Die Stimme kam aus Richtung des alten Pferdestalls. Sie hatte einen ganz leicht ungewöhnlichen Tonfall und Isa wandte sich um. Der Junge, den sie gestern am Pool gesehen hatte, saß vor dem Eingang der Ferienwohnung auf einer Bank. Er hatte sein Smartphone in der einen Hand, den anderen Arm hatte er auf die Rückenlehne gelegt. Es sah aus, als gehöre ihm die Welt. Isa fiel ein, dass Tante Claire erzählt hatte, er und seine Familie stammten aus Belgien. Sie versuchte, sich an seinen Namen zu erinnern.

Pascal?

Ja. So hatte Tante Claire ihn genannt. »Guten Morgen«, erwiderte sie seinen Gruß. Sie wollte schon weitergehen, als er sie erneut ansprach.

»Bisschen warm für Jeans, findest du nicht?« Er selbst trug Badeshorts und ein enges schwarzes T-Shirt, das er vermutlich mit Bedacht ausgewählt hatte. Es betonte seine trainierten Brustmuskeln ziemlich vorteilhaft.

Isa musste an sich halten, um nicht die Augen zu verdrehen. Er wirkte auf sie wie einer von diesen Typen, die jedes Mädchen anmachen mussten, um sich ihrer ach so tollen Wirkung auf das andere Geschlecht zu versichern.

Spanner, hatte Alexander ihn gestern genannt. Vermutlich war Pascal aber einfach nur ein Idiot.

»Kann sein«, beantwortete sie seine Frage so knapp wie möglich.

Er lachte. »Oha. Schlechte Laune? Vielleicht solltest du dich ein bisschen zu mir setzen. Ich bin sicher, dass ich deine Laune ganz schnell heben kann.«

What the …?

»Danke«, sagte Isa mit einem Lächeln, das eher ein Zähnefletschen war. »Aber ich glaube, ich brauche keinen Typen, der mich aufmuntert.« Sie deutete zum Haus. »Entschuldige, aber die anderen warten auf mich.« Ohne seine Erwiderung abzuwarten, ging sie weiter, doch sie spürte förmlich, dass Pascal ihr seine Blicke ins Genick bohrte.

Blödmann!

Tante Claire und Alexander saßen im Haus schon beim Frühstück, das wie üblich nur aus Kaffee und Croissants bestand. Während Isa sich zu den beiden setzte und sich ein Croissant nahm, wanderte ihr Blick zu Alexander. Sein Anblick brachte das Gefühl aus ihrem Traum zurück, als ihr großer Bruder sie geküsst – *geküsst!* – hatte: ein Flattern in ihrem Magen, so heftig, dass es kaum von den sprichwörtlichen Schmetterlingen stammen konnte. Eher von den Fledermäusen aus dem Garten.

Vampire im Paradies. Klang irgendwie wie der Titel eines schlechten Romantasy-Schinkens, dachte sie. Verunsichert wandte sie den Blick ab und versenkte ihn in ihrem Milchkaffee.

»Habt ihr heute Morgen schon mit Ben telefoniert?«, fragte Tante Claire und es war offensichtlich, dass sie sich Mühe gab, unbeschwert zu klingen. Ganz klappte es nicht.

»Sein Handy ist aus«, antwortete Isa. »Darum dachte ich, dass wir zu seiner Jugendherberge fahren und nach dem Rechten sehen.«

Die Idee schien Tante Claire zu beruhigen. »Das ist gut! Ich komme mit euch.« Sie machte Anstalten sich zu erheben.

Doch Alexander schüttelte den Kopf. »Du musst dich doch sicher um die Vorbereitungen für das Fest kümmern.«

Tante Claire ließ sich zurücksinken. »Schon ...«

»Wir machen das, Tante Claire«, sagte Isa. »Wir sind ja schließlich keine Babys mehr.«

»Nun ...« Tante Claire leerte ihren Kaffee mit einem langen Zug, dann stand sie auf.

Sie war aus der Tür, bevor Isa auch nur den Mund aufmachen konnte.

»Weg ist sie«, kommentierte Alexander lakonisch. »Täusche ich mich oder sah sie erleichtert aus?«

Isa hatte den gleichen Eindruck gehabt.

Alexander nahm sich ein weiteres Croissant, biss aber nicht hinein. »Bevor du gekommen bist, habe ich versucht, ihr ein paar Details über Adèle zu entlocken. Warum sie so besorgt war, als du ihr gestern erzählt hast, dass Ben sich mit ihr getroffen hat, und so.«

»Und?«

»Sie mauert immer noch. War irgendwie zu erwarten, oder?«

Ja, das war es. Isa stellte sich vor, wie ihre Tante mit sich rang. Besonders, da ihr Vater ihr verboten hatte, mit ihnen zu sprechen. Sie trank einen Schluck Kaffee. Dass ihr Vater Geheimnisse vor ihnen hatte, war eine völlig neue Erfahrung für sie. Klar, auch früher, bei den wenigen Gelegenheiten, in denen sie oder auch Ben ihn nach ihrer Mutter gefragt hatten, war er nie besonders auskunftsfreudig gewesen. Aber sie hatte nie das Gefühl gehabt, dass es da etwas Geheimnisvolles gab, etwas, das er vor seinen Kindern verbergen musste. Adèle war einfach aus ihrem Leben verschwunden. Punkt. Dass etwas Größeres – ja vielleicht sogar etwas Schlimmes – dahintersteckte, war ein so ungewohnter Gedanke für Isa, dass er ihr erst in diesem Augenblick so richtig bewusst wurde. Und doch musste sie es irgendwie all die Jahre geahnt und tief in sich vergraben haben. Warum sonst wohl hatte sie wie ferngesteuert Adèles Brief und die Spieluhr genommen und ins Feuer geworfen? Womöglich war das ja eine Art Schutzmechanismus gewesen. Womöglich hatte es ihr Unterbewusstsein ihr befohlen, weil sonst Dinge an der Oberfläche ihrer Erinnerung aufgetaucht wären, die besser verborgen blieben?

Sie schob ihr halb aufgegessenes Hörnchen von sich. Sowohl Tante Claire als auch ihr Vater fürchteten sich davor, dass Adèle wiederauftauchte. Warum nur?

Ich muss ihnen die Wahrheit selbst sagen. Das hatte ihr Vater gesagt.

Welche Wahrheit?

Isa schloss die Augen. Was für ein Geheimnis verbarg sich in ihrer Vergangenheit, von dem sie bisher nicht die geringste Ahnung gehabt hatte? Und dann schoss ihr plötzlich noch eine andere Frage durch den Kopf.

War sie schuld daran, dass ihr kleiner Bruder sich mit Adèle getroffen hatte? Wäre das nicht passiert, wenn sie Adèles Brief und die Spieluhr nicht verbrannt, sondern sie ihrem Vater gezeigt hätte? Dann hätte ihr Vater ihnen vielleicht damals schon mehr über ihre Mutter erzählt und Ben hätte möglicherweise nicht das Bedürfnis gehabt, sich mit Adèle zu treffen.

All diese Dinge taumelten ziellos durch ihren Kopf. Sie musste jetzt einfach mit jemandem darüber reden. »Alexander ...«, begann sie zögernd.

Er hatte eine Weile lang genau wie sie grübelnd dagesessen und seinen Kaffee getrunken. Über den Rand der Tasse hinweg sah er sie nun an. Sie bezwang die Fledermäuse in ihrem Magen. Jetzt ging es um Adèle und Ben. Um nichts anderes. Nicht um unangemessene Träume von heißen Küssen mit ihrem großen Bruder. Nicht um ihre seltsam verknoteten Gefühle. Nur um Adèle und diesen Brief, den sie vernichtet hatte. »Ich glaube, ich muss dir was beichten. Ich ...«

»Nein, Isa!« So abrupt kam das, dass sie erschrak. Mit einem heftigen Ruck stellte Alexander seine Tasse auf den Tisch. Die Untertasse klirrte bedrohlich.

»Was, nein?«, flüsterte sie.

»Wir werden nicht über dieses Thema reden!«, sagte er mit so fester Stimme, dass es ihr beinahe die Tränen in die Augen trieb.

»Oh«, machte sie und kam sich superdämlich vor. Was glaubte er denn, was sie ihm sagen wollte? Ein Gedanke stieg siedend heiß in ihr auf. Hatte sie vergangene Nacht im Traum etwa geredet? Hatte sie vielleicht sogar seinen Namen gekeucht? Allein der Gedanke war ihr oberpeinlich, was noch schlimmer war, weil Alexander auf einmal total abweisend und kühl wirkte. Klar. Weil ihm die Gefühle, die sie für ihn gerade entwickelte, unangenehm waren. Sie wollte ihm so vieles sagen – dass ihre Gefühle nichts weiter als eine dumme, kleine Schwärmerei waren. Dass das bald wieder vorbeigehen würde. Dass er keine Angst haben musste, dass sie sich ihm völlig unangemessen an den Hals werfen würde. Und gleichzeitig wollte sie ihm von dem Brief und der Spieluhr erzählen. Von ihrem Schuldgefühl, das wegen ihrer dummen Aktion immer stärker wurde. All diese Dinge knäuelten sich auf ihrer Zunge und behinderten sich gegenseitig, sodass sie am Ende keines davon aussprach. »Okay«, murmelte sie. Die Fledermäuse in ihrem Magen hatten schlagartig aufgehört zu flattern und warteten ab, was nun geschah. Alexander riss sein neues Croissant in der Mitte durch. Nach einem Bissen verging ihm der Appetit. Mit einem angeekelten Gesichtsausdruck legte er das angebissene Stück zurück auf seinen Teller. »Hast du schon die Adresse von Bens Jugendherberge rausgesucht?«, wechselte er abrupt das Thema.

Es fühlte sich an, als würden die Fledermäuse von innen mit feinen Krallen an Isas Magenwand kratzen.

»Rue de la République«, sagte sie. Sie hätte heulen können.

Er nickte. »Gut. Worauf warten wir also noch?«

Als Alexander hinter Isa her zu seinem Wagen ging, war ihm schlecht. Schon gestern Abend hatte er geahnt, dass es keine gute Idee war, gemeinsam mit ihr in einem Raum zu schlafen.

Sie träumte von ihm. Im Traum seufzte sie seinen Namen.

Und eben war sie nur Millimeter davon entfernt gewesen, ihm zu gestehen, dass sie Gefühle für ihn hegte …

Hatte er ihr irgendeinen Anlass gegeben, sich in ihn zu verlieben? Wie konnte er verhindern, dass ihre Gefühle für ihn noch stärker wurden? Wollte er das überhaupt?

Was, wenn er es laufen ließ? Wenn sie vergaßen, dass sie wie Bruder und Schwester zusammenlebten? Wenn er ehrlich mit sich selbst war, dann gab es nichts, das er lieber getan hätte.

Was sollte er jetzt nur tun?

Er krampfte die Hand um den Autoschlüssel, heftete den Blick auf Isas Rücken. Sie trug ihr leichtes Sommerkleid. Das mit den winzigen Blüten darauf, bei dessen Kauf er dabei gewesen war. Der Saum endete knapp über ihren Knien. Er schaute zu, wie der Stoff beim Gehen hin und her schwang. Seine Gedanken rotierten.

Die Jugendherberge, in der Bens Geschichtskurs untergekommen war, lag in der Rue de la République zwischen Modegeschäften, leer stehenden Läden und Boulangerien. Isa und Alexander mussten ein wenig suchen, bis sie den Eingang gefunden hatten, durch den sie dann in ein marmornes Treppenhaus gelangten. Die Herberge belegte die oberen Stockwerke des Gebäudes über der Filiale einer internationalen Modekette. Als Isa und Alexander die Rezeption betraten, war es halb neun, und sie hofften, dass Ben und seine Mitschülerinnen und Mitschüler noch beim Frühstück saßen.

»Ja, die sind im Frühstücksraum«, bestätigte die Rezeptionistin, die sie nach Bens Kurs gefragt hatten. Sie deutete den Gang entlang. Ihr Alter war schwer zu schätzen, irgendwas zwischen zwanzig und dreißig, vermutete Isa. Die blonden Haare der Frau waren raspelkurz, was ihren blassen Zügen etwas Elfenhaftes gab.

Der Frühstücksraum besaß eine breite, doppelflüglige Tür mit Glaseinsätzen, in die das Logo der Jugendherberge eingeätzt war. Alexander beschleunigte seinen Schritt, sodass er an Isa vorbei nach dem verschnörkelten Messinggriff greifen und die Tür für sie aufhalten konnte. Sofort regten die Fledermäuse in ihrem Magen wieder ihre Flügel.

Verdammt noch mal!

Der Frühstücksraum war voll mit Menschen, von denen Isa einige auch sofort erkannte. »Da ist Luc«, sagte sie und zeigte auf einen schlaksigen Jungen mit strohblondem Wuschelhaar, der Bens bester Freund war. »Und dahinten steht Talleyrand.« Bens Lehrer war gerade dabei, sich am Büfett aus einem Automaten einen Café au Lait zu zapfen. Er war ein kleiner, rundlicher Mann, der in Isas Augen jedes Klischee eines Geschichtslehrers bestätigte. Er trug ausgebeulte Cordhosen und Strickjacken in gedeckten Farben, meist in Beige oder Braun. Und er hatte eine runde Nickelbrille, durch die er jeden so verwirrt musterte, als würde er sich fragen, wo er ihn schon mal gesehen hatte. Meistens blinzelte er dabei, was Isas Vermutung nach daran lag, dass seine Brillengläser ständig verschmiert waren.

Alexander reckte den Hals, um einen besseren Überblick zu haben. »Ben sehe ich nirgends.«

»Isa?« Luc hatte sie entdeckt. Er stellte sein Tablett mit Becher und Teller auf einen der Tische und steuerte auf sie zu.

»Was macht ihr denn hier?« Er hatte einen heftigen Sonnenbrand auf der Nase und die Haut dort schälte sich in großen Fetzen ab.

»Wir wollten zu Ben«, erklärte sie ihm.

Ein Schatten huschte über Lucs Gesicht. »Aber der ist doch ...« Er unterbrach sich, weil auch Dr. Talleyrand Isa und Alexander entdeckt hatte und wie eine Fregatte auf sie zugesegelt kam.

»Isména.« Der Geschichtslehrer war einer der wenigen Menschen auf dieser Welt, die sich weigerten, Isa mit ihrem Spitznamen anzureden. Grüßend neigte er den Kopf erst vor ihr, dann vor Alexander. »Alexandre.« Er weigerte sich ebenfalls, sich zu merken, wie Alexander richtig hieß.

Alexander, der sonst jeden sofort korrigierte, der seinen Namen falsch aussprach, ging über den Fehler hinweg. »Wir suchen Ben«, informierte er auch den Lehrer.

Der wirkte verwirrt. »Aber der ist doch nach Hause gefahren!«

»Wie bitte?«, entfuhr es Isa.

Talleyrand nickte so heftig, dass ihm die Brille ins Rutschen geriet und er sie wieder hochschieben musste. Sein Zeigefinger verschmierte dabei das rechte Glas noch ein bisschen mehr. Gewöhnlich hätte Isa sich darüber amüsiert, aber jetzt zählte nur Ben und das, was der Lehrer eben gesagt hatte. Sie dachte an das belauschte Gespräch gestern. Daran, wie ihr Vater gefragt hatte, ob es Ben gut ginge. An die Sorge, die aus dieser Frage gesprochen hatte. Das Unbehagen verwandelte sich in echte Angst um Ben. Sie musste Ruhe bewahren! Sicherlich gab es für das alles eine ganz harmlose Erklärung ...

Talleyrand schürzte die Lippen. »Ja. Er kam gestern – oder war es sogar schon vorgestern, Luc? – egal!, er kam zu mir und meinte, er müsse seinen Aufenthalt sofort abbrechen. Es gehe um irgendeine wichtige familiäre Angelegenheit.« Wieder griff Talleyrand an seine Brille. »Es klang dringlich. Was hat das zu bedeuten, Isména?«

Isa war so verdattert, dass sie nicht wusste, was sie sagen sollte. Sie starrte Luc an.

Der nickte bekräftigend. »Das war gestern. Aber schon vorgestern, als wir diesen freien Nachmittag hatten, da muss er irgendwas erfahren haben. Er war allein in der Stadt unterwegs und irgendwie war er ganz in sich gekehrt, als er wiederkam. Ich wollte wissen, was passiert ist, aber er wollte es mir nicht sagen.«

»So?« Talleyrand blinzelte durch seine schmutzigen Brillengläser. »Nun. Also, mir gegenüber hat er nur behauptet, dass er sofort wegmuss.«

»Und Sie haben ihn einfach gehen lassen? Haben Sie ihn nicht gefragt, was genau los ist?«, wandte Alexander ein. Isa war ihm dankbar dafür, dass er das Reden übernahm, denn sie war viel zu sehr in Sorge, um einen klaren Gedanken zu fassen.

Talleyrand heftete den Blick auf ihn. »Natürlich habe ich das. Er meinte, es ginge um seine Mutter. Auf mich wirkte er, als sei ein Unglück geschehen. Ich wollte deswegen nicht weiter in ihn dringen. Familienkatastrophen gehen natürlich vor, Abschlussprüfungen hin oder her. Wie geht es denn Madame Durant? Ist sie wohlauf?«

Natürlich war ihm nicht klar, dass es gar keine Madame Durant gab. Vor allem aber hatte er das Wichtigste offenbar immer noch nicht kapiert: Ben war verschwunden! Isas Magen krampfte sich zusammen. Sie dachte an das Video, das er gepostet hatte. An diese unheimliche Frauenstimme, die dieses noch unheimlichere Lied summte. Sie fröstelte.

»Hm«, machte Alexander. »Sieht ganz so aus, als hätten Ben und wir aneinander vorbeigeredet. Eigentlich sind wir nämlich hier, weil wir ihn abholen wollten.« Er wandte sich an Isa. »Vermutlich ist er längst bei Tante Claire, Isa, darum sollten wir jetzt auch gehen.«

Wenn Talleyrand merkte, dass die Worte nicht so ganz zu ihrem bisherigen Verhalten passten, so ging er darüber hinweg, ebenso wie über die Tatsache, dass sie ihm seine Frage nach Adèle nicht beantwortet hatten. Er wirkte betroffen, vor allem aber froh, vermutlich, weil Alexander ihm gerade die Verantwortung abnahm. Denn der sprach jetzt mit der ganzen Autorität eines Erwachsenen, die Isa Bewunderung abnötigte und die auch Talleyrand zu beruhigen schien. »Danke, Dr. Talleyrand. Wir kümmern uns ab jetzt um diese Angelegenheit.«

Ab jetzt? Isa spürte, wie ein völlig unpassendes Lachen in ihr aufstieg. Als hätte Talleyrand sich *bis jetzt* um Ben gekümmert! Dieser verschnarchte Gelehrte hatte doch nichts weiter im Kopf als die mittelalterlichen Paläste und die verstaubten Geschichten dieser uralten Stadt!

Talleyrand nickte. »Das ist gut. Ich wünsche dir alles Gute für deine Mutter, Isména.«

Isa nickte nur.

»Komm, Isa.« Alexander legte den Arm unter ihren Ellenbogen und führte sie aus dem Frühstücksraum, dann vorbei an der Rezeption und durch das Treppenhaus hinaus auf Straße, die sich unter der provenzalischen Sonne gerade aufzuheizen begann. Eine Straßenkehrmaschine fuhr vorbei und machte einen Höllenlärm, sodass sie warten mussten, bis sie sich einander verständlich machen konnten. In der Luft lag der Geruch von Staub, der mit Wasser benetzt worden war.

»Von den beiden hätten wir nichts weiter erfahren«, sagte Alexander. »Darum habe ich zugesehen, dass wir von da weggkommen.«

»Scheiße, was hat das zu bedeuten?« Isa nahm ihr Handy heraus und wählte Bens Nummer. Sie schaltete auf Lautsprecher, sodass auch Alexander hören konnte, wie die Automatenstimme sie informierte, dass der angerufene Teilnehmer nicht erreichbar war.

»Was machen wir jetzt?«, flüsterte Isa.

In krassem Gegensatz zu der Souveränität, die Alexander eben ausgestrahlt hatte, wirkte er jetzt auch ratlos. »Keine Ahnung«, presste er durch zusammengebissene Zähne. »Aber du kannst davon ausgehen, dass ich es rausfinde. Und wenn ich ihn in die Finger kriege, reiße ich deinem lieben Bruderherz den Kopf ab.« Er ging ein wenig in die Knie, um einen Blick in Isas Gesicht werfen zu können. »Hey! Kopf hoch! Ihm ist mit Sicherheit nichts passiert. Wie ich ihn kenne, gondelt er mit eurer Mum irgendwo durch die Weltgeschichte und wahrscheinlich denkt er weder daran, dass er hier gerade seine Versetzung aufs Spiel setzt, noch, dass du dir Sorgen um ihn machst.«

Sie hob den Blick. »Hoffentlich hast du recht«, murmelte sie. Sie war sich sicher, dass Alexander sie nur beruhigen wollte. Insgeheim war er genauso in Sorge um Ben wie sie. »Wir müssen Papa und Tante Claire Bescheid sagen.« Allein die Vorstellung, wie die beiden reagieren würden, machte ihr eine Heidenangst. Dann jedoch kam ihr eine andere Idee. Sie nahm ihr Handy heraus und rief das Reel aus Bens Timeline auf. Sie ignorierte die Gänsehaut, die sie beim Hören der unheimlichen Melodie schon wieder hatte, und konzentrierte sich auf die verwackelten Bilder. Das Karussell, das zu sehen war …

Isa drehte das Handy so, dass Alexander darauf sehen konnte. »Das ist doch das Karussell am Place de l'Horloge, oder?«

Er nickte. »Sieht ganz so aus.«

Der Place de l'Horloge war der zentrale Platz von Avignon. Er wurde von unzähligen kleinen Cafés und Restaurants flankiert und von mächtigen Platanen beschattet. Hier traf man sich vormittags zum gemütlichen Frühstück oder nach Feierabend zum *Apéro,* dem in Frankreich üblichen Imbiss, der vor dem eigentlichen Abendessen eingenommen wurde. An dem einen Ende des Platzes stand dieses antike Karussell, das Isa früher sehr gemocht hatte und das auch bei Touristen als beliebtes Fotomotiv diente. Kurz taumelte eine Erinnerung durch ihren Geist – sie in der rotsamtenen Prinzessinnenkutsche, Ben auf einem der Pferde, die davorgespannt waren. Sie sah ihn wieder vor sich, wie er ein imaginäres Lasso über dem Kopf schwang und dabei laut »Jippiiii!« rief. Sie erinnerte sich noch, dass sie sich geärgert hatte, weil Cowboyspielen so gar nicht zu ihrer Vorstellung passte, dass sie eine Prinzessin war und er ein Ritter. Und es war, als stünde Ben plötzlich hinter ihr und würde ihr leise ins Ohr flüstern: »Hab dich nicht so! Es geht nicht immer alles nach deiner Nase.«

Unwillkürlich wandte Isa sich um, aber natürlich war Ben nicht da. Sie unterdrückte ein Seufzen.

Da das Karussell der einzige Anhaltspunkt war, den sie für ihre Suche hatten, entschlossen sie sich, dort hinzugehen. Mit dem Handy vor der Nase ging Isa die Reihen der Restaurants ab, bis sie glaubte, den richtigen Winkel gefunden zu haben. Sie deutete auf die Tische und Stühle einer Brasserie, bei der gerade zwei junge Kellner dabei waren, die ersten Plätze mit Besteck, Servietten und Gläsern einzudecken. »Das hier muss der Ort gewesen sein, von dem das Reel aufgenommen worden ist«, sagte sie. Ganz kurz streifte ihr Blick das Ende des Platzes. Dort in dem Eiscafé waren sie früher oft gewesen, wenn sie alle zusammen hier unten in der Provence Urlaub gemacht hatten ... Die Erinnerung an entspannte Tage mit viel Gelächter und Scherzen, die zwischen ihr und Ben hin- und herflogen, stand in so krassem Gegensatz zu der Anspannung, die sie gerade empfand, dass ihr davon ganz anders wurde.

Alexander verglich Video und Realität und kam zu dem gleichen Schluss wie sie. »Können wir uns schon setzen?«, fragte er einen der beiden Kellner.

Der zog als Antwort einen der Stühle unter einem Tisch hervor und lächelte Isa strahlend an. Sie setzten sich, Alexander bestellte eine Cola für sich und eine Apfelschorle für Isa. Der Kellner ging, um die Bestellung auszuführen, woraufhin Alexander sein eigenes Handy zückte und Bens Insta-Profilbild aufrief. Es war ein Schnappschuss, den Isa erst kürzlich von Ben gemacht hatte. Er lachte auf dem Bild aus vollem Halse in die Kamera. Seine weißblonden Haare wurden vom Wind zerzaust und standen wie eine silbrige Federkrone in die Höhe. »Darf ich Sie etwas fragen?«, wandte Alexander sich an den Kellner, nachdem der mit ihren Getränken zurückkam und ihnen die Gläser serviert hatte. Er zeigte dem Mann Bens Foto. »Wir sind auf der Suche nach diesem Jungen. Er war vorgestern am späten Nachmittag hier, in Begleitung einer Frau vermutlich.«

Der Kellner sah aus, als sei er nicht sicher, ob er hier gerade verschaukelt wurde, aber er betrachtete das Bild bereitwillig. »Wisst ihr, wie voll es hier am Nachmittag ist?«, sagte er. »Ich kann mich abends kaum noch an einzelne Gesichter erinnern.«

»Erinnern Sie sich vielleicht trotzdem an den Jungen?«

Der Kellner schüttelte den Kopf. Dann rief er seinen Kollegen, erklärte ihm, was Alexander wollte. Auch der Kollege konnte sich nicht an Ben erinnern.

Alexander bedankte sich bei den beiden und ließ sie danach wieder ihren Job machen.

Isa trank einen Schluck von ihrer Apfelschorle. Ihr Mund zog sich schmerzhaft zusammen von der Kälte der Eiswürfel. Ihre Blicke schweiften über den Platz, der sich jetzt langsam mit Menschen zu füllen begann. In ihr pochte die verzweifelte Hoffnung, dass Ben im nächsten Moment auftauchen würde. Aber natürlich war das vergeblich.

Auch Bens Handy war nach wie vor ausgeschaltet.

»Wir müssen jetzt doch Papa informieren«, murmelte Isa. »Und die Polizei. Ben ist ...«

»Entschuldigung!« Eine ältere Dame, die sich kurz nach ihnen am Nachbartisch niedergelassen hatte, sprach sie an. Sie war in ein elegantes Kostüm aus rosa Seide gekleidet und trug eine Perlenkette, die wertvoll aussah. Ein leichter Lavendelgeruch wehte von ihr zu Isa, als die Dame sich ein Stück in ihre Richtung beugte. »Ich konnte nicht umhin, euer Gespräch mit den Kellnern anzuhören. Ihr sucht nach deinem Bruder, oder?«

Isas Augen weiteten sich. Woher wusste diese Frau das? Offenbar sah man ihr ihre Verwirrung an, denn die elegante Dame lächelte freundlich. »Du fragst dich, woher ich weiß, dass der Junge, der vorgestern genau an eurem Tisch saß, dein Bruder ist, nicht wahr?« Sie gab die Antwort, bevor Isa nicken konnte. »Nun. Du musst nur einmal in den Spiegel schauen, dann weißt du es. Ich vermute, ihr beide seid Zwillinge?«

Isa verzichtete darauf, das zu verneinen. Tatsächlich wurden Ben und sie oft für Zwillinge gehalten, so ähnlich, wie sie sich sahen. Aber etwas anderes war jetzt viel wichtiger. »Sie haben Ben hier gesehen?«, fragte sie die Frau.

»Ja. Er saß an eurem Tisch, wie gesagt. Ihr müsst wissen, ich sitze oft hier, manchmal den ganzen Tag, und beobachte Menschen. Und dein Bruder ist mir wegen dieser ungewöhnlich blonden Haare aufgefallen, die ihr beide habt.« Die Dame fuhr sich mit den Fingerspitzen über die Lippen. »Deswegen und wegen der Frau, die bei ihm war. Ich vermute ja, es ist eure Mutter.«

»Sie haben auch Adèle gesehen?« Diesmal blieb Isa beinahe die Luft weg.

»Heißt sie so? Ja. Eine Frau. Die gleichen hellen Haare wie du und dein Bruder. Sie trug ein rotes Kleid und sie war irgendwie – wie soll ich es ausdrücken? Exaltiert. Ja, ich denke, das trifft es ganz gut.«

Exaltiert war ein anderes Wort für überspannt oder hysterisch, das wusste Isa. »Haben Sie mit ihnen gesprochen? Wissen Sie, wohin die beiden gegangen sind?«

Ein bedauernder Ausdruck huschte über das Gesicht der Dame. »Ich fürchte, nein. Sie haben sich eine Weile lang unterhalten. Ich hatte einen Termin, darum bin ich gegangen. Tut mir leid. Ich hätte dir gern mit besseren Informationen geholfen.« Sie überlegte. »Ist etwas mit deinem Bruder geschehen? Es wirkt fast, als sei er davongelaufen.«

»Nicht davongelaufen«, murmelte Isa, obwohl sie sich dessen ja nicht sicher sein konnte. Sie bedankte sich bei der Dame und wandte sich an Alexander. »Trink aus. Und dann bezahl. Ich glaube, ich weiß, wen wir noch nach Ben fragen können.«

»Aye, aye, Ma'am«, sagte er. »Ihr Wunsch ist mir Befehl.«

Sie wartete ungeduldig, bis Alexander die beiden Getränke bezahlt hatte, dann packte sie ihn am Arm und zog ihn bis zu einem Ende des lang gezogenen Platzes. Dort ragte ein hässlicher Betonbau in die Höhe, vor dessen Fassade es zu einer unterirdischen Passage ging. In dem Gebäude wechselten immer wieder einmal die Geschäfte, aktuell befand sich dort ein marokkanisches Restaurant. Der Gang zur Passage hinunter war ebenso hässlich wie das ganze Gebäude – schwere Betonklötze flankierten den abwärtsführenden Weg und dienten oft müden Touristen als Sitzgelegenheiten. Und den Punks und Obdachlosen der Stadt als Schlafplatz.

Isa führte Alexander dort hinunter. »Vielleicht haben wir Glück und Antoine kann uns weiterhelfen«, erklärte sie ihm. Sie musste ihm nicht sagen, wer Antoine war. Alexander kannte den alten Mann so gut wie sie selbst. Antoine war so etwas wie eine Institution in Avignon. Er war nicht obdachlos, aber er saß trotzdem den ganzen Tag lang mal hier, mal dort in den Gassen und unterhielt die Passanten mit klugen Anekdoten und Geschichten aus seinem langen, ziemlich spektakulären Leben. Letzten Sommer während der Ferien hatten Isa, Ben, Alexander und Sera ein paarmal mit ihm zusammengesessen und gequatscht. Ben war fasziniert gewesen von den Geschichten, die Antoine aus seiner Zeit bei der Fremdenlegion erzählen konnte. Der alte Mann war nahezu überall in Afrika gewesen. Jedenfalls wenn man seinen schillernden Berichten Glauben schenken konnte.

Tatsächlich saß Antoine auch heute Morgen auf seinem Lieblingsplatz auf einem der Betonklötze. Als er Isa und Alexander entdeckte, strahlte er über das ganze Gesicht hinweg. »Isa! Alexander!« Und bevor sie ihn nach Ben fragen konnten, fügte er schon hinzu: »Ihr sucht euren Bruder, vermute ich.« Er lachte leise. »Der war bis eben noch hier.«

Erleichterung rieselte durch Isas gesamten Körper. Offenbar ging es Ben gut! »Wo ist er hin?«, entfuhr es ihr.

Mit einer Kopfbewegung deutete Antoine auf eine Starbucks-Filiale, wie sie seit einiger Zeit in allen größeren Städten Frankreichs auftauchten. »Der brauchte, glaube ich, einen starken Kaffee nach dieser Nacht.«

Isas Herz, das eben noch einen erleichterten Hüpfer gemacht hatte, schlug noch ein bisschen schneller. Sie spähte durch die Scheibe des Ladens und tatsächlich: Auf einem der Hocker saß Ben! Vor sich hatte er einen riesigen Kaffeebecher. Und er ließ den Kopf hängen, als sei er total erschossen.

Ohne sich bei Antoine zu bedanken, rannte Isa zum Eingang des Ladens.

Wo sich ihre Erleichterung und Freude, Ben zu sehen, abrupt in Schrecken verwandelte.

Ben sah nicht nur erschöpft aus, sondern er war auch blass und zerzaust. Schon auf dem Weg quer durch den Laden auf ihn zu konnte sie sehen, dass seine Klamotten völlig zerknittert waren. Sie stürzte zu ihm, fiel ihm um den Hals. »Gott sei Dank!«, flüsterte sie. Und noch einmal: »Gott sei Dank.«

Sie hatte ihn wieder. Ihm war nichts geschehen!

Mit einem verlegenen Lächeln stand Ben von seinem Hocker auf. »Du hättest dir keine Sorgen zu machen brauchen.« Aber sein blasses Gesicht und vor allem der müde und irgendwie traurige Ausdruck in seinen Augen straften ihn Lügen. Seine Klamotten waren nicht nur verknittert, sondern auch ziemlich verdreckt. Ein schwacher Geruch von Schweiß ging von ihm aus und definitiv hatte er sich heute Morgen nicht gekämmt. Es sah ganz so aus, als hätte er die Nacht zusammen mit den Obdachlosen hier unten in der Passage verbracht.

Alexander, der Isa gefolgt war, schnaubte leise und während Isa noch nach den passenden Worten suchte, ging er zum Verkaufstresen und bestellte für sich und Isa je einen Cappuccino. Mit den beiden Getränken in der Hand kam er zu Isa und Ben an den Tisch.

»Und jetzt Klartext!«, fuhr er Ben an. »Was soll dieser ganze Scheiß? Du haust einfach ab, bringst deine Versetzung in Gefahr, und du hältst es nicht mal für nötig, uns Bescheid zu sagen?«

Mit einer müde aussehenden Bewegung hievte Ben sich wieder auf seinen Hocker. Eine Weile lang arbeitete es in seinem Gesicht, dann stieß er hervor: »Ich weiß. Tut mir leid, ich ... Gott, wenn ich gewusst hätte, was auf mich zukommt ...«

Das kam so verwirrt, ja fast verzweifelt heraus, dass Isas Wut auf ihn augenblicklich verrauchte. Sie biss sich auf die Zunge, um Ben nicht all die tausend Fragen entgegenzuschleudern, die ihr im Kopf herumwirbelten. Alexander legte seine Hand auf ihre und wieder mal bewunderte sie es, wie besonnen er bleiben konnte. Dass er immer noch innerlich kochte, war mehr als deutlich. Sie blickte auf seine Hand auf ihrer. Obwohl sie sich seit Tagen nach einer Berührung von ihm gesehnt hatte, war sie jetzt viel zu sehr mit Ben beschäftigt, um deswegen eine Gänsehaut zu bekommen.

Ben seufzte schwer. »Ihr habt jedes Recht, alles zu erfahren, aber bevor ich es euch erzähle: Habt ihr ein Ladekabel dabei?« Er zog sein Handy aus der Tasche und wedelte damit herum. »Meins habe ich nämlich in der Jugendherberge vergessen und leider ist mein Akku leer.«

Darum also war sein Telefon heute Morgen ausgeschaltet gewesen, dachte Isa. Sie beugte sich zu ihrem Rucksack hinunter und zog ihr eigenes Ladekabel aus der vorderen Tasche. Ben und sie hatten das gleiche Handymodell, darum konnte er sein Gerät ohne Probleme an eine der bei Starbucks reichlich vorhandenen Steckdosen anschließen. »Okay«, murmelte er. »Okay. Also dann ...« Mit einer umständlichen Geste holte er einen verknitterten Umschlag aus der Innentasche seiner Jacke.

War das etwa ...

Isa ahnte, was sie da vor sich hatte. Unwillkürlich zog sie Alexander ihre Hand weg und setzte sich aufrechter hin. Ben nahm ein einzelnes Blatt aus dem Umschlag, faltete es auseinander und legte es so auf den Tisch, dass sowohl Isa als auch Alexander lesen konnten, was darauf stand.

Beim Anblick der dramatischen Frauenhandschrift hätte Isa am liebsten geflucht.

Lieber Johann, hatte Adèle geschrieben.

Ich ahne, dass du meine letzten Zeilen vernichtet hast. Jedenfalls hast du dich nicht gemeldet und das verstehe ich. Trotzdem kann ich nicht anders: Ich schreibe dir erneut, weil ich die Hoffnung auf einen Neuanfang mit dir und den Kindern nie aufgegeben habe. Vielleicht fällt es dir ja leichter, über das, was passiert ist, erst einmal auf Abstand zu reden. Unten findest du meine Telefonnummer. Ich hoffe inständig, dass du mich anrufst.

Ich vermisse euch alle drei.

Adèle

Die Zahlenfolge der Telefonnummer verschwamm vor Isas Augen. Verzweifelt überlegte sie, was sie jetzt sagen sollte. Adèle hatte einen zweiten Brief geschrieben ... Isa hob den Blick, starrte Ben an.

Er lächelte voller Schuldgefühl. »Den habe ich aus dem Briefkasten gezogen, als Papa nicht zu Hause war.«

Isa wollte etwas sagen, aber Alexander kam ihr zuvor. Er hatte nach dem Umschlag gegriffen und die Adresse gelesen, die Adèle daraufgeschrieben hatte. »Du hast ihn aufgemacht?« Um zu demonstrieren, warum er deswegen verärgert klang, zeigte er Isa den Umschlag.

Er war an Johann Durant adressiert.

Nur an Johann Durant.

Ben nickte. »Ich weiß, dass das falsch war. Von wegen Briefgeheimnis, und so. Aber als ich den Umschlag gesehen habe … keine Ahnung, da wusste ich irgendwie, dass er von Maman ist.« Er lehnte sich vor, deutete auf Adèles Zeilen. Heftiger sprach er weiter: »Papa muss davor schon einen anderen Brief von ihr bekommen haben. Maman schreibt das ja: Er hat nicht reagiert. Er …« Er verstummte, blies sich gegen die wirren blonden Haare.

Er hatte nicht darauf reagiert, weil er nichts davon wusste, dachte Isa. Weil sie diesen ersten Brief verbrannt hatte. Sie wollte den Mund aufmachen und genau das sagen, aber sie zögerte. Tief in ihrem Innersten schämte sie sich zu Tode über ihren Entschluss damals, den ersten Brief zu verbrennen. Und als Ben wiederholte: »Er hat einfach ignoriert, dass sie zu uns zurückkommen wollte!«, da verging ihr auch noch das letzte bisschen Mut, die Wahrheit auszusprechen. Vor ihrem inneren Auge sah sie, wie Adèles Brief im Feuer zu Asche zerfiel und die Spieluhrmechanik in den Flammen zu schmelzen anfing.

Ihr Blick wanderte zu dem Rucksack zu ihren Füßen, in dem das kaputte Ding noch immer in sein rotes Seidentuch eingeschlagen lauerte, und das schlechte Gewissen nagte an ihr.

Verdammt!

»Es ist Johanns gutes Recht, auf Adèles Briefe nicht zu reagieren«, sagte Alexander. »Vor allem aber ist es kein Grund, einfach abzuhauen und deine halbe Familie in Angst und Schrecken zu versetzen.«

Weil Bens Handy mit einem leisen Signalton angezeigt hatte, dass es jetzt wieder Strom hatte, nutzte er die Gelegenheit, etwas Zeit zu gewinnen. Er gab Sperrcode und SIM-PIN ein. Dann checkte er routinemäßig seine Benachrichtigungen und Isa war sich sicher, er hoffte, dass Adèle sich bei ihm gemeldet hatte. Das war allerdings nicht der Fall.

»Ich weiß«, seufzte er. »Ich weiß. Tut mir auch leid. Ich hatte eigentlich nicht vor, den Brief vor euch allen zu verstecken. Aber als ich Maman angerufen habe ...« Er nahm seinen Kaffeebecher, führte ihn zum Mund, trank aber nicht. Gedankenverloren blies er über die heiße Flüssigkeit. »Sie hat mir prophezeit, dass Papa mir verbieten würde, sie zu treffen. Sie hat mich angefleht, es ihm nicht zu sagen.«

»Uns hättest du es sagen können.« Auch wenn Alexander immer noch sachlich klang, spürte Isa die Enttäuschung, die hinter seinen Worten lauerte. Gut, dass sie ihm noch nicht erzählt hatte, dass sie keinen Deut besser war als ihr jüngerer Bruder.

»Als ich Maman getroffen habe ...«, murmelte Ben und unterbrach sich. Er schauderte. Dann trank er doch einen Schluck und verzog das Gesicht, als habe er sich die Lippen verbrannt. »Ach, ich weiß es doch auch nicht! Ich habe sie angerufen, sie hat sich gefreut, dass ich mich melde. Sie hat gefragt, wie es Papa geht. Und dir, Isa. Ganz traurig hat sie geklungen und als sie mich gebeten hat, sie zu treffen, da ... na ja. Ich dachte mir eben, es ist ein Wink des Schicksals, dass meine Kursfahrt ausgerechnet hierher nach Avignon gehen sollte.« Er lächelte verloren. »Irgendwie habe ich wohl gedacht, dass das Universum dieses Treffen wollte.«

Isa dachte an seinen ersten Anruf. »Was genau ist passiert, seit du mich vorgestern angerufen hast?«

»Tja. Das war irgendwie strange. Talleyrand hatte uns für den Nachmittag freigegeben und ich habe mich mit Maman verabredet. Hier am Karussell.« Er deutete vage in die entsprechende Richtung. »Komisch, irgendwie habe ich gefürchtet, sie kommt nicht. Da war schon am Telefon etwas in ihrer Stimme. Etwas ... keine Ahnung ... Aber dann war sie tatsächlich da. Sie war ...« Wieder verstummte Ben.

Je länger das hier dauerte, umso unwohler wurde Isa. Sie wollte, dass Alexander erneut ihre Hand nahm, aber das tat er nicht. Er saß völlig regungslos da und ließ Ben nicht aus den Augen.

Ben räusperte sich. »Sie saß auf dem Karussell, Isa. Auf einem der weißen Pferde. Sie trug ein knallrotes Kleid und war barfuß. Barfuß! Und sie winkte mir zu und lachte dabei. Sie lachte ...« Er senkte den Blick auf seine Hand, die sich um den Kaffeebecher gekrampft hatte. Isa sah, wie sich sein Kehlkopf hob und senkte, als er schwer schluckte. »Und später dann, als wir in einem Café gesessen und geredet haben, da kam sie mir so ... ich weiß auch nicht, so unheimlich vor. Als wäre sie ... radioaktiv. Ja, das trifft es vermutlich. Radioaktiv.«

Die bloße Vorstellung, wie Adèle barfuß und in wehendem rotem Kleid auf dem Karussell saß, während der arme Ben mit offenem Mund dastand und sie anstarrte, tat Isa beinahe körperlich weh. Was für ein melodramatischer Auftritt musste das gewesen sein! Und wie musste Ben sich dabei gefühlt haben? Immerhin war es das erste Mal gewesen, dass er bewusst seine Mutter sah, denn als sie damals verschwunden war, war er noch sehr klein gewesen. In Isas Vorstellung fühlte es sich an, als habe Adèle sowohl Ben als auch ihr eine schallende Ohrfeige gegeben.

»Sie hat geredet und geredet«, fuhr Ben fort. »Und die ganze Zeit hatte ich das Gefühl, dass sie irgendwas genommen hatte.«

»Warum hast du einfach aufgelegt?«, fragte Isa.

»Weil ich auf sie aufpassen musste«, flüsterte Ben. »Wir hatten bis dahin natürlich über dich und auch über Papa gesprochen, aber als sie merkte, dass ich mit dir telefoniere, da ist sie weggelaufen. So richtig, als wäre sie in Panik. Ich glaube, ich hatte Angst um sie, weil ... keine Ahnung, irgendwie hatte ich das Gefühl, dass sie ... dass sie mit einem Fuß über einem Abgrund schwebt oder so. Ich habe sie dann wiedergefunden, unten am Flussufer, und da tat sie, als wäre überhaupt nichts gewesen. Sie zerrte mich lachend und redend durch die halbe Stadt, balancierte auf einem Brückengeländer, solche Sachen. Das ging so den halben Abend lang und als ich ihr gesagt habe, dass ich zurück in die Jugendherberge muss, hat sie mich angefleht, mich am nächsten Tag wieder mit ihr zu treffen.«

»Was du ihr versprochen hast«, sagte Alexander.

Wieder nickte Ben. »Ich wusste, dass Talleyrand mir keinen weiteren freien Tag erlauben würde, und das habe ich Maman auch gesagt. Ich hatte allerdings nicht das Gefühl, dass es sie interessiert. Talleyrand hatte eine Exkursion zum Papstpalast vor, darum habe ich behauptet, dass es familiäre Probleme mit meiner Mutter gibt.« Er grinste matt. »War ja nicht gelogen.«

Isa fluchte leise. Das Gefühl, geohrfeigt worden zu sein, verwandelte sich in Wut. Die Kursfahrt war wichtig für Ben, denn seine Versetzung hing daran. Aber trotzdem hatte er sich für Adèle entschieden. Und offenbar war es der völlig egal gewesen, in welche Schwierigkeiten sie ihn mit diesem zweiten Treffen brachte.

Weil die Wut auf Adèle kaum auszuhalten war, versuchte Isa, sie auf Ben umzulenken. Sie wollte wütend auf ihn sein, weil er so blöd gewesen war, aber es gelang ihr nicht. Sie verstand ihn ja. Sie selbst spürte schließlich die Anziehungskraft, die von Adèle ausging, obwohl sie sie, im Gegensatz zu ihm, noch nicht getroffen hatte.

Anderseits: Warum nur hatte er das alles mit sich allein ausgemacht? Warum hatte er sie nicht angerufen und um Hilfe gebeten? Dieser Gedanke lenkte dann wenigstens ein kleines bisschen Wut doch auf Ben um. »Dann hast du also gestern den ganzen Tag mit ihr verbracht?«, fragte Isa mit flacher Stimme.

Zu ihrer Überraschung schüttelte Ben den Kopf. »Sie kam nicht.«

Warum wunderte Isa das nicht? »Sie kam nicht«, echote sie trotzdem.

»Na ja, jedenfalls zuerst nicht. Ich habe versucht, sie anzurufen, aber ihr Telefon war aus. Da bin ich wie verrückt alle Stellen abgelaufen, an denen wir am Tag davor waren. Aber ich konnte sie nirgends finden.« Er hielt inne. Sein Schweigen fühlte sich schwer an, unerträglich. »Irgendwann fand sie mich. Sie stand plötzlich vor mir, wie aus dem Boden gewachsen. Sie war genauso ... radioaktiv wie den Tag davor. Und dann, urplötzlich ist etwas ganz Seltsames passiert ...«

Als müsse diese unheimliche Geschichte noch ein bisschen dramatisch untermalt werden, fuhr irgendwo jenseits des Platzes ein Krankenwagen mit Martinshorn vorbei. Die Sirene hallte unheimlich in der Passage wider. Isa wusste nicht genau, was sie mehr frösteln ließ, dieses Geräusch oder Bens Worte. Gespannt wartete sie, dass er weitererzählte.

»Ich habe ihr ein bisschen mehr von unserer Familie erzählt, was wir so machen, von der Schule und von Sera und Alexander und so. Und da ist sie völlig ausgeflippt.«

»Ausgeflippt?«

»Ja. Sie ist ganz bleich geworden. Und gleich darauf ist sie wieder weggerannt. Ich bin hinter ihr her, aber sie war wie von Sinnen und ich habe sie aus den Augen verloren. Und danach wusste ich nicht, was ich machen sollte. Ich glaube, ich habe stundenlang einfach dahinten auf den Stufen gehockt und vor mich hin gestarrt. Weil ich mein Handykabel in der Jugendherberge vergessen hatte, war irgendwann mein Akku leer. Darum konnte ich euch nicht mehr anrufen.«

Alexanders Miene war finster, aber Isa sah ihm an, dass er nur noch so tat, als sei er sauer auf Ben. »Du hättest dir ein Handy leihen und uns anrufen können. Du hättest ein Taxi nehmen und zu Tante Claire fahren können. Es hätte Dutzende Möglichkeiten gegeben, uns nicht so in Unruhe zu versetzen!«

Ben ließ die Schultern hängen. »Du hast ja recht. Ich weiß selbst nicht, warum ...« Er ächzte. »Aber jetzt seid ihr da und ich bin wirklich verdammt froh.«

Er hatte also tatsächlich die ganze Nacht hier draußen verbracht, dachte Isa, und bei der Vorstellung, wie er in tiefster Dunkelheit durch die Straßen Avignons lief und nicht klarkam, verrauchte ihre Wut auf ihn so vollständig, dass sie sich kurz ganz leer im Herzen fühlte. Also konzentrierte sie sich darauf, wieder sauer auf Adèle zu sein.

»Das alles ist sehr sonderbar«, sagte Alexander. »Warum zum Beispiel hast du vorgestern dieses komische Reel gepostet und was hat es damit auf sich?«

Ben runzelte die Stirn. »Was für ein Reel?«

Bevor Isa ihn anfahren konnte, er solle nicht so dumm tun, nahm Alexander wortlos sein Handy und rief Bens Insta-Account auf. Isa umklammerte ihre Sitzfläche, als die Frauenstimme ertönte und *Sur le Pont* summte.

Ehrlich überrascht riss Ben die Augen auf. »Das ist auf meinem ...?« Hastig entriss er Alexander das Handy, starrte darauf. »Tatsächlich! Echt jetzt?« Er gab Alexander sein Gerät zurück, nahm sein eigenes und checkte auch dort, ob das Reel wirklich von ihm stammte. Kopfschüttelnd meinte er: »Vorgestern in diesem Café. Da musste ich kurz aufs Klo. Mein Handy hab ich auf dem Tisch liegen lassen. Da muss sie das heimlich gedreht haben. Keine Ahnung, warum!«

»Ihre Stimme ...« Isa konnte nur flüstern. Die unheimliche Melodie hallte in ihrem Hinterkopf nach und es fühlte sich fast so an, als käme sie aus ihrem Rucksack. Von der zerstörten Spieluhrmechanik.

Ben nickte. »Sie ist total besessen von dem Lied.«

Einige Sekunden lang schwiegen sie alle gedankenverloren und dann, plötzlich, vibrierte das Telefon in Bens Hand. Er fluchte.

»Was ist?«, fragte Alexander.

Ben drehte das Handy um, sodass sie beide die Nachricht lesen konnten.

Wir treffen uns unter der Brücke, stand da.

Und oben drüber prangte der Name des Absenders, wie Ben ihn in seinem Telefonbuch eingetragen hatte.

Maman.

»Die Brücke«, murmelte Isa und Ben fügte hinzu: »Meint sie damit die Brücke aus dem Lied?«

»Vermutlich.« Alexander zog die Augenbrauen zusammen, als er Ben musterte. »Ich vermute mal, wir können dich nicht dazu bringen, zurück zu deinem Kurs zu gehen und deine Versetzung zu retten?«

Ben schnaufte. »Vergiss es!«

Alexander nickte, als sei ihm das von vornherein klar gewesen. Er nahm ihre Becher und brachte sie zurück zum Tresen.

Sur le pont d'Avignon, dachte Isa. *Auf der Brücke von Avignon.* So begann das Lied, das Adèle gesummt hatte. Und jetzt wollte sie sich unter ebendieser Brücke mit Ben treffen?

»Das ist die Gelegenheit, sie kennenzulernen, Isa«, sagte Ben.

Spontan verspürte sie starken Widerwillen dagegen und offenbar sah man ihr das an.

Bens Miene verfinsterte sich.

»Ich glaube, nach allem, was du über sie erzählt hast, will ich sie nicht sehen«, murmelte sie. Adèle hatte es mit einem einzigen Brief geschafft, dass Ben sämtliche schulischen Pflichten vergaß und sich seine Gedanken nur noch um sie drehten. In Isas Magen befand sich irgendwas Kaltes, das richtiggehend wehtat.

»Das ist nicht dein Ernst! So wie sie drauf ist, braucht sie unsere Hilfe, Isa! Sie ist …«

»Sie hat sich niemals darum geschert, ob *wir ihre* Hilfe brauchen!«, fuhr Isa Ben über den Mund. »Sie ist damals einfach abgehauen und hat nie mehr einen Gedanken an uns verschwendet!« Sie stand auf einmal. Sie hatte nicht mitbekommen, wie sie aufgesprungen war. Und sie wusste nicht, woher ihre plötzliche Abwehr kam. Bisher war Adèle ihr gleichgültig gewesen, aber jetzt?

Plötzlich hatte sie Angst vor ihr, stellte sie fest.

Die bekannte Brücke von Avignon hieß eigentlich Pont Saint-Bénézet. Das weltberühmte Bauwerk aus dem Volkslied war im 12. Jahrhundert gebaut worden und hatte damals ganz über den Fluss Rhône geführt. Jetzt aber war es eine Ruine. Von ehemals fast zwei Dutzend Bögen standen nur noch vier. Sie ragten in das Wasser des Flusses hinein, aber der erste wölbte sich über eine vierspurige Uferstraße, den Boulevard de la Ligne. Isa, die Alexander und Ben mit einem überaus mulmigen Gefühl im Magen folgte, ließ sich von den Jungs durch die Porte de Rhône schleifen, einen Rundbogen in der alten Stadtmauer, und dann die knapp hundert Meter unter den Platanen entlang bis dorthin. Die Sonne war mittlerweile über die Dächer der Stadt geklettert, und die silbrigen Bäume warfen Schatten auf den Boulevard, die das Licht flirren ließen. Ganz kurz registrierte Isa die besondere Stimmung dieses Ortes, die jedoch von den unzähligen Autos gestört wurde, die dicht an ihnen vorbeischossen. Es roch nach Abgasen und ein bisschen nach dem Fluss.

Direkt vor dem Brückenbogen blieb Ben stehen, sah sich hoffnungsvoll um. Eine Frau mit einem Zwillingskinderwagen ging am Ufer auf der anderen Straßenseite spazieren. Mehrere Touristen hatten sich ein Ticket für die Brücke gekauft und krakeelten auf dem Bauwerk lautstark vor sich hin. Isa verstand kein Wort von dem, was sie sagten. Sie hatte nicht einmal eine Ahnung, was für eine Sprache sie sprachen.

Von Adèle jedoch war keine Spur zu sehen. Isas Erleichterung war so heftig, dass ihre Knie zitterten.

Ben allerdings gab so schnell nicht auf. Kurz wandte er den Kopf nach rechts und links, dann passte er eine Lücke zwischen zwei Fahrzeugen ab und lief quer über die Straße. Ein roter Peugeot musste vom Gas gehen. Der Fahrer hupte empört. Isa stockte der Atem.

»Scheiße!«, entfuhr es Alexander. Er packte sie am Arm, wartete auf eine größere Lücke im Verkehr und schloss mit ihr gemeinsam zu Ben auf. »Du willst unbedingt, dass wir heute noch einen Herzinfarkt kriegen, oder?«

Ben beachtete ihn kaum. Mit so kindlich hoffnungsvollem Blick schaute er sich nach Adèle um, dass es Isa noch mulmiger wurde. Irgendwie, dachte sie, entwickelte sich Bens Suche nach ihrer Mutter hier gerade zu einer Obsession.

Auch Alexander ließ seine Blicke schweifen. »Ich glaube nicht, dass sie hier irgendwo ist«, sagte er.

Ben setzte zu einem trotzigen Kopfschütteln an, sah dann aber ein, dass er recht hatte. »Was, wenn wir sie verpasst haben? Weil wir so lange gebraucht haben! Weil wir erst streiten mussten.«

Das hatten sie nicht, denn nachdem Isa ihren Widerwillen einmal geäußert hatte, hatte sie nachgegeben und sich einverstanden erklärt, Adèle zu treffen. Das, was Ben *Streit* nannte, hatte keine Minute gedauert, aber was nützte es, das jetzt zu sagen?

»Vielleicht wartet sie ja *auf* der Brücke auf uns!«, sagte er.

Alexander schüttelte den Kopf. »Dann müsste sie eine Eintrittskarte gekauft haben. Zumal sie explizit *unter der Brücke* geschrieben hat. So verwirrt wird sie ja wohl kaum sein, dass sie *auf* und *unter* verwechselt.«

Ihre Mutter. Verwirrt. Radioaktiv. Mit einem Fuß über dem Abgrund ...

Isa legte den Kopf in den Nacken und scannte sämtliche Menschen auf der Brücke. Außer den Touristen aus dem ihr unbekannten Land befanden sich noch zwei Familien mit kleinen Kindern darauf, eine Gruppe älterer Frauen in Wanderoutfits und ein alter Herr, der wie ein Professor wirkte und eingehend die geschmiedeten Geländer studierte. Dafür, dass es noch relativ früh am Tag war, waren das schon eine Menge Leute, fand Isa, aber sie wusste auch, dass es in ein paar Stunden auf der Brücke von Besuchern nur so wimmeln würde. Neben dem Papstpalast war die Brücke das wichtigste Touristenziel Avignons und besonders bei Menschen aus Übersee beliebt.

»Man kann die Brücke von vorne bis hinten einsehen«, erklärte sie Ben. »Adèle ist nicht hier.« Sie wollte weg von diesem Ort. Sie wollte Ben packen und ihn zu seinem Kurs zurückschleifen. Gleichzeitig wollte sie ihn nicht mehr aus den Augen lassen. Sie wollte ihn mit zu Tante Claire nehmen. Und dann wollte sie ... ja, was?

Sie wusste es nicht genau.

Es dauerte einen langen Augenblick, dann sah Ben ein, dass sie recht hatte. Er sackte förmlich in sich zusammen. »Verdammt!«, murmelte er durch zusammengebissene Zähne.

Sie liefen noch eine Weile lang am Boulevard de la Ligne auf und ab, aber vergeblich. Schließlich mussten sie alle drei einsehen, dass Adèle wirklich nicht hier war.

»Also gut«, meinte Alexander schließlich. »Dann würde ich sagen, wir bringen dich zu deinem Kurs zurück und ...«

»Auf keinen Fall!« Bens Augen sprühten Funken, sodass Isa davon ganz unbehaglich wurde.

Alexander hingegen blieb ruhig. »Wieso nicht? Adèle ist nicht hier. Außerdem wird sie einsehen, dass dein Kurs wichtig ist, sie ...«

»Der Kurs ist ihr völlig egal!« Übergangslos schrie Ben. Dann besann er sich. »... ist mir egal«, verbesserte er sich.

Isa fröstelte. »Papa hat das kommen sehen«, murmelte sie, mehr an Alexander als an Ben gewandt.

Alexander biss die Zähne aufeinander.

»Wovon sprecht ihr?«, verlangte Ben zu wissen und da erzählte Isa ihm von dem Telefonat, das sie belauscht hatte. Als sie geendet hatte, war Ben eine ganze Weile lang still.

»Sie hat irgendwelche Riesenprobleme ...«

»Ja, und du kriegst auch welche, wenn du nicht zu deinem Kurs ...«

Mit einem hitzigen »Verdammt!«, unterbrach Ben Alexander. »Hör auf, dich wie mein Vater aufzuspielen!« Er wandte sich an Isa. »Tante Claire weiß mehr über Maman?«

»Offenbar.«

Ein entschlossen aussehendes Grinsen vertrieb den Ärger aus Bens Miene. »Worauf warten wir dann noch?«

KAPITEL 10

»Ben!« Als sie zu dritt auf dem Weingut ankamen, eilte Tante Claire die Stufen der Terrasse herunter und schoss auf Ben zu wie auf den lange verschollenen Sohn. Sie drückte ihn an sich und Ben machte ein völlig überrumpeltes Gesicht, was lustig aussah, denn er war einen ganzen Kopf größer als die kleine, quirlige Claire. Trotzdem wirkte es, als würde ihre Umarmung ihm die Luft abschnüren.

Der lustige Eindruck verging jedoch sofort, als Claire Ben von Kopf bis Fuß musterte und dabei murmelte: »Gott sei Dank ist dir nichts passiert.«

Isa kämpfte gegen das enge Gefühl in ihrer Kehle. Sie und Alexander wurden von ihrer Tante ebenfalls in den Arm genommen und dann zu einer alten Platane geführt, in deren Schatten ein paar gemütliche Gartenstühle und ein antiker Metalltisch mit geschwungenen Beinen standen.

»Setzt euch!«, befahl Claire. »Ich hole euch gleich was zu trinken und zu knabbern, aber erst musst du mir unbedingt erzählen, wie es dir ergangen ist, Ben! Hast du dich wirklich mit Adèle getroffen?«

Ben nickte. Er wirkte immer noch ein bisschen atemlos von Claires überfallartiger Umarmung. Dann erzählte er seiner Tante in groben Zügen das, was er vorhin in dem Starbucks Isa und Alexander erzählt hatte. Als er Adèle erneut *radioaktiv* nannte, huschte ein düsterer Ausdruck über Claires Gesicht.

In dieser Sekunde reichte es Isa. »Was ist mit Adèle?«, fuhr sie ihre Tante an. »Warum will Papa nicht, dass du uns von ihr erzählst? Und warum seid ihr beide so besorgt, wenn sich einer von uns mit ... mit dieser Frau trifft?« Sie wusste, dass sie mit diesen Fragen verriet, dass sie das Telefonat belauscht hatte, aber es war ihr egal. Sie wollte jetzt endlich die Wahrheit erfahren.

Tante Claire brauchte einen Moment, um ihre Worte zu verarbeiten. »Die alte Telefonleitung«, murmelte sie.

Auch der stille Vorwurf in ihrer Stimme war Isa egal. »Ihr verheimlicht uns was und ich will jetzt wissen, was es ist!«

In Tante Claires Miene spiegelten sich Ärger und Verlegenheit zu gleichen Teilen. »Da du offenbar gehört hast, was dein Vater und ich besprochen haben, hast du auch gehört, dass er nicht will, dass ich mit euch rede, bevor er hier ist.«

»Das ist doch totaler ...«, brauste Isa auf, aber Alexander stoppte sie, indem er die Hand hob.

»Findest du nicht, dass ihr beide Isa und Ben eine Erklärung schuldig seid?«, fragte er Claire und wieder einmal bewunderte Isa ihn dafür, wie ruhig und sachlich er bleiben konnte. In ihm brodelte ebenso wie in ihr.

»Wie gesagt, euer Vater will ...«

»Tante Claire!« Noch immer sprach Alexander ruhig, aber jetzt hörte Isa den scharfen Unterton in seiner Stimme. »Wir sind nicht siebenhundert Kilometer gefahren, um uns anzuhören, was Dad will. Offenbar möchte Bens und Isas Mutter Kontakt zu den beiden aufnehmen und ich denke nicht, dass es einem von euch beiden zusteht, ihr das zu verwehren.«

Das saß! Fast eine Minute lang schwiegen sie alle. Nur die Stimmen und das Gelächter von ein paar Feriengästen waren zu hören, die aus der alten Wagenremise zu ihnen herüberklangen.

»Natürlich«, murmelte Tante Claire schließlich. »Natürlich. Aber ...« Sie unterbrach sich selbst, als sie in die entschlossenen Gesichter von ihnen allen dreien sah. »Also gut«, seufzte sie. »Vermutlich hast du recht.« Wie um sich für das Folgende zu wappnen, lehnte sie sich auf ihrem Stuhl zurück und verschränkte die Hände auf dem Tisch vor sich. »Ich denke, ein paar Dinge kann ich euch schon über Adèle erzählen. Immerhin habe ich ja auch einen kleinen Anteil an dieser Geschichte.« Noch einmal schwieg sie ziemlich lange, dann begann sie zu sprechen. »Als euer Vater Adèle kennengelernt hat, war er gerade mit dem Studium fertig und er und ich hatten vor, eine Reise quer durch Europa zu unternehmen.«

Isa wusste, dass ihre Tante fast zehn Jahre älter war als ihr Vater, und sie wusste auch, dass Claire und er lange Zeit ein Herz und eine Seele gewesen waren und fast alles gemeinsam unternommen hatten. *Genau wie ich mit Ben,* ging es ihr durch den Kopf. *Genau wie mit Alexander ...*

Ein wehmütiger Ausdruck glitt über Claires Gesicht. »Wir haben die Reise nie angetreten.«

»Warum nicht?«

»Na, eben weil Johann Adèle kennengelernt hatte und nicht mehr fahren wollte. Wir haben also alles abgeblasen.«

»Adèle muss Papa ganz schön den Kopf verdreht haben«, vermutete Isa. »Wenn er es nicht mal geschafft hat, sie für ein paar Wochen Urlaub allein zu lassen.« Ihr Herz schlug jetzt heftig. Einen Augenblick lang wollte sie so viel wie möglich über Adèle erfahren. Und im nächsten zuckte sie genau davor zurück und die Beklommenheit wurde wieder zu einem dicken, festen Knoten in ihrem Magen.

Tante Claire lächelte schwach. »Sie war ... *ist,* sie ist ein Mensch, der einen extrem vereinnahmen kann, ja. Aber das war nicht der Grund, warum Johann nicht mehr mit mir in den Urlaub fahren wollte. Adèle stammte aus einer Artistenfamilie, die in jenem Sommer hier in der Stadt gastierte. Johann hatte Angst, dass sie schon weitergereist wäre, wenn er für mehrere Wochen fortfuhr.«

»Verständlich«, sagte Alexander.

Tante Claire fuhr sich mit der Hand über den Mund. »Das rastlose Leben ihrer Leute hatte sich tief in Adèles DNA gegraben. Sie war ein extrem flatterhaftes Ding. Sie muss Johann innerhalb einer einzigen Nacht um den kleinen Finger gewickelt haben, und zwar so gründlich, dass er von da an nur noch Augen für sie hatte.« Große Bitterkeit sprach aus ihrer Stimme und Isa fragte sich, ob sie ihrem Bruder die abgesagte Reise immer noch übel nahm oder ob noch etwas anderes hinter dieser Bitterkeit steckte. Ihr Blick schweifte zu Alexander hinüber und plötzlich schoss ihr eine bedeutende und gleichzeitig irgendwie alberne Frage durch den Kopf. Was, wenn irgendwann einmal etwas ihn und sie für immer auseinanderbringen würde? Der Gedanke war wie eine kalte Hand, die sich um ihr Herz krampfte, und sie kämpfte gegen den melodramatischen Impuls an. Dann schaute sie Ben ins Gesicht. Der ganze Ärger, den sie über ihn empfunden hatte, war jetzt endgültig verflogen, und sie war froh darüber. Zu gern hätte sie ihn gefragt, ob zwischen ihnen alles in Ordnung war, aber auch das kam ihr melodramatisch vor, darum verbiss sie sich die Frage.

»Was geschah, nachdem Papa Adèle kennengelernt hatte?«, meinte sie stattdessen.

»Sie verbrachten einen kurzen, sehr intensiven Sommer miteinander. Sie trafen sich oft. Sie feierten das Leben und tanzten ganze Nächte durch.«

Obwohl ihre Tante die Beziehung der beiden ganz offensichtlich missbilligte, konnte Isa ihr ansehen, dass sie insgeheim ihren Bruder um diesen einen unbeschwerten Sommer beneidete. »Johann war der glücklichste Mensch der Welt und er wollte all unsere Warnungen nicht hören. Er sah nicht, dass Adèle ihn zerstören würde.« Claire unterbrach sich, als habe sie zu viel gesagt. Sie hatte die Hände im Schoß ineinander verkrampft. Isa sah, dass ihre Fingernägel weiß waren, so fest umklammerte sie sich selbst. »Eines Tages dann, gegen Ende der Lavendelblüte, verschwand sie plötzlich. Sie hatte Johann versprochen, dass sie nicht mit ihren Leuten gehen würde, dass sie bei ihm bleiben würde, aber sie war einfach weg. Ihre Familie hatte die Zelte abgebrochen und war Richtung Bretagne gezogen.«

»Und sie ging mit«, vermutete Isa.

Tante Claire nickte. »Ohne ein Wort des Abschieds. Ohne eine Zeile.«

Ganz kurz war da etwas in Isas Herzen, eine winzig kleine Nadel oder so, die sie pikte. Ein sonderbar gläsernes Gefühl erfasste sie, das sie nicht einordnen konnte.

»Johann hat es natürlich nicht gut verwunden. Unsere Eltern und ich und auch seine besten Freunde haben sich alle Mühe gegeben, ihn aufzumuntern, aber vergeblich. Johann machte acht lange, quälende Monate durch.« Claire holte einmal tief Luft. »Und dann tauchte sie wieder auf.«

»Und Johann hat sie mit offenen Armen empfangen, vermute ich.« Alexander klang neutral, aber Isa glaubte, in seiner Miene ein düsteres Glimmen zu sehen. Unbewusst trommelten seine Finger einen unhörbaren Rhythmus auf die Tischplatte.

»Das hat er. Er hat all ihren Beteuerungen geglaubt, dass sie keine andere Wahl gehabt hatte, als mit ihrer Familie in die Bretagne zu ziehen. Sie hat behauptet, dass sie sie gezwungen hätten, aber dass sie sich von den Fesseln befreit hätte und jetzt für immer bei ihm bleiben würde.«

Isa schnaubte. Sie wusste ja schließlich, wie diese Geschichte später ausgegangen war: Adèle hatte ihren Vater endgültig verlassen. Allerdings erst nachdem sie seine Tochter und seinen Sohn geboren hatte.

Claires nächste Worte überholten diesen düsteren Gedanken. »Als Adèle wiederauftauchte, war sie hochschwanger. Mit dir, Isa. Du warst gezeugt worden, kurz bevor Adèle Johann verlassen hatte.«

»Hatte er keine Angst, dass sie ihm das Kind, das sie erwartete, nur anhängen wollte?«, fragte Alexander.

Tante Claire schüttelte den Kopf. »Adèle war flatterhaft, aber sie war kein Flittchen. Und selbst wenn sie es gewesen wäre, dann hätte er es nie zugegeben. Irgendwann viel später, als er über sie hinweg war, hat er einen Vaterschaftstest machen lassen. Er war positiv, Isa. Du bist Johanns Tochter, daran gibt es keinen Zweifel.«

»Okay ...«, murmelte Isa und blies die Backen auf. Ganz kurz hatte sie befürchtet, dass dies das Geheimnis wäre, um das sich hier gerade alles drehte: dass sie gar nicht Johann Durants Kind war. Das wäre zwar ein Grund gewesen, warum ihr Vater Adèle so vollständig aus seinem und ihrem Leben herausoperiert hatte, aber es erklärte nicht die Sorge, die bei ihrem belauschten Telefonat aus ihm gesprochen hatte. Nein, hinter dieser Sorge – und damit auch hinter dem Geheimnis, das sich um Adèle rankte – musste noch etwas anderes stecken.

»Damals, als Adèle wiederauftauchte, war Johann einfach nur glücklich, dass sie wieder da war«, nahm Tante Claire den Faden wieder auf. »Und er war immer noch unsterblich verliebt. Obwohl wir alle mit Engelszungen auf ihn eingeredet haben, dass Adèle nur zurückgekommen ist, weil sie einen Ernährer für das Baby wollte, obwohl wir ... tut mir leid, Isa. Wie dem auch sei: Damals nahm er sie mit offenen Armen wieder auf. Und er war der glücklichste Mann auf Erden, als du geboren wurdest, Isa. Aber Adèle war nicht glücklich. Ganz im Gegenteil.«

»Was meinst du damit?«

»Nun. Sie war ja von Anfang an so, hm, anders gewesen. Vordergründig wirkte sie lebenslustig und voller Energie, aber wenn man genauer hinsah, war da eine Traurigkeit in ihr, die sie hinter all ihrer Fröhlichkeit versteckte.« Tante Claire legte den Kopf schief, als sie nach dem passenden Wort suchte. »*Labil.* Ja, das trifft es am besten, denke ich. Irgendwie war Adèle labil. Als lauere eine Depression in ihrem Kopf und warte nur auf die Gelegenheit hervorzukriechen. Deine Geburt, Isa, schien diese Gelegenheit zu sein.«

»Adèle hatte Wochenbettdepressionen?«, fragte Alexander.

»Ich weiß nicht, ob es Wochenbettdepressionen waren, aber ich erinnere mich an einen Moment, in dem sie dich im Arm hielt, Isa, und dich ganz merkwürdig ansah. So, als würde sie dich überhaupt nicht wahrnehmen oder als frage sie sich, was sie hier eigentlich machte. Ich kann dir sagen, mir ist ein Schauder den Rücken hinuntergelaufen! Ich habe Johann gewarnt, aber er hat mich ausgelacht. Hat mir gesagt, dass Adèle dich vergöttert. Und vielleicht hatte er da auch recht, denn sie wollte sofort noch ein zweites Baby haben. Na ja, und nur wenige Wochen nach deiner Geburt war sie dann ja auch schon wieder schwanger.«

Mit Ben. Isa schluckte.

Tante Claire nahm die Hände von der Tischplatte und musterte ihre sorgsam manikürten und unlackierten Nägel. »Wenige Wochen nach Bens Geburt wurde es richtig schlimm. So schlimm, dass Johann sie für eine längere Zeit in einer psychiatrischen Einrichtung unterbringen musste. Es dauerte lange, aber irgendwann ging es ihr dort besser, allerdings nur für kurze Zeit. Als sie zu euch zurückkam, fing alles von vorne an. Und dann, du warst da gerade vier geworden, Isa, verschwand sie auf Nimmerwiedersehen.« Sie schüttelte den Kopf. »Zumindest bis jetzt.«

»Hatte niemand Sorge, dass ihr was passiert ist?«, fragte Alexander.

Tante Claire schüttelte erneut den Kopf, aber sie sah nachdenklich aus dabei. »Immerhin gehörte sie zu einer Gruppe von fahrendem Volk, da gingen alle davon aus, dass Adèle sich ihren Leuten wieder angeschlossen hat.«

»Papa muss das furchtbar wehgetan haben«, murmelte Isa.

»Hat es.«

»Hat er nicht nach ihr gesucht?«, fragte Ben.

Tante Claire schüttelte den Kopf. »Dazu fehlte ihm die Kraft. Nach Adèles Verschwinden hat er eine ganze Zeit lang Depressionen gehabt. Er hat sich nur mit Mühe aus dem tiefen Loch herausarbeiten können, in das ihn Adèle gestürzt hat. Am Ende waren es wohl zwei Dinge, die ihn gerettet haben. Sein Schreiben und das große Geschenk, das Adèle ihm gemacht hat: euch Kinder. Nachdem er endlich über sie weg war, stürzte er sich voll in das Leben mit euch und als er mit euch nach Paris zog, hatte ich das Gefühl, dass es ihm wieder gut ging.« Tante Claire machte eine Geste, die aussah, als falle ein Beil. »Aber Schluss jetzt! Über den Rest muss euer Vater dann mit euch sprechen – sofern er es für richtig hält.«

Das war also noch nicht alles, dachte Isa.

Ben beugte sich vor. »Was ist damals noch passiert, Tante Claire? Was für ein Geheimnis umgibt Maman?«

Energisch schüttelte Claire den Kopf. »Wie gesagt …«

»*Sur le Pont d'Avignon*«, fiel Isa ihr ins Wort. »Was hat es mit diesem Lied auf sich? Du warst richtig schockiert, als ich dir gestern davon erzählt habe.«

Jetzt straffte Claire sich. »Ich habe euch schon mehr erzählt, als ich sollte. Ich habe eurem Vater versprochen, auf ihn zu warten, und daran werde ich mich ab jetzt auch halten.« Sie erhob sich von ihrem Stuhl. »Bitte entschuldigt mich. Ich muss an die Arbeit.« Und damit verschwand sie.

Isa starrte ihr nach. Zwar hatte die fremde Frau, die sie geboren hatte, durch Tante Claires Erzählung ein wenig mehr Kontur bekommen. Aber im Grunde waren sie noch immer genauso schlau wie vorher.

KAPITEL 11

»Wir hätten ihr erzählen sollen, dass Maman sich mit uns unter der Brücke treffen wollte«, sagte Ben, eine Weile nachdem Claire fort war. »Vielleicht hätte sie gewusst, wo genau das sein könnte.«

Alexander wirkte skeptisch. »So, wie sie reagiert, hätte sie es uns nicht gesagt. Das ist doch deutlich: Sie und Johann wollen euch von Adèle fernhalten.«

»Aber wieso?«, fragte Isa.

Darauf hatte keiner eine Antwort.

Isa lauschte auf ein Gefühl in ihrer Brust, das sie die ganze Zeit über schon nicht richtig hatte einordnen können. Jetzt allerdings, hier im Schatten der alten Platane, unter der ihre Mutter früher möglicherweise auch schon gesessen hatte, begriff sie, dass es Enttäuschung war. Enttäuschung darüber, dass Adèle nicht gekommen war?

Dass Ben ihre Mutter getroffen hatte, aber sie nicht?

Im Laufe der vergangenen zwei Tage war etwas in ihr erwacht, das sie so bewusst zum ersten Mal empfand: der Wunsch, mehr über ihre Mutter zu erfahren. Zu wissen, wer sie gewesen war. Das Gefühl war so neu, dass sie eine Weile gebraucht hatte, um es einordnen zu können.

Und es stand in so krassem Widerspruch zu ihrer Beklemmung, dass sie sich ganz zerrissen vorkam. Sie beugte sich zu ihrem Rucksack hinab, nahm ihren Skizzenblock heraus und schlug die Seite auf, die sie auf der Fahrt hierher bemalt hatte. Die schnellen roten Striche, die bei genauem Hinsehen eine Frau in einem roten Kleid zeigten. Ben hatte gesagt, dass Adèle in einem roten Kleid auf dem Karussell gesessen hatte ...

Ein rotes Kleid. *Sur le pont d'Avignon* ... Isa schluckte. Warum hatte sie plötzlich das Gefühl, dass beides – Kleid und Melodie – zusammenhing?

»Ähm, sorry ...« Eine Stimme riss sie aus ihren Gedanken und sie wandte den Kopf. Auf dem Rasen, nur wenige Schritte entfernt von ihnen, stand Pascal. Er trug jetzt keine Badeshorts mehr, sondern eine Jeans zu seinem T-Shirt und er sah aus, als sei er soeben aus der Stadt zurückgekommen. In den Händen hielt er eine Kiste, ein wenig größer als ein Schuhkarton und golden. Eine Art Schatulle. »Das hier hat vorhin jemand abgegeben. Ich glaube, es ist für euch.« Er reichte die Schatulle an Alexander. Der nahm sie und stellte sie auf den Tisch.

»Was ist das?«

»Keine Ahnung.«

»Woher weißt du, dass das Ding für uns ist?«, fragte Isa.

»Für wen sollte es sonst sein? Dieser Zettel lag übrigens drauf.« Pascal zog ein zusammengefaltetes Blatt aus seiner hinteren Hosentasche und gab ihn Isa. Darauf standen nur wenige Worte.

Für all meine Kinder.

Die dramatische Handschrift war Isa inzwischen so vertraut, als würde sie sie schon seit Jahren kennen. »Adèle hat das hierhergebracht!«, entfuhr es ihr.

Ben rupfte ihr den Zettel aus der Hand. »Das muss gewesen sein, als wir unter der Brücke auf sie gewartet haben!« Er sah verwirrt aus. Er wirkte immer noch blass und derangiert nach der durchwachten Nacht. »Aber warum? Sie hätte es uns doch auch direkt geben können.«

»Ich würde sagen, das erfahren wir, wenn wir es aufmachen«, sagte Alexander. Er nickte Pascal zu. »Danke, dass du es uns gebracht hast.«

Pascal brauchte einige Sekunden, um zu begreifen, dass das eine Aufforderung zum Gehen gewesen war. Er tat so, als wäre Alexander überhaupt nicht da und lächelte Isa warm an. »Sag Bescheid, wenn ich irgendwas für dich tun kann.«

Isa bedankte sich bei ihm und er ging.

»Sag Bescheid, wenn ich irgendwas für dich tun kann«, echote Ben. »Was ist das denn für ein Schleimer? Steht der etwa auf dich, oder was?«

Isa warf ihm einen tadelnden Blick zu und verzichtete darauf, auf seinen Spruch einzugehen.

Die Schatulle war über und über mit Messing beschlagen, das im Licht der Sonne wie Gold glänzte. Die Verzierungen an allen Seiten waren in das Blech geprägt worden und wirkten orientalisch. Der Deckel war flach, das Schloss, das den Inhalt schützte, mit einem kleinen, aber modernen Vorhängeschloss gesichert.

Ben erhob sich. »Ich gehe Werkzeug holen.«

»Sag Tante Claire nichts von der Kiste!«, rief Isa ihm nach, als er schon halb über den Rasen davon war.

Um anzudeuten, dass er sie gehört hatte, winkte er ihr über die Schulter hinweg zu. Als er kurz darauf zurückkam, hatte er einen Werkzeugkasten in einer Hand, in der anderen hielt er einen Teller mit Keksen. »Die habe ich Tante Claire aus der Küche geklaut.« Er stellte beides auf den Tisch neben die Schatulle.

»Sehr gut!« Alexander nahm sich einen der Kekse, biss ab und während er kaute, klappte er den Werkzeugkasten auf und suchte nach etwas, mit dem er das kleine Vorhängeschloss aufbekam. Da das Schloss mehr einem Spielzeug ähnelte, entschied er sich für eine Feile. Er betrachtete sie kritisch, befand sie für brauchbar und setzte sie an den dünnen Metallbügel. Als er anfing zu feilen, entstand ein feiner, durchdringender Ton, der direkt in Isas Zähnen zu entstehen schien. Sie verzog das Gesicht. Zum Glück dauerte es nicht lange, dann war das Schloss offen.

Alexander legte die Feile zurück in den Werkzeugkasten, zog den Bügel des Vorhängeschlosses aus der Öse und klappte den Deckel der Schatulle auf. Das Innere war mit mattschwarz gestrichenem Holz ausgekleidet. Darin lag, locker drapiert, ein blutrotes Seidentuch, das auf Isa einen unerwartet dramatischen Eindruck machte.

Sie schluckte, weil sie an das Seidentuch in ihrem Rucksack dachte. Sie war todsicher, es hatte exakt den gleichen Rotton wie dieses hier. Wie das Kleid, das Adèle bei ihrem Treffen mit Ben getragen hatte? Isa wischte diese Frage fort.

Auf dem Seidentuch lag ein weiterer zusammengefalteter Zettel.

Einen Augenblick lang zögerten sie alle.

»Also dann«, meinte Alexander schließlich. »Wer will?«

Isa fasste sich als Erste ein Herz. Sie beugte sich vor, nahm den Zettel und faltete ihn auseinander. Wieder diese dramatische Handschrift. Sie las laut vor, was ihre Mutter geschrieben hatte. »Liebe Kinder. Es tut mir sehr leid, dass ich zu unserem Treffen vorhin nicht gekommen bin. Ihr müsst mich für eine furchtbare Frau halten, aber seid versichert, dass ich meine Gründe habe. Ich hoffe, ihr verzeiht mir das irgendwann. Damit ihr mich nicht vergesst, habe ich für jeden von euch einige kleine Geschenke in diese Box gelegt. Sie sollen euch an mich erinnern. Seid versichert, dass ich euch immer geliebt habe. Maman.« Beim letzten Wort schwankte Isas Stimme.

»Heißt das, sie will uns nicht wiedersehen?«, fragte Ben erschrocken. Während Isa gelesen hatte, hatte er sich vorgebeugt und die Zipfel des Tuches auseinandergeschlagen. Mehrere Gegenstände kamen zum Vorschein. Ganz obenauf lag ein getrockneter Lavendelstrauß, den Ben herausnahm und mit zusammengekniffenen Augen betrachtete. Sowohl die Blüten als auch das schmale Samtband, mit dem die brüchigen Stängel zusammengehalten wurden, waren stark verblasst. Als Ben Isa das Sträußchen reichte, konnte sie den staubigen Geruch wahrnehmen, der davon aufstieg. Sie legte es zur Seite. Es sagte ihr nichts, solche Sträußchen konnte man hier in der Gegend schließlich an jeder Straßenecke kaufen.

Das Nächste, was Ben aus der Kiste holte, war ein altes Foto. Er betrachtete es und der Schrecken von eben wich einem ganz weichen Gesichtsausdruck.

»Zeig schon!«, befahl Isa ihm. Als er ihr das Bild reichte, fiel ihr Blick auf eine junge Frau. Sie trug einen bodenlangen bunten Rock, ihr Gesicht war dem Fotografen zugewandt, und sie lachte. Ihre langen Haare wurden ihr vom Wind um Stirn und Wangen geweht, was das Bild verblüffend dynamisch aussehen ließ.

»Alter!«, murmelt Isa.

Alexander, der sich zu ihr gebeugt hatte, um ebenfalls einen Blick auf das Bild zu werfen, pfiff leise durch die Zähne. »Wenn man es nicht besser wüsste, könnte man denken, dass du das bist.«

Er hatte recht. Die Frau sah Isa nicht nur ähnlich. Sie war ihr wie aus dem Gesicht geschnitten. Dieselben feinen blonden Haare, dieselbe schmale Nase, dieselben blauen Augen. Es gab allerdings einen Unterschied: Sogar auf der Aufnahme konnte man erkennen, dass von Adèle etwas ungut Energetisches ausging.

Und da war noch etwas. Adèle hatte ein Baby auf dem Arm. Sie hielt es so, dass sein Gesichtchen von einer gehäkelten Decke aus weißer Wolle verdeckt wurde.

Isa wollte das Bild umdrehen, um nachzusehen, ob vielleicht ein Hinweis auf der Rückseite stand, der erklärte, wer das Baby war, aber sie erstarrte mitten in der Bewegung. In ihren Ohren hatte es begonnen zu rauschen. Urplötzlich war ihr schwindelig und übergangslos kam sie sich vor, als würde sie nur Zentimeter von einer Klippe entfernt stehen, tief unter sich ein bleigraues Wasser und in ihrem Kopf zwei entgegengesetzte Stimmen. Eine, die sich finster und bedrohlich anfühlte, wisperte lockend: *Spring!* Die andere kreischte: *Weg von hier!*

»Isa?« Alexanders Stimme drang nur dumpf durch das Chaos der wild wirbelnden Bilder und Emotionen in ihrem Kopf. Erst, als ihr großer Bruder sie sanft an der Hand berührte, kam sie wieder zu sich.

»Ja?« Blinzelnd sah sie ihn an. Heulte sie etwa? Warum das denn?

Sie atmete tief durch und der Anfall verschwand so übergangslos, wie er gekommen war. Sie wischte sich über die Wangen. Sie waren tatsächlich nass. Wie peinlich! Rasch warf sie einen Blick in Bens Richtung, weil sie erwartete, dass er einen Spruch machen würde, aber er sagte nichts. Genau wie Alexander starrte er sie nur erschrocken an. Um ihren Schock zu überspielen, drehte Isa das Foto nun wirklich um.

Ich und Ben!, stand in Adèles Handschrift in der Mitte des Fotos. Sie hatte den Namen *Ben* mehrmals dick unterstrichen und ein Ausrufezeichen dahintergesetzt. Sowohl die Unterstreichung als auch das Ausrufezeichen wirkten zornig, wie in das Papier gekratzt.

»Komisch«, murmelte Isa.

In der unteren rechten Ecke prangte der blasse Stempel von einem Fotoatelier. Isa drehte das Foto auf die Vorderseite zurück. Hinter ihrer Mutter waren verschwommen ein paar Bäume zu sehen und ein Gewässer, das fast magisch blau leuchtete.

Keine Spur von grauem, bedrohlichem Wasser ... Trotzdem ... Isa war schwindelig. Sie kannte den Ort, an dem das Foto aufgenommen worden war.

»Das ist in Fontaine-de-Vaucluse!«, sagte sie.

In Fontaine-de-Vaucluse lag die Quelle des angeblich schönsten Flusses Frankreichs, der Sorgue. Mit dem Auto war das nicht einmal eine Dreiviertelstunde von hier entfernt. Die Flussquelle war ein wahrer Touristenmagnet, aber in diesem Moment, als Isa das Foto von ihrer Mutter betrachtete und dabei glaubte, in einen Spiegel zu blicken, ging ihr auf, dass sie und ihre Geschwister mit ihrem Vater noch nie dort gewesen waren. Sie kannte den Ort nur von Bildern und bisher war ihr das auch nicht sonderbar vorgekommen. Jetzt jedoch fragte sie sich, warum ihr Vater Fontaine-de-Vaucluse nie mit ihnen besucht hatte. Die Antwort schien ganz einfach. Wenn dieser Ort für ihn mit Adèle in Verbindung stand, dann war es nur logisch, dass er keine Lust verspürte, dorthin zurückzukehren. Dann hatte er bestimmt traurige Erinnerungen daran.

Oder vielleicht auch unheilvolle?

Hing Adèles Geheimnis irgendwie mit diesem Ort zusammen?

Weil der Gedanke ihr unheimlich war, konzentrierte Isa sich auf das Baby auf Adèles Arm. Von ihm war nur die Nasenspitze zu sehen – und eine winzige Faust, die aus den Falten der Decke ragte.

Ben, der mittlerweile offensichtlich ganz ähnlich verwirrt war, beugte sich über die Kiste und nahm den nächsten Gegenstand heraus. Es war ein winziges Fläschchen, eine Parfümprobe. Isa las den Schriftzug auf dem hellblauen Glas. *Fleur de Lune.* Als Ben ihr auch dieses Fläschchen reichte, hob sie es automatisch an die Nase und roch daran. Die Herznote des Parfüms haftete außen an dem Glas und war deutlich wahrzunehmen. Pudrig. Warm. Isa wartete darauf, dass der Duft eine Erinnerung in ihr auslöste, aber das war nicht der Fall.

Sie hätte nicht sagen können, ob Adèle dieses Parfüm früher getragen hatte oder nicht.

Sie gab Ben das Fläschchen zurück und auch er roch daran. Ihm schien der Geruch ebenfalls unbekannt. Logisch. Als Adèle verschwunden war, war er gerade mal drei gewesen. »Jetzt riecht sie nicht mehr so«, murmelte er und dieser Satz machte Isa auf so vielen verschiedenen Ebenen traurig, dass sie sich ganz verstört fühlte.

Ben stellte das Fläschchen auf den Tisch, wo Alexander es betrachtete, ohne es zu berühren. Unterdessen nahm Ben auch noch den letzten Gegenstand aus der Schatulle. Es war eine Spieluhr. Nicht so ein einfaches, billiges Ding, wie die Spieluhr, die Isa verbrannt hatte, sondern eine edle, golden abgesetzte, runde Dose aus Glas, durch die man die Mechanik sehen konnte. Sie wirkte sehr wertvoll.

Ben zog sie auf und ließ sie laufen.

Sie spielte *Sur le Pont d'Avignon.*

Isa erstarrte. Ihre Hände begannen zu zittern und um das vor den anderen zu verbergen, setzte sie sich rasch darauf. Zu spät allerdings. Alexander, der unterdessen doch nach dem

Parfümfläschchen gegriffen hatte, hatte es gesehen. Zwischen seinen Augenbrauen erschien eine Falte.

»Warum schickt sie uns das alles?«, fragte Isa leise. Niemand wusste eine Antwort darauf. Die Spieluhrmelodie verklang mit den typischen leiernden letzten Tönen und kurz fühlte sich die Stille bleischwer an.

Isa versuchte, sich an Alexanders Blick festzuhalten. Er hatte den Flacon wieder fortgestellt und den Zeigefinger unter die Nase gelegt, als würde er daran riechen. Er wirkte tief in seine eigenen Gedanken versunken – und auf einmal auch ziemlich blass.

»Alles in Ordnung?«, fragte sie.

Er schien aus sehr ferner Erinnerung erst zu ihr zurückkehren zu müssen. Irritiert ließ er die Hand sinken, blinzelte. Dann erhob er sich. »Ich bin gleich wieder da«, sagte er und lief beinahe fluchtartig über den Rasen davon in Richtung Haupthaus.

»Was ist denn mit dem los?«, fragte Ben.

Es kam Alexander fast albern vor, dass er schon wieder in Tante Claires kleinem Rokoko-Gästebad stand und sich selbst im Spiegel anstarrte. Diesmal allerdings zitterten seine Knie.

Der Grund dafür war das Parfüm aus der goldenen Schatulle. *Fleur de Lune.* Alexander löste eine Hand vom Waschbeckenrand und roch noch einmal an seinen Fingern. Der pudrige Geruch des Flakons haftete ganz schwach daran. Sein Magen verkrampfte sich schmerzhaft. Er drehte den Wasserhahn auf, gab reichlich von der Flüssigseife auf die Handfläche und wusch sich gründlich die Hände. Danach war der Duft des Parfüms fort.

Zum Glück.

Er sog so viel Luft in die Lungen, wie er nur konnte. *Reiß dich zusammen!*, ermahnte er sich selbst. Aber es ging nicht. Wie an einer Schnur gezogen schnurrten seine Gedanken in die Vergangenheit zurück. Er als kleines Kind auf dem Schoß seiner Mutter. Seine Nase an ihrem Hals. Tief sog er ihren Geruch ein.

»Du riechst lecker«, sagte er.

»Oh. Danke, mein Schatz!« Ihr Lachen klang hell und fröhlich in seinen Ohren ...

Und jetzt ließ Adèle ihnen zusammen mit der goldenen Schatulle und all den anderen Dingen darin ausgerechnet eine Probe genau dieses Duftes zukommen? Was hatte das zu bedeuten?

Hatte es überhaupt etwas zu bedeuten?

Alexander hielt die Luft an, bis ihm schwindelig wurde. Er zog sein Notizbuch aus der hinteren Hosentasche und nahm den Zettel mit dem Gedicht heraus. Seine Lippen bewegten sich, als er die ersten Zeilen las.

Hab dich mir unters schlüsselbein graviert
friere an dir fest

Wir reden heute Abend darüber, hatte seine Mutter gesagt, bevor sie gestorben war.

Alexanders Augen begannen zu brennen. Er blinzelte. Starrte sich im Spiegel selbst in die geröteten Augen. Die Erinnerung an seine tote Mutter steckte wie ein Messer in seinem Herzen. Schon lange nicht mehr hatte er so heftigen Schmerz empfunden und es sah ganz so aus, als wäre dieses Duftfläschchen der Auslöser dafür.

Fleur de Lune.

Mondblume.

Das Papier, auf das das Gedicht geschrieben war, knisterte leise in Alexanders Händen.

Zieh du mir die Gefühle aus

mondblume

gleiche dem vogel ...

Hastig faltete Alexander das Blatt wieder zusammen und steckte es fort. Dann fluchte er leise. Wie es aussah, war diese Reise in die Provence nicht nur für Isa und Ben ein Trip in die Vergangenheit, sondern auch für ihn.

KAPITEL 12

Alexander sah noch immer ein bisschen blass aus, als er aus dem Haus zurück zu der Platane im Garten kehrte, aber er senkte den Blick, sodass ihm die Haare ins Gesicht fielen und Isa ihm nicht in die Augen sehen konnte.

»Okay, Leute.« Bens Stimme lenkte sie von ihrem großen Bruder ab. »Konzentriert euch! Wir müssen rausfinden, warum Maman uns all diese Sachen geschickt hat.«

»Sie schreibt es doch.« Isa wies auf den Brief ihrer Mutter, der neben der offenen Schatulle lag. »Wir sollen die Sachen als Erinnerung haben. Sie will sich nicht mehr mit uns treffen. Sie verschwindet einfach wieder aus unserem Leben, so wie sie damals aus Papas verschwunden ist.« Sie wusste nicht, ob sie froh oder traurig darüber war.

Ben jedoch schüttelte energisch den Kopf. »Ich glaube viel eher, sie gibt uns damit Hinweise.«

Alexander setzte sich wieder hin. »Hinweise? Worauf?«

»Darauf, wo wir sie finden können!« Ben schien sich ganz sicher, aber Isa war eher skeptisch.

»Du denkst, dass sie Spielchen mit uns treibt?«

Ben schnaufte. »Doch keine Spielchen! Vielleicht hat irgendwas sie davon abgehalten, sich mit uns unter der Brücke zu treffen. Tante Claire hat doch gesagt, dass sie zu solchen Spielleuten gehört. Vielleicht haben die sie davon abgehalten, sich gestern noch mal mit mir zu treffen. Ja, so könnte es gewesen sein! Sie wurde von ihren Leuten festgehalten und musste sich wegschleichen! Darum ist sie gestern zu spät gekommen! Und heute Morgen, als sie sich mit mir unter der Brücke treffen wollte, konnte sie das auch nicht. Wegen ihrer Leute.«

Alexander verdrehte die Augen. »Ja, klar. Aber die Kiste hierher aufs Land bringen, das konnte sie, oder was?«

Er hatte recht, dachte Isa. Die Tatsache, dass die Schatulle aufgetaucht war, passte irgendwie nicht mit Bens dramatischer Theorie zusammen.

Adèle musste irgendeinen anderen Grund für ihr ständiges Hin und Her haben. Die Frage war nun allerdings: Wollte Isa wissen, was für ein Grund das war? Schlagartig sehnte sie sich zu den Zeiten zurück, in denen Adèle einfach nur eine fremde Frau für sie gewesen war.

»Es muss einen Grund geben, warum Maman nicht zu dem Treffen unter der Brücke gekommen ist!« Ben klammerte sich jetzt geradezu an diesen Gedanken. »Es muss einfach!«

»... unter der Brücke ...«, murmelte Isa. Ihr war ganz plötzlich ein Gedanke gekommen. »Oder *auf* der Brücke ...« Mechanisch griff sie zu der Spieluhr und zog sie auf. Die hellen Töne der Melodie erklangen ein weiteres Mal, aber diesmal war Isa zu sehr in Gedanken, um zu frösteln. »Ich glaube, mir ist da gerade was eingefallen. Moment!« Sie holte ihr Handy heraus, wählte eine Nummer. »Hallo, Jean«, sagte sie, als am anderen Ende abgenommen wurde. »Entschuldige, dass ich dich so überfalle. Hast du kurz Zeit?«

»Für dich immer!«, ertönte eine helle, prägnante Männerstimme, die Isa schon von Kindesbeinen an kannte.

»Ich bin mit Ben und Alexander bei Tante Claire«, sagte sie. »Warte mal, ich stelle dich laut.« Sie aktivierte die Lautsprecherfunktion.

»Hallo, Kinder!«, begrüßte die Stimme die beiden Jungs. Sie gehörte Dr. Jean-Baptiste Aurel, einem guten Freund der

Familie. Er war Historiker von Beruf. Er hatte lange Abhandlungen über den berühmten Papstpalast von Avignon geschrieben und über alle sieben Gegenpäpste, die dort residiert hatten. Vor allem aber kannte er sich mit dieser Gegend aus wie kein zweiter, und Isa hatte so ein Gefühl, dass er ihr vor ein paar Jahren einmal etwas über die berühmte Brücke von Avignon erzählt hatte, das ihnen jetzt nützlich sein konnte.

»Schön, dass ihr Kinder wieder mal im Lande seid und eure Tante besucht!«, sagte er. »Wie geht es denn meiner liebsten Claire?«

Isa musste schmunzeln. Jean hofierte Tante Claire eigentlich schon, solange sie denken konnte. Er nannte, sie »liebste Claire« oder gar »mein Herzblatt« und wenn man das hörte, hätte man auf die Idee kommen können, dass er in sie verliebt war. Das war allerdings nicht der Fall. Jean war überaus glücklich verheiratet, und zwar mit einem seiner Studenten, der gut und gern zwanzig Jahre jünger war als er.

»Tante Claire geht es gut«, antwortete Isa ihm.

»Das ist schön! Also? Womit kann ich euch dreien behilflich sein?«

»Es geht um dieses alte Volkslied«, erklärte Isa ihm. *»Sur le pont* ... Du weißt schon. Ich erinnere mich dunkel daran, dass du mal gesagt hast, dass das ursprünglich anders ging. Stimmt das?«

»Korrekt. Es gibt historische Hinweise darauf, dass es in dem Lied ursprünglich nicht *sur le pont* lautete, also auf der Brücke, sondern *sous le pont, unter* der Brücke.«

Ben runzelte die Stirn. »Das heißt ...«

Jean war jetzt in seinem Element. »Man geht davon aus, dass das Lied aus einer Zeit stammt, in der die Brücke noch ganz über die Rhône führte, also quer über beide Flussarme und auch über die Insel in der Mitte, die Île de la Barthelasse. Die *Pont Saint-Bénézet* bestand nämlich früher aus zweiundzwanzig Bögen. Bis auf die vier, die heute noch stehen, wurde der gesamte Rest im Mittelalter bei einem Hochwasser so stark beschädigt, dass er einstürzte und nie wieder aufgebaut wurde. Gesichert ist, dass sich früher auf der Insel die Vergnügungsviertel der Stadt befanden. ›Unter der Brücke tanzen‹ zu gehen, bedeutete demnach, die Lokale und Varietés dort aufzusuchen. Letztere wurden in vielen Fällen übrigens oft von fahrenden Schaustellertruppen geführt.«

Fahrende Schaustellertruppen.

Wie die, zu der Adèle gehört hatte.

»Weiß man, wo genau dieses Vergnügungsviertel lag?«, mischte sich nun erst mals Alexander in das Gespräch ein. Er war immer noch blass, wirkte darüber hinaus jetzt aber auch irgendwie entschlossen. Nein, nicht entschlossen, dachte Isa. Vielmehr grimmig.

»Leider ist mir das nicht bekannt, aber wenn ihr wollt, kann ich nachforschen«, sagte Jean.

»Das wäre großartig!«, stieß Ben aus.

»Klar. Das mache ich sehr gern. Ich rufe euch an, wenn ich was gefunden habe.«

»Danke!«, sagte Isa.

»Immer gern, Kinder. Warum interessiert ihr euch dafür?«

Isa war drauf und dran, ihm von Adèle zu erzählen, aber Ben warf ihr einen warnenden Blick zu und kam ihr mit einer Lüge zuvor. »Ist für eine Arbeit in der Schule.«

»Ah.« Es war Jean nicht anzuhören, ob er das glaubte, aber er schien mit seinen Gedanken jetzt ohnehin schon wieder ganz woanders zu sein. »Schön, schön! Macht's gut, Kinder, ich melde mich, sobald ich was rausgefunden habe. Adieu.«

»Adieu«, sagten Isa und Ben fast gleichzeitig.

Alexander nickte nur, als könne man das durch das Telefon sehen.

»Dann waren wir am falschen Ort!«, platzte es aus Ben heraus. »*Unter der Brücke* bedeutet nicht am Boulevard de la Ligne, wo wir waren, sondern auf der Insel! Wir müssen sofort los und nachsehen, ob sie da noch irgendwo ist!«

»Klar«, erwiderte Isa. »Die Insel ist ja auch nur ungefähr vier Quadratkilometer groß. Da finden wir sie nie im Leben!« Sie biss sich auf die Lippe, weil sie kurz selbst den Wunsch verspürt hatte, nach Adèle zu suchen.

Ben wirkte jetzt wie auf heißen Kohlen. »Aber wenn wir nicht sofort hinfahren, dann wartet sie vielleicht nicht mehr auf uns! Sie ...«

»Ben! Seit sie dir diese Nachricht aufs Handy geschickt hat, sind Stunden vergangen. Selbst wenn sie an irgendeinem Treffpunkt auf der riesigen Insel war und davon ausgegangen ist, dass wir sie dort finden, dann wird sie jetzt bestimmt nicht mehr dort sein.« Es fühlte sich gut an, das Ganze so sachlich und mit dem Verstand anzugehen, fand Isa. Die leise, aber finstere Flüsterstimme, die ihr einreden wollte, dass sie selbst am liebsten auch nach Kräften nach Adèle gesucht hätte, brachte sie zum Schweigen. »Ich würde vorschlagen, wir warten darauf, dass Jean sich wieder meldet und wir genau wissen, wo dieses frühere Vergnügungsviertel war.«

Alexander, der sich in der Zwischenzeit die Spieluhr geschnappt hatte und sie gedankenverloren zwischen den Fingern hin- und herdrehte, nickte zustimmend. »Finde ich auch vernünftig.« Er stutzte. »He! Was ist das?« Er drehte die Spieluhr auf den Kopf, sodass ihre Unterseite zu sehen war. Dort befand sich eine kleine Klappe, einem Batteriefach nicht unähnlich. Allerdings brauchte natürlich eine mechanische Spieluhr wie diese keine Batterien. »Das sieht fast aus wie ein Geheimfach.« Er drückte an der kleinen Klappe herum, bekam sie aber nicht auf.

»Lass mich mal!«, verlangte Isa.

Er reichte ihr die Spieluhr. Sie versuchte ebenfalls, sie zu öffnen. Sie drückte an verschiedenen Stellen, versuchte, mit dem Fingernagel in den schmalen Falz zwischen Klappe und Korpus zu gelangen. Alles umsonst. Erst, als sie die Spieluhr aufzog, sie laufen ließ und dabei auf den Kopf drehte, sprang der Deckel mit einem leisen Klicken auf.

In einem Fach, das ungefähr so breit und so lang war wie ihr kleiner Finger, befand sich ein eng zusammengefalteter Zettel.

KAPITEL 13

»Zeig mal!«, verlangte Ben. Seine Stimme klang zitterig und auch Isas Hände zitterten ein wenig, als sie sein Kommando ignorierte und den Zettel selbst auseinanderfaltete. Irgendwo tief in ihr keimte eine unerwartete und vor allem beängstigende Hoffnung. Nämlich die, dass Ben recht hatte. Dass die Sachen in der goldenen Kiste wirklich Hinweise waren.

Sie versuchte, sich dagegen zu wehren, aber vergeblich. Schleichend hatte Bens Wunsch, Adèle zu suchen, sie angesteckt.

Bei dem Zettel handelte es sich um eine Quittung. Jemand hatte auf einem Vordruck mit krakeliger Handschrift den Empfang von *Tristan und Isolde* bestätigt.

»Warum versteckt jemand so eine Quittung in einer Spieluhr?«, fragte sie, während sie die Quittung nun doch an Ben reichte.

»Antiquariat Amant Moreau«, las er den darauf aufgedruckten Namen. »Also für mich sieht das so aus, als hätte Maman dieses Buch an diesen Amant Moreau verkauft.«

»Woher willst du wissen, dass es Maman war?«, fragte Isa. *Adèle,* korrigierte sie sich im Stillen. Ihre Mutter hieß Adèle und bisher hatte sie sie nie anders genannt.

Alexander richtete den Blick auf sie, schwieg aber. Er wirkte immer noch sehr nachdenklich. Sie hätte gern gewusst, was in ihm vorging.

Ben kniff die Augen zusammen. »Hier steht ein Datum. Moment.« Er las es vor.

»Das war gestern!«, murmelte Isa. »Also als sie sich eigentlich mit dir treffen wollte, hat sie stattdessen dieses Antiquariat aufgesucht und ein Buch verkauft?«

»Offenbar.« Ben hatte schon das Handy hervorgeholt, bevor irgendjemand auch nur Piep sagen konnte. Eilig tippte er etwas. Isa reckte den Hals, um mitzulesen. Er suchte nach dem Antiquariat, das laut Google-Eintrag in der Rue des Fourbisseurs lag.

»Los!« Ben sprang auf. »Wir fahren dahin!«

Isa biss die Zähne zusammen, aber dann nickte sie. Was konnte es schon schaden? Als auch sie und Alexander aufstanden, fragte sie ihren großen Bruder: »Alles okay mit dir?«

Er nickte. »Ja.«

Sie hatte allerdings das ungute Gefühl, dass das eine Lüge war.

Die Rue des Fourbisseurs war eine schmale Straße inmitten der für Avignon typischen beigefarbenen Häuser mit ihren weißen Fensterläden. Um diese Jahreszeit war sie voller Menschen, Touristen hauptsächlich, die in den kleinen Läden stöberten oder in winzigen Cafés saßen, die gerade einmal zwei oder drei Tische nach draußen stellen konnten. Das Antiquariat lag in einer Art Hinterhof, in den man durch eine Toreinfahrt gelangte. Als Isa zusammen mit Alexander und Ben durch diese Einfahrt hindurchging, hatte sie das Gefühl, in eine andere Welt katapultiert zu werden. Auf einmal waren die Geräusche und die Stimmen der Menschen nur noch wie aus der Ferne zu hören, und auch der Verkehr schien hier weit weg zu sein. Eine fast drückende Stille lag über diesem Ort und die Sonne wurde von den hoch aufragenden Mauern ebenso ferngehalten wie der Lärm der Menschen. Es roch nach feuchter Erde, nach Lavendel, der in mehreren Tontöpfen auf einer Fensterbank vor sich hin vegetierte, und ein wenig auch nach der Mülltonne, die in einer Ecke stand und beinahe überquoll.

Isa empfand eine Art Anspannung, aber es war unmöglich zu sagen, ob diese Anspannung freudiger Natur war oder doch eher von ihrer Nervosität kam. Mit jedem Schritt, den sie Adèle möglicherweise ein Stückchen näher kamen, wurden ihre Gefühle für ihre Mutter nur noch schwerer zu entschlüsseln.

Das Antiquariat von Amant Moreau befand sich im Souterrain eines Hauses. Eine schmale, winkelige Treppe führte zur Ladentür hinunter. Ihre Stufen waren vollgestellt mit Holzkisten voller alter Bücher, was den Abstieg zu einer Art Zickzacklauf machte. Zu dem Geruchsgemisch aus Erde, Lavendel und Müll kam nun auch noch der von altem Papier. Die Ladentür war in dunklem Grün gestrichen. In der Scheibe hing ein Metallschild mit der Aufschrift

Amant Moreau * gebrauchte Bücher.

Hinter der Scheibe war es dunkel, und im ersten Moment dachte Isa, dass der Laden um diese Zeit vielleicht gar nicht geöffnet hatte. Aber als sie die Hand nach der Klinke ausstreckte und sie drückte, öffnete die Tür sich mit einem melodiösen Glöckchenklingeln. Gleich darauf standen sie zu dritt in einem engen, niedrigen und düsteren Verkaufsraum. Rings an den Wänden standen Regale, die allesamt mit Büchern vollgestopft waren. Hier drinnen roch es nicht nur nach Papier, sondern auch nach Leder und Staub. Bücher stapelten sich außer in den Regalen auch auf dem Boden und auf mehreren Tischen, die im Raum verteilt waren. Etliche der Büchertürme sahen sehr wackelig aus.

»Krass!«, entfuhr es Isa. Sie war schon oft in Antiquariaten gewesen und hatte dort nach Schätzen gestöbert, aber so etwas wie hier hatte sie noch nie zuvor gesehen. Gewöhnlich sortierten Antiquare ihre Bücher nach Wissensgebieten – in einem Regal *Geschichte,* in einem anderen *Naturwissenschaften, Biografien* und so weiter. Bei Amant Moreau jedoch gab es ein anderes Ordnungssystem: Sämtliche Bücher in dem Raum waren nach Farben sortiert!

Die Wirkung war geradezu magisch. In dem Regal, das der Eingangstür gegenüberlag, standen nur blaue Bücher und offenbar achtete jemand sehr sorgfältig darauf, dass die Farbübergänge zwischen den einzelnen Bänden stimmten. Links oben befanden sich die nachtblauen Bücher, dann wurden die Einbände immer heller, bis sie schließlich von Himmelblau zu Türkis und am Ende des Regals in Grün übergingen. Die Wirkung war verblüffend: Das Regal zog Isa fast magisch an. Ben, der von den Farben ebenfalls überrascht war, hatte sich einem halbhohen Regal mit gelben Einbänden zugewandt, Alexander hingegen blieb, wo er war, und schaute sich einfach nur um.

»Willkommen bei *Amant Moreau«,* sagte eine Stimme, die irgendwo von weiter hinten aus den Laden kam.

Isa kniff die Augen zusammen, um zu erkennen, wer da gerade gesprochen hatte. Etwas regte sich in den Schatten, dann trat eine Frau nach vorn, deren Anblick ebenso überraschend war wie die Anordnung der Bücher. Sie trug ein langes pechschwarzes Samtkleid, violette Armstulpen und High Heels mit mindestens zwölf Zentimeter hohen Absätzen. Ihre Haut hatte einen tiefen Schwarzton und ihre schwarzen Haare waren zu mindestens anderthalb Meter langen Dreadlocks frisiert und hingen schwer auf ihren Rücken hinab. Alles in allem war diese Frau eine ziemlich spektakuläre Erscheinung.

Isa wusste einen Moment lang nicht, was sie sagen sollte.

Alexander hingegen schon. »Ungewöhnliches Sortiersystem«, sagte er. »Wie finden Sie da das passende Buch, falls ein Kunde Sie danach fragt?«

Die Frau lächelte. »Gar nicht. Ich jedenfalls nicht. Dafür ist mein Vater zuständig.«

Ihr Vater war besagter Amant, vermutete Isa.

»Vielleicht kann ich euch aber trotzdem helfen«, sagte die Frau. Isa fand sie faszinierend. Ein leichter Sommerduft ging von ihr aus, der so gar nicht zu ihrer gothicartigen Kleidung passte. Ein spannender Widerspruch. Es gefiel ihr, wenn jemand nicht in die gängigen Klischees passte. So wie die alte Dame in ihrer Straße, die Faltenröcke und geblümte Blusen trug, aber statt eines Yorkshireterriers einen massigen Rottweiler als Hund hielt und mit Kopfhörern auf den Ohren herumlief, aus denen deutlich hörbar Heavy Metal Musik drang.

Isa gab Ben, der noch immer die bunten Buchreihen bestaunte, einen Wink. Er besann sich darauf, warum sie hier waren. Er zog die Quittung aus der Spieluhr hervor und reichte sie der Frau. »Das hier stammt aus Ihrem Laden, oder?«

Die Frau faltete das Papier auseinander und studierte es einen Moment lang. »Ja. Das ist die Schrift meines Vaters. Er kauft Bücher auf, aber er ist auch so was wie ein Pfandleiher. Wenn jemand Geld braucht, nimmt er Bücher in Zahlung.« Sie verzog den Mund zu einem halb spöttischen, halb verzweifelten Grinsen. »Nicht, dass das ein kluges Geschäftsmodell wäre.«

»Du und deine kapitalistischen Allüren, liebe Mignon«, erklang eine Stimme aus dem hinteren Raum, die in Isas Ohren klang wie das Rascheln sehr alter Buchseiten. Gleich darauf kam ein Mann in einem Rollstuhl in den Verkaufsraum. Er wirkte, als gehöre er zum Inventar dieses ungewöhnlichen Ladens.

»Papa!« Mignon verdrehte die Augen. »Wir fangen jetzt nicht auch noch *vor Kunden* an zu diskutieren.«

Doch der alte Mann schien genau das vorzuhaben. »Warum nicht? Kann ruhig jeder wissen, dass du eine geldgierige Schnepfe bist, die kein Gespür für den wahren Wert von Büchern hat!«

Isa hätte sich beinahe an ihrer eigenen Spucke verschluckt, doch Mignon schien solche Beleidigungen gewöhnt zu sein. Und mehr noch: Ein Glitzern in ihren Augen zeigte, dass sie es genoss, mit ihrem Vater solche Wortgefechte zu führen.

»Und du bist ein verknöcherter alter Gnom, der nicht versteht, wie die moderne Welt funktioniert«, feuerte sie gut gelaunt zurück.

»Muss ich auch nicht.«

»Nein. Du musst nur dafür sorgen, dass dieser Laden hier die Unkosten deckt. Und ein paar alte Taschenbücher als Sicherheit für zweihundert Euro anzunehmen, klingt nicht eben nach einer guten Geschäftsstrategie.«

Aber es klang, als hätte der alte Mann genau das kürzlich gemacht, dachte Isa. Die beiden faszinierten sie und sie hätte ihnen gern noch länger zugehört, aber Ben hatte seine Begeisterung für den Laden jetzt überwunden und war zurück auf Adèles Spur. Er deutete auf die Quittung in Mignons Hand. »Können Sie mir sagen, wer Ihnen gestern dieses Buch verkauft hat?«

Der Alte reckte seinen faltigen Hals. Mit seinem viel zu weiten Hemdkragen, dem riesenhaften Adamsapfel und dem

Kopf, der beim Sprechen rhythmisch zuckte, wirkte er ein wenig wie eine uralte Schildkröte. »Zeig her!«

Mignon reichte ihm die Quittung.

Er studierte sie. »Ah. Adèle.« Sein Blick schoss hoch und heftete sich auf Isa. »Du kamst mir gleich so bekannt vor. Jetzt weiß ich auch, warum. Du bist ihre Tochter, oder?« Er schaute Ben an. »Und wie du aussiehst, bist du ihr Sohn.«

»Dann kennen Sie sie?« Isas Herz begann zu klopfen.

»Schon ewig«, antwortete Monsieur Moreau. »Ich kannte sie schon damals, bevor sie die Stadt verlassen hat. Wie lange ist das jetzt her, Mignon?«

»Woher soll ich das wissen?«

Er warf ihr einen ärgerlichen Blick zu, kommentierte ihren schroffen Tonfall aber nicht weiter. »Adèle war damals eine gute Kundin. Sie las viel und sehr unterschiedliche Sachen. Und sie hat mir oft die Bücher, die sie ausgelesen hatte, gebracht, um sie gegen neue zu tauschen.«

Mignon schnaubte, verzichtete aber diesmal auf einen kritischen Kommentar.

»Sie war gestern her?«, fragte Ben und deutete auf die Quittung, die Moreau inzwischen auf dem Kassentresen abgelegt hatte.

Der alte Antiquar sog die Lippen zwischen seine Zähne. »Ja«, murmelte er. »Ich wusste nicht, dass sie wieder in der Stadt ist, und ich habe mich gefreut, sie zu sehen, auch wenn sie nicht gut aussah.«

»Was meinen Sie damit?«, fragte Isa.

»Sie, nun, sie wirkte sehr traurig«, antwortete der alte Antiquar. »Irgendwie, ja, wie? Verloren! Das ist das Wort, das es am besten beschreibt, denke ich. Verloren. Aber das war sie ja im Grunde zeit ihres Lebens, wenn ich es genau bedenke.«

Ben sah aus, als wüsste er genau, wovon der Mann sprach. Isa sah, wie er die Schultern hängen ließ und die Fäuste ballte und sie ahnte, dass seine Handflächen schweißnass waren. Sie wusste es, weil ihre es auf einmal auch waren. Sie rieb sie an ihren Oberschenkeln, ließ es aber gleich wieder bleiben, weil sie damit nur den dünnen Stoff ihres Kleides verknitterte.

»Haben Sie das Buch noch, das sie Ihnen verkauft hat?«, fragte Ben.

»Natürlich«, antwortete Mignon anstelle ihres Vaters. »Soweit ich weiß, seid ihr die Ersten, die diesen Laden betreten haben, seit Adèle gestern wieder weg ist. Wo hast du das Buch hingetan, Papa?«

»Ich hole es. Moment.« Zwischen all den wackeligen Bücherstapeln wendete er seinen Rollstuhl auf verblüffend geschickte Weise und rollte in den dunkleren hinteren Teil des Ladens zurück. »Wenn ihr wollt, schaut euch doch solange um. Vielleicht findet ja eines meiner Bücher euch«, rief er von dort.

Nicht: *Vielleicht findet ihr ja eines meiner Bücher,* sondern *vielleicht findet eins meiner Bücher euch.* Irritiert über diesen Satz schaute Isa Mignon an. Die lachte trocken. »Mein Vater denkt, dass ein Buch sich seinen Besitzer aussucht, nicht umgekehrt.«

»Wo habe ich das schon mal gehört?«, murmelte Alexander. Er stand so dicht bei Isa, dass sie glaubte, seinen Atem im Genick zu spüren. Sie genoss den angenehmen Schauder, der ihr den Rücken hinunterkroch.

»Oh. Das stammt nicht von meinem Vater«, erklärte Mignon. »Das kommt oft in Büchern vor, in denen Bibliothekare oder Buchhändler eine Rolle spielen. Mein werter Herr Papa kann eben manchmal Realität und Fiktion nicht auseinanderhalten!« Den letzten Satz rief sie nach hinten, um sicher zu sein, dass er es auch ja hörte.

»Ja, ja«, grummelte der Alte, aber es klang nicht ärgerlich, sondern eher freundlich streitlustig.

Mignon deutete auf die vollgestopften Regale. »Seht euch ruhig um. Er weiß mit Sicherheit ganz genau, wo er Adèles Buch hingelegt hat, aber er wird so tun, als müsse er eine Weile danach suchen.« Sie grinste. »Damit seine Bücher Zeit haben zu entscheiden, ob sie zu einem von euch wollen.«

»Danke«, sagte Alexander. Er wandte sich dem Regal mit den dunkelblauen Büchern zu. Ben verschwand in einem der hinteren Räume. Isa hingegen stand einen Moment lang unschlüssig da. Eigentlich hatte sie Lust, wie Ben die Eingeweide dieses sonderbaren Ladens zu erkunden, aber genau wie Alexander zog etwas sie zu den dunkelblauen Büchern. Als sie sich neben ihn stellte, streiften ihre Finger ganz kurz seine. Demonstrativ rückte er ein Stück von ihr ab und die Geschwindigkeit, mit der er das tat, schmerzte.

»Und?«, meinte sie so leichthin, wie sie nur konnte. »Irgendwas, das dich interessiert?«

Als Antwort zog er ein dickes nachtblaues Buch aus dem Regal. Isa musste den Kopf schief legen, um den Titel lesen zu können. Es war eine Sammlung mit mittelalterlichen französischen Märchen. Alexander drehte das Buch um und überflog den Text auf der Rückseite. »Cool. Darin scheint auch die Urversion von *Die Schöne und das Biest* zu sein.«

»Stimmt!« Mignon stand plötzlich hinter ihnen. »Das Märchen ist in der Urform weitaus weniger romantisch als dieser blöde Disney-Film.« Sie musterte Isa, dann wanderte ihr Blick zu Alexander. Ein seltsam wissend aussehendes Lächeln glitt über ihre Lippen. »Aber ich denke, ich lasse euch beiden Turteltauben besser mal in Ruhe.«

»Wir sind ...«

»... keine Turteltauben!« Automatisch beendete Isa den Satz, den Alexander angefangen hatte.

»Nicht? Na, dann.« Hinten im Laden begann ein Telefon zu klingeln. Mignon wartete einen Augenblick, aber ihr Vater schien nicht vorzuhaben dranzugehen. Ein Schatten flog über ihre Miene. »Ich lasse euch mal in Ruhe stöbern und gehe ans Telefon.« Auch die letzten drei Worte sagte sie so laut, dass ihr Vater sie auf jeden Fall hören musste. Mit energisch klackenden Absätzen marschierte sie in den hinteren Teil des Ladens.

Alexander starrte ihr nach. »Für die Dinger braucht sie einen Waffenschein«, murmelte er. Sein Gesicht hatte einen rosigen Ton angenommen, was Isa bei ihm so gut wie noch nie gesehen hatte. Gewöhnlich war er durch nichts aus der Ruhe zu bringen.

»Stehst du auf die?« Sie musste es einfach fragen. Der feine Schmerz, den ihr die Worte verursachten, fühlte sich irgendwie ... willkommen an.

Alexanders Blick zuckte förmlich zu ihr. »Wie kommst du denn darauf?«

»Ach. Nur so. Du bist rot geworden.«

»Bin ich nicht.«

»Doch, bist du.« Tatsächlich wurde er sogar noch ein wenig röter, aber das verschwieg sie ihm besser. Sie grinste ihn an, aber irgendwie fühlte sie sich schon wieder zitterig dabei. Sie dachte daran, wie Alexander sie in ihrem Traum letzte Nacht geküsst hatte. Warum war es auf einmal mindestens zehn Grad wärmer in diesem blöden Laden? Zu ihrer Erleichterung ertönte in diesem Augenblick die Stimme von Monsieur Moreau.

»So. Da bin ich wieder.«

Alexander stellte das Buch mit den Märchen fort und brachte zwei Schritte Abstand zwischen sich und Isa. Ben kam aus dem hinteren Zimmer zurück. Zu dritt versammelten sie sich vor dem Kassentresen, auf den Monsieur Moreau jetzt allerdings zu ihrer Verblüffung kein Buch legte, sondern einen großen, viereckigen Karteikasten aus hellem Holz stellte. »Entschuldigt, dass es so lange gedauert hat.« Er deutete auf den Holzkasten. Eine einzelne gelbe Karteikarte lag obenauf. Er nahm sie zur Hand. Auf der Seite, die Isa von ihrem Standpunkt aus sehen konnte, war sie über und über vollgekritzelt in derselben krakeligen Schrift, die auch auf Adèles Quittung stand. Und als der alte Antiquar die Karte umdrehte, sah Isa, dass auch ihre Rückseite ebenso eng beschriftet war. Oben über all den unleserlichen Einträgen stand ein Name.

Adèle Cevêche.

Isa überlegte einen Moment, ob sie den Nachnamen ihrer Mutter schon einmal irgendwo gehört hatte. Es kam ihr nicht so vor, aber das war ja auch kein Wunder. So selten, wie ihr Vater über Adèle gesprochen hatte.

»Das sind alle Bücher, die eure Mutter mir jemals verkauft hat«, erklärte Moreau. Kurz war Isa versucht, ihn zu fragen, was für Bücher das gewesen waren. Der Wunsch, mehr über ihre Mutter zu erfahren, wurde so stark, dass sie sich über sich selbst wunderte. Bevor sie jedoch den Mund aufmachen konnte, fuhr Moreau schon mit einem Zeigefinger die lange Liste entlang bis zu ihrem Ende. »Also, das Buch, das sie mir gestern verkauft hat …« Er blickte erst Isa an, dann Ben. »Es war ein überaus interessantes Stück! Eine Sonderausgabe von *Tristan und Isolde.* Ledergebunden. Goldschnitt.«

Er pries das Ding ja fast so an, als wolle er es ihnen verkaufen, dachte Isa.

Und tatsächlich: Der Antiquar fuhr eifrig mit seiner Verkaufsstrategie fort, indem er herunterrasselte: »Das Buch stammt aus der Verlagsbuchhandlung Lacroix. Die existierte nur bis in die Achtzigerjahre des 19. Jahrhunderts, müsst ihr wissen. Sie wurden dann von dem berühmten Verlagshaus Flammarion aufgekauft.« Er sagte das so selbstverständlich, als müssten ihnen all diese Namen bekannt sein. »Berühmte Franzosen wie Victor Hugo und Émile Zola haben bei Lacroix veröffentlicht.« Er klatschte in die Hände, dann griff er in die Räder seines Rollstuhls und manövrierte ihn so dicht an Isa vorbei, dass sie zur Seite springen musste, damit er ihr nicht über die Füße fuhr.

»Kommt mit!«, befahl er. Er rollte durch einen Durchgang, bei dem die Tür ausgehängt worden war. An einer der nutzlosen Angeln hatte jemand – Mignon vermutlich – einen geflochtenen Korb aufgehängt, in dem knallbunte Lesezeichen aus Filz zum Verkauf angeboten wurden. Als Moreau an ihm vorbeikam, schlug er gegen den Korb, sodass das Ding gefährlich ins Schaukeln geriet.

»Billiger Tand!«, glaubte Isa, ihn murmeln zu hören.

Danach führte er sie in den hintersten der vollgestellten Räume. Die Bücher hier waren allesamt in Leder gebunden und der Größe nach sortiert, von ganz klein auf Isas linker Seite, über die normal großen an der Wand genau gegenüber, bis hin zu den ganz großen Schinken rechts von ihr. Der Geruch nach altem Papier und Leder war hier fast doppelt so stark wie vorn im Laden.

»Schauen wir mal«, meinte Moreau. »Das Buch müsste sich, hm, ja, hier, oder? Nein, weiter rechts, ja, das scheint mir ... nein, auch nicht.« Er rollte an der Reihe der Regale entlang und spontan fragte Isa sich, wie er an die oberen Regalbretter kam. Die Leiter konnte er wohl kaum benutzen. Wie er stattdessen vorging, erfuhr sie jedoch nicht, denn das Buch, das er suchte, befand sich nur ganz knapp über seinem Kopf. Er zog es heraus. Es war ein handlicher Band, der abgenutzt und speckig aussah. Der Goldschnitt allerdings, der alle drei Kanten des Buches bedeckte, war gut erhalten. Im Licht einer einzelnen, trüben Deckenlampe glänzte er und sah sehr edel aus.

»Bitte sehr.« Mit dem Buch auf dem Schoß drehte Moreau den Rollstuhl zu ihnen um. Er schien sich kurz nicht sicher, wem er es in die Hand drücken sollte, entschied sich dann aber für Isa. »Das Buch deiner Mutter.«

Isa nahm den Band. Er war schwer, so, als sei das verwendete Papier besonders fest und teuer. Sie warf Ben einen Blick zu.

»Bestimmt hat sie uns darin irgendeine Nachricht hinterlassen!« Er hatte die Stimme gesenkt. »Sie legt wirklich eine Spur für uns!« Er wirkte jetzt zappelig. Ungeduldig wartete er darauf, dass Isa das Buch aufschlug, und als sie es endlich tat, betrachteten sie zu dritt seinen Inhalt. Das Vorsatzpapier hatte einen hellen Braunton und irgendjemand musste vor sehr langer Zeit einmal eine Kaffeetasse darauf abgestellt haben. Der Ring war noch zu sehen, wenn auch sehr schwach. Andächtig strich Isa über diesen Ring und ganz kurz blitzte ein Bild in ihrem Kopf auf. *Ihre Mutter an einem Tisch. Eine dampfende Tasse Kaffee vor sich. Ein abwesendes Lächeln in Isas Richtung ...* Isa blinzelte. War das eine Erinnerung? Sie wusste es nicht. Bisher hatte sie nie derartige Bilder gesehen, es war also gut möglich, dass sich ihr Verstand dieses hier einfach nur ausgedacht hatte. Weil sie dieses Rätsel nicht lösen konnte, blätterte sie kurzerhand um, sodass der Schmutztitel zum Vorschein kam.

Adèle Cevêche, stand in Adèles typischer Handschrift in der rechten oberen Ecke der Seite. Mitten auf die Seite hatte jemand anderes eine Widmung geschrieben.

Für Adèle. Ich hoffe, du kannst mir je verzeihen. Naïa.

Jemand hatte diese Worte durchgestrichen, und zwar mit einem mindestens einen Zentimeter dicken, leuchtend roten Strich.

Wie von einem Lippenstift, dachte Isa. Wer um Himmels willen malte mit Lippenstift in Büchern rum?

Die Antwort kam ihr augenblicklich: Menschen, die auf der Rückseite von Fotos Namen ins Papier kratzten. Menschen, die verletzt waren oder zutiefst gestört. Menschen, die Vampirgefühle hatten.

Vampirgefühle?

Das Wort war ihr genauso plötzlich durch den Sinn geschossen wie eben das Bild von ihrer Mutter mit der Kaffeetasse. Was bedeutete es?

Sie hatte keinen blassen Schimmer.

Gemeinsam mit Alexander und Ben folgte sie Monsieur Moreau zurück in den vorderen Verkaufsraum. Der Antiquar legte das Buch auf den Tresen, wo Ben es auf der hinteren Seite aufschlug. Dort hatte Moreau mit Bleistift den Verkaufspreis eingetragen. Mit einem leisen Ächzen zeigte Ben ihn Isa. Der Preis betrug weit über 100 Euro.

»Irgendwie verwunderlich, oder?«, meinte der Antiquar. »Ich meine, wenn eure Mutter wollte, dass ihr das Buch bekommt, warum hat sie es euch dann nicht selbst gegeben? Warum brachte sie es zu mir?«

Tja, dachte Isa. *Vielleicht, weil sie melodramatische Spielchen mit uns spielt?* Auch dieser Gedanke tauchte so übergangslos in ihrem Kopf auf, wie eben dieser seltsame Ausdruck. Vampirgefühle.

»Wir fürchten, dass es ihr gesundheitlich nicht gut geht«, erklärte Ben dem Antiquar. »Das ist auch der Grund, warum wir sie dringend finden müssen. Ich glaube, dass sie sehr verwirrt ist.«

»Verwirrt?« Moreau schien sich zu wundern. »Als Adèle hier war, machte sie auf mich keinen verwirrten Eindruck. Oder, Mignon? Du warst doch auch da. Wirkte Adèle verwirrt?«

Mignon zuckte mit den Schultern. »So genau habe ich sie mir nicht angeguckt.«

Während Isa noch überlegte, was sie nun tun sollten, zückte Alexander seine Brieftasche. »Nehmen Sie Kreditkarte?«, fragte er mit solcher Selbstverständlichkeit, dass Isa ihn am liebsten geküsst hätte.

Sie grub die Fingernägel in das Fleisch ihrer Handflächen.

Moreau nickte, dann jedoch hob er einen dürren Zeigefinger wie ein Ausrufezeichen in die Luft. »Ich mache euch einen Vorschlag.«

»Papa!«, kiekste Mignon empört, aber er ignorierte sie einfach.

»Jeder von euch kauft ein Buch, dann überlasse ich euch *Tristan und Isolde* kostenlos.«

»Papa!« Diesmal schrillte Mignons Stimme regelrecht.

Auch das ignorierte er. Mit weit ausladender Geste wies er umher. »Der Laden gehört euch«, sagte er und lächelte breit.

Ungefähr eine halbe Stunde später verließen sie den Laden mit einer Papiertüte, die Ben in den Händen hielt. In der Tüte befand sich neben dem wertvollen Buch ihrer Mutter ein historischer Roman, dessen Inhalt Isa eigentlich überhaupt nicht interessierte und den sie nur gewählt hatte, weil darauf ebenfalls eine Frau in einem roten Kleid zu sehen war. Alexander hatte sich für ein schmales, in samtweiches schwarzes Leder gebundenes Bändchen mit Gedichten von Baudelaire entschieden. Der Band hatte 80 Euro gekostet, und Isa vermutete stark, dass ihr großer Bruder ihn als kleinen Ausgleich dafür gewählt hatte, dass der Antiquar ihnen Adèles Buch umsonst überließ. Eigentlich mochte Alexander Baudelaire nämlich nicht besonders. Als Viertes schließlich enthielt die Tüte einen Krimi eines norwegischen Thrillerautors, den Ben sich ausgesucht und bei dessen Anblick der alte Antiquar die Nase gerümpft hatte.

»Was glaubt ihr?«, fragte Ben auf dem Nachhauseweg in Alexanders Auto. Er saß auf der Rückbank und war so zappelig, dass seine Füße immer wieder gegen Isas Rückenlehne stießen. Mit einem hörbaren Seufzen wandte sie sich zu ihm um. Er hatte *Tristan und Isolde* aus der Tüte genommen und blätterte es durch. »Vielleicht hat sie in dem Buch ja einzelne Wörter angestrichen, die uns neue Hinweise geben?«

»Wir sind hier doch nicht in einem Spionageroman!«, rief Isa aus.

Beleidigt lehnte Ben sich zurück und verschränkte die Arme vor der Brust.

Alexanders Mundwinkel zuckten belustigt, aber er verzichtete darauf, auch einen Spruch zu machen.

»Interessiert es dich denn gar nicht, Maman kennenzulernen?«, fragte Ben in schmollendem Tonfall, der tief in Isa etwas auslöste. Es fühlte sich an, als sei in ihrer Brust plötzlich ein Schalter umgelegt worden. Ein Schalter, der etwas hinter ihrer Stirn explodieren ließ, das die ganze Zeit dagewesen war und gelauert hatte.

»Nein!«, fauchte sie Ben an. Schlagartig war sie voller Wut und Enttäuschung und noch einer ganzen Menge anderer, verquerer Gefühle, die einfach rausmussten. »Ich will mit Maman nichts zu tun haben! Wir waren ihr bis vor Kurzem egal! Völlig egal, Ben! Und Papa war ihr auch egal! Sie hat ihn verlassen, nicht nur einmal, sondern gleich zweimal. Tante Claire hat gesagt, dass er vor Kummer monatelang krank war, und das hat sie überhaupt nicht gekratzt. Warum soll ich ausgerechnet jetzt froh sein darüber, dass sie wieder da ist und hier irgendwelche bescheuerten Spielchen mit uns spielt? Warum ...« An dieser Stelle brach ihre Stimme. Ein Schluchzen saß in ihrer Kehle fest und im Gegensatz zu all den Worten, die ihr aus dem Mund gepurzelt waren, wollte es einfach nicht rauskommen. Sie glaubte, in einen endlosen Abgrund zu fallen. Rote Flecken tanzten vor ihren Augen, so grell, dass ihr schwindelig davon wurde. Sie versuchte, Luft zu bekommen, aber es ging nicht. Es fühlte sich an, als würde sie durch einen dünnen Strohhalm atmen. »Halt an!«, wisperte sie. Die ganze Welt verschwamm vor ihren Augen. Mist!

Mistmistmist!

Alexander, der ihren Ausbruch mit einem leisen Ächzen kommentiert hatte, lenkte an den Straßenrand. Der Wagen stand kaum, da riss Isa schon die Tür auf und stolperte nach draußen. Sie sprang über einen kleinen Graben, strauchelte, fing sich aber wieder. »Scheiße!«, hörte sie Alexander ausstoßen, dann lief sie mindestens fünfzig Meter weit quer über das Lavendelfeld, das wie zum Hohn leuchtend blau unter der strahlenden Sonne lag.

Schwer atmend hielt sie an, kämpfte gegen die Panik, die

wie aus heiterem Himmel über sie hergefallen war. Mit purer Willenskraft errichtete sie einen Damm um das Gefühl. Ihre Augen brannten. Sie blinzelte gegen die Tränen an und schaffte es tatsächlich, sie zurückzudrängen. Sie würde hier nicht auch noch anfangen zu flennen! Schlimm genug, dass sie eben so ausgeflippt war. Noch schlimmer, dass sie nicht wusste, was genau diese Panikattacke eigentlich ausgelöst hatte.

»Isa?« Alexanders Stimme war ganz leise und behutsam.

Sie drehte sich nicht zu ihm um.

»Komm.« Er berührte sie an der Schulter und das brachte jetzt doch den Damm zum Einsturz, den sie mühsam um das Chaos in ihrer Brust errichtet hatte. Aufschluchzend wirbelte sie zu ihrem großen Bruder herum und warf sich an seine Brust.

Er umfing sie mit beiden Armen, drückte sie an sich. Streichelte ihr den Rücken. »Alles wird wieder gut«, flüsterte er in ihr Haar und das war so absurd, dass ein Lachen durch ihre Traurigkeit und Wut brach. Es fühlte sich seltsam an, irgendwie geisteskrank. Sie ballte beide Fäuste und hämmerte damit gegen Alexanders Brust.

»Maman ist mir egal!«, quetschte sie hervor. Irgendwas Furchtbares, da war sie jetzt ganz sicher, war damals passiert. All die Jahre hatte sie es vergessen gehabt, aber jetzt kehrte es offenbar Stück für Stück zurück an die Oberfläche ihrer Erinnerung zurück. Aber sie wollte sich nicht erinnern! Mehr noch: Sie hatte Angst davor. Richtig heftige Angst sogar.

Was, wenn ihr Vater einen guten Grund dafür gehabt hatte, Adèle aus ihrem Leben zu verbannen?

Alexander stand ganz still. Wenn sie ihm mit ihren Hieben wehgetan hatte, so ließ er sich nichts anmerken. »Ich weiß«, sagte er und es klang wirklich so, als wüsste er um all die

Gedanken, die ihr durch den Kopf taumelten. »Ich weiß.« Seine Lippen berührten sie ganz federleicht an der Schläfe. Sie konnte seinen warmen Atem auf der Haut spüren. Ihre Knie zitterten. Ihr Magen revoltierte.

Und dann – auf einmal – war es wirklich gut. Weil sie begriff, dass sie genau hierhingehörte. In Alexanders Arme. Weil es sich plötzlich anfühlte, als würde sie zusammen mit ihm einfach alles ertragen können.

Als er sie später zurück zum Wagen geleitete, stand Ben wie ein begossener Pudel neben der hinteren Tür. Bevor er etwas sagen konnte, fuhr Isa ihn an: »Halt einfach den Mund, okay?«

»Ist ja schon gut«, murmelte er. »Tut mir echt leid!«

Auf der Rückfahrt zum Weingut versuchte Alexander Ben noch einmal dazu zu überreden, zu seinem Geschichtskurs zurückzukehren, aber auch diesmal weigerte der sich. »Ich lasse Isa doch jetzt nicht allein«, war alles, was er dazu sagte.

Den Rest der Fahrt brachten sie in betretenem Schweigen hinter sich.

KAPITEL 14

Als sie das Gut erreichten, fanden sie Tante Claire in heller Aufregung vor. »Gut, dass ihr da seid!«, rief sie. Sie eilte quer über den Hof auf sie zu, kaum dass sie ausgestiegen waren. »Ich fürchte, ich brauche dringend eure Hilfe!«

Alexander schlug die Wagentür zu. »Was ist denn passiert?«

Tante Claire war gleichzeitig blass und erhitzt, sodass sich ihr Gesicht mit dunkelroten Flecken überzogen hatte. »Ich habe eben einen Anruf von dem Zauberer bekommen, der Morgen auf dem Familienfest auftreten sollte. Er hatte einen Unfall.« Sie wedelte mit beiden Händen in der Luft herum. »Ihm ist nichts Schlimmes passiert, aber er kann nicht kommen. Und jetzt fehlt mir die Hauptattraktion für die Kinder!«

Was natürlich eine Katastrophe war, sich aber angesichts von Isas Panikattacke von eben irgendwie belanglos anfühlte. Ein Teil von Isa wollte sich in ihr Bett werfen und sich die Decke über den Kopf ziehen. Der andere war froh, dass sie sich ablenken konnte. Sie fühlte sich immer noch zitterig und vor allem hatte sie Angst, dass diese Panikattacke zurückkehren würde, aber sie war fest entschlossen, wenigstens ihre Tante das nicht merken zu lassen.

Die raufte sich völlig verzweifelt die Haare. »Das Kinderprogramm ist das Wichtigste auf diesen Festen. Ich weiß nicht, was ich machen soll!«

Alexander warf Isa einen prüfenden Blick zu. »Wenn wir können, helfen wir dir natürlich«, sagte er zu Claire. Die Sonne blinkte auf dem Autoschlüssel in seiner Hand.

»Aber …« Ben verstummte abrupt, als sowohl Alexander als auch Isa ihn warnend ansahen. Hastig zog er den Kopf ein. »Schon gut, schon gut! Was sollen wir machen, Tante Claire?«, fragte er so kleinlaut, dass Isas Stimmung sich schlagartig besserte. Sie mochte es, mit Kindern zu arbeiten, ihnen zum Beispiel das Malen beizubringen oder ihnen vorzulesen. Vielleicht war das ja jetzt genau das, was sie brauchte, um wieder so richtig zu sich zu kommen.

»Wir brauchen irgendein Ersatzprogramm«, sagte Tante Claire.

»Das kriegen wir hin!«, versprach Isa.

Alexander sah sie forschend an, aber sie wich ihm aus. Einige Sekunden verstrichen, dann nickte er. »Gut. Gib einfach Kommandos, dann legen wir sofort los«, sagte er zu Tante Claire.

Die schlug die Hände zusammen. »Gott sei Dank! Danke euch, ihr seid die Besten! Ich habe noch so viel anderes zu erledigen, aber wenn ihr euch um das Entertainmentprogramm für die Kinder kümmert …«

»Machen wir«, unterbrach Isa sie. »Wir brauchen dazu nur den Schlüssel für den Scheunenboden.« Dort oben, das wusste sie noch aus Kindertagen, gab es jede Menge alten Krempel, den man wunderbar benutzen konnte, um damit Sachen zu bauen, sich zu verkleiden oder sich darin zu verstecken.

»Ich hole ihn dir sofort.« Tante Claire verschwand mit eiligen Schritten in Richtung Haupthaus.

Die drei Geschwister wandten sich einander zu.

»Das ist doch ein Trick!«, beschwerte Ben sich. »Sie will uns davon abhalten, nach Maman zu suchen!«

»Glaube ich nicht.« Alexander schüttelte den Kopf. »Auf mich wirkte sie ehrlich verzweifelt.«

Ben schnaubte. »Tante Claire wirkt schon verzweifelt, wenn ihr ein Crêpe in der Pfanne verbrennt.«

Womit er nicht ganz unrecht hatte. »Egal! Ich bin froh über ein bisschen Ablenkung«, sagte Isa. Und das war sie wirklich. Die Panikattacke steckte ihr noch tief in den Knochen.

Und Alexander spürte es natürlich. »Bist du okay?«, fragte er.

»Ja«, log sie und dachte dabei: *Und du?* Laut sagte sie: »Kümmern wir uns um Tante Claires Problem.«

Alexander schien nicht glücklich darüber, dass sie das Thema auf diese Weise beiseitewischte, aber er akzeptierte es. Vorerst zumindest. »Was hast du vor?«, fragte er.

Isa blies sich gegen die Stirn. »Bis das Fest morgen startet, haben wir noch ein paar Stunden. Zeit genug, um ein bisschen zu improvisieren.« *Und eine gute Gelegenheit, mich nicht mehr mit Maman zu beschäftigen,* dachte sie im Stillen. *Wenigstens für eine Weile.*

Der Dachboden von Tante Claires Scheune war ein Paradies für Schatzsucher, das hatte Isa schon als kleines Kind so empfunden. Damals hatten Ben und sie – und später auch Alexander und Sera – manchmal ganze Tage hier oben verbracht, hatten zwischen all den alten Möbeln und dem Krempel Verstecken gespielt oder sich vorgestellt, dass es hinter der Tür des riesigen Kleiderschranks einen verborgenen Zugang zu einem verwunschenen Reich gab, das sie Angria genannt hatten.

Auch jetzt wieder, als Isa mit den beiden Jungs im Schlepptau den heißen, staubigen Dachboden betrat und sich umsah, überkam sie dieses Gefühl, aus der Zeit gefallen zu sein. Hier oben sah es noch genauso aus wie in ihrer Kindheit und allein das hatte etwas Tröstliches.

»Seid mir gegrüßt, Eure Majestät!« Ben verbeugte sich theatralisch vor einer alten Schneiderpuppe. Er hatte sich genau wie Isa an ihre Spiele erinnert. Die Puppe trug noch immer den roten Samtstoff, den Isa und Ben ihr wie einen Umhang um die Schultern drapiert hatten, sowie die Krone aus billigem Goldblech, die sie in einer der unzähligen Kisten gefunden hatten. Damals hatten sie sich vorgestellt, dass die Puppe eine verwunschene Prinzessin war, die es aus dem fernen Angria jenseits des Kleiderschranks hierherverschlagen hatte.

Jetzt nahm Ben der Puppe die Krone ab und setzte sie sich selbst auf den Kopf. »Ich könnte mit den Kids Theater spielen«, überlegte er laut und sah sich nach den Kisten mit alten Kleidern um, von denen Tante Claire mehrere Dutzend besaß. Während er begann, in ihnen herumzuwühlen, schob Isa sich tiefer zwischen die Stapel aus alten Möbeln. Direkt unter einer schmalen Lücke in den Dachziegeln blieb sie stehen und betrachtete den Sonnenstrahl, der einen goldenen Fleck auf die alten Dielen malte und die Staubkörner in der Luft tanzen ließ. Dahinter lehnte ein altes Gemälde an einem ebenfalls alten Sofa. Aus einem kitschig-überladenen Rahmen heraus starrte Isa ein grimmig aussehender Mann mit streng gescheitelten Haaren, schmalem Oberlippenbart und steifem Kragen entgegen. Seine braunen Augen hatten ihr früher oft einen Schauder den Rücken hinunterlaufen lassen und sie taten es auch heute noch.

»Comte de Brissac wartet immer noch darauf, dass du ihn heiratest.« Alexanders Worte verstärkten den Schauder noch, stellte sie fest.

»Ja«, sagte sie mit einem Lächeln. »Der arme Kerl.« Natürlich hieß der Mann auf dem Bild nicht de Brissac, das war nur der Name, den sie und Alexander ihm gegeben hatten. Damals war Isa neun gewesen und Alexander gerade elf, und sie hatten sich vorgestellt, dass der finstere Typ auf dem Bild ein reicher, aber fieser Adliger aus dem Land Angria war, mit dem Isa gegen ihren Willen verheiratet werden sollte. Alexander war in diesem Spiel immer der verarmte Landbesitzer gewesen, der von de Brissac übers Ohr gehauen worden war und sich nun an ihm rächen wollte. Isa erinnerte sich mit einem Kribbeln im Magen an all die Szenen, in denen Alexander gegen den Comte um sie gekämpft hatte. Meist hatte dabei der arme Ben die Rolle des Bösewichts spielen müssen ...

Gedankenverloren strich Alexander über den Rahmen des Bildes. »Wann haben wir eigentlich aufgehört, diese Spiele zu spielen?«

Isa wusste es. Jahrelang hatten sie alle möglichen Versionen von Prinzessin und Prinz gespielt, auch noch, als Alexander schon fast fünfzehn war und das Ganze albern gefunden hatte. Aber weil sie damals diese Spiele über alles geliebt hatte, hatte er so lange damit weitergemacht, bis sie selbst ihrer überdrüssig wurde. Ungefähr zu dem Zeitpunkt, als sie vierzehn geworden war, musste es dann gewesen sein, dass sie plötzlich alles, was mit Liebe zu tun hatte, kitschig fand. Damals hatte sie angefangen, Bücher von George Sand und anderen Feministinnen zu lesen, und war dadurch auf die Idee gekommen, dass sie den Degen sehr wohl selbst in die Hand nehmen konnte, statt sich von einem Prinzen retten zu lassen. Und je mehr sie las, umso mehr hatten sich ihre Spiele einfach nur noch kindisch angefühlt.

Seltsam, dass das jetzt auf einmal wieder anders war.

Isa dachte daran, wie Alexander sie vorhin auf dem Lavendelfeld im Arm gehalten und vor ihrer Panik beschützt hatte, und jetzt, mit ein bisschen Abstand und in der sonnenvergoldeten Sicherheit dieses Dachbodens, kam ihr dieser Augenblick plötzlich sehr romantisch vor. Es war dasselbe Gefühl, das sie als Kind gehabt hatte, wenn Prinz Alexander den Schurken de Brissac erfolgreich zur Strecke gebracht und sie aus ihrem finsteren Verlies befreit hatte.

Sie lachte auf.

Das war doch einfach nur albern!

»Was hast du?«, fragte Alexander.

Sie wandte den Kopf, sah ihn an. Ihr Herz schlug spürbar in ihrer Brust. »Nichts«, behauptete sie. »Los. Lass uns zusehen, dass wir Tante Claires Fest retten!«

Es war lange dunkel, als sie endlich nach all dem Staub, den Spinnweben und den ganzen Erinnerungen frisch geduscht und todmüde in ihre Betten im Gewächshaus fielen. Obwohl Isa den Abend lang vor kreativer Energie gesprüht hatte, fühlte sie sich auf einmal total erschossen und leer. Gleichzeitig schwirrte ihr der Kopf. Sie überlegte, ob sie noch ein bisschen zeichnen sollte, aber selbst dazu war sie zu kaputt. Ihr war schwindelig vor Erschöpfung, ihre Nase juckte noch immer von dem Staub und alles, was sie wollte, war zu schlafen. Sie würde morgen genug Gelegenheit zum Malen haben, dachte sie und warf einen Blick zu Alexanders Bett hinüber.

Er ging nie schlafen, ohne wenigstens zwei, drei Sätze in sein Notizbuch zu schreiben. Dementsprechend lehnte er am Kopfende, hatte das Buch auf den Knien und schrieb. Sie hätte gern gewusst, was ihm im Kopf herumging, aber Ben hielt sie davon ab, ihn darauf anzusprechen. Ihn beschäftigte etwas ganz anderes.

»Das ist Lippenstift, oder?«, murmelte er.

Sie reckte den Kopf aus der oberen Etage und blickte unter sich, wo Ben auf dem Bauch lag und *Tristan und Isolde* aufgeschlagen vor sich liegen hatte. Dass er jetzt noch Energie besaß, sich mit dem Buch zu befassen!

Als er bemerkte, dass Isa ihn ansah, schaute er zu ihr auf und tippte auf den dicken roten und fettigen Strich, der quer über die Widmung lief. »Lippenstift?«

»Sieht so aus«, antwortete sie.

Ben schürzte nachdenklich die Lippen. »Glaubst du, dass Maman das war?«

Isa dachte an die Unterstreichungen und das Ausrufezeichen, die Adèle förmlich in die Rückseite des Fotos graviert hatte. Sie schien wütend gewesen zu sein, als sie das getan hatte, und es war sehr gut vorstellbar, dass sie die Widmung ebenfalls voller Wut durchgestrichen – und dazu das einzige Mittel benutzt hatte, das zur Hand war. Und wenn es eben ein knallroter Lippenstift war.

Während Isa darüber nachdachte, blätterte Ben in dem Buch hin und her. »Nichts«, hörte sie ihn enttäuscht murmeln. »Keine Nachricht, keine Hinweise. Warum hat sie uns dieses Buch zukommen lassen, wenn es uns keinen neuen Hinweis gibt?«

Isa antwortete darauf nicht.

Alexander schaute kurz von seinem Notizbuch auf, beteiligte sich aber nicht an dem Gespräch, sondern konzentrierte sich wieder auf das Geschriebene.

»Vielleicht ist ja diese Naïa, die ihr das Buch mal geschenkt hat, der Hinweis«, grübelte Ben weiter.

Naïa, dachte Isa. Das war ein seltener Name. Sie hatte ihn noch nie vorher gehört, aber er gefiel ihr.

Mit einem Ruck klappte Alexander das Notizbuch zu. Ben

blätterte weiter in Adèles Buch. Isa streckte sich lang aus und starrte in die Dunkelheit jenseits des Glasdaches. Die Sterne waren von leichten Schleierwolken verdeckt.

Naïa.

Der Name rührte an etwas tief in Alexander, aber er hätte nicht sagen können, woran. Es war so ein Gefühl von Vertrautheit, das sich gleichzeitig elend falsch anfühlte. Kurz glaubte er, in einer Blase aus Schwerelosigkeit – *Wasser?* – zu schweben und den dumpfen Klang einer Stimme zu hören. Aber der Eindruck verging so schnell wieder, wie er gekommen war, und er fühlte sich auch irgendwie … falsch an.

Seit er diesen Flacon mit *Fleur de Lune* in der Hand gehabt hatte, war in ihm Stück für Stück eine Anspannung gewachsen, wie er sie noch nie zuvor gespürt hatte. Es war eine Art Flirren, das seinen Körper ausfüllte, sodass es sich anfühlte, als stünde er unter Strom.

Naïa.

Fleur de Lune.

Mondblume.

Gemma. Was war es gewesen, das seine Mutter ihm am Abend jenes Tages hatte sagen wollen, an dem sie gestorben war? Nach ihrem Tod hatte er lange gebraucht, bis er die Kraft gefunden hatte nachzuforschen, aber niemand hatte auch nur den Ansatz einer Erklärung für ihn gehabt, selbst die wenigen entfernten Verwandten nicht, die Gemma gehabt hatte. Das lag vor allem daran, dass Gemmas Verhältnis zu ihrer Familie schon immer schwer gestört gewesen war. So gestört, dass sie sich allesamt geweigert hatten, Alexander nach Gemmas Tod bei sich aufzunehmen. Weswegen er beinahe in einem Heim gelandet wäre. Wenn am Ende nicht Johann ihn in seine Familie aufgenommen hätte. Womit er dann bei Isa gelandet war ...

Er unterdrückte ein Seufzen. Isa hatte sich auf den Rücken gelegt und versuchte zu schlafen. Er lauschte auf ihren Atem. Auf die Geräusche des nächtlichen Gartens rund um das Gewächshaus. Und auf das Blättern von Ben in Adèles Buch.

Dann schloss er die Augen.

Mondblume.

Friere an dir fest.

Mit jedem Atemzug, den er tat, wuchs das Gefühl, dass etwas auf ihn zukam, dem er nicht ausweichen konnte. Je länger das ging, umso mehr fühlte er sich wie eine Bombe, die bei der leisesten Berührung explodieren würde.

KAPITEL 15

Ganz früh am nächsten Morgen kletterten Isa, Alexander und Ben erneut auf den Scheunenboden und schafften die Dinge nach unten, die sie gestern direkt an der Treppe gesammelt hatten. Bei Isa waren das ungefähr ein Dutzend fast quadratische Holzbretter. Michel, Tante Claires Angestellter, gab ihr eine ganze Batterie Pinsel und verschiedene Abtön- und Lackfarben aus seiner Werkstatt und ließ sich dazu von ihr vier alte Herrenhemden abschwatzen, die sich wunderbar als Malerkittel für jüngere Kinder eigneten. Mit all diesen Dingen errichtete Isa unter der großen Platane im Garten ein Maleratelier, das aber erst richtig etwas hermachte, als Michel ihr auch noch half, aus alten Dachlatten einige Staffeleien zu zimmern.

»Das ist ein würdiger Ersatz für den Zauberer«, sagte Tante Claire anerkennend, als sie kurz vor Beginn des Festes kam, um den Aufbau zu betrachten. »Und auch Alexanders und Bens Stationen sind eigentlich viel schöner als ein eingekaufter Alleinunterhalter.« Sie wirkte sehr zufrieden. Während Isa mit dem Bau der Staffeleien und dem Errichten ihres Ateliers beschäftigt gewesen war, hatte Alexander aus einer alten Holzkiste, die er mit goldener Lackfarbe besprüht und mit Süßigkeiten gefüllt hatte, eine Schatzkiste gebastelt, sie irgendwo auf dem weitläufigen Grundstück versteckt, eine Karte gezeichnet und sie mit einem Feuerzeug kunstvoll angekokelt, sodass sie richtig echt und geheimnisvoll aussah. Und Ben hatte den alten Pavillon im Garten mithilfe einer Kiste voller uralter Klamotten und ein paar staubigen Vorhängen in eine Theaterbühne verwandelt.

Isa hätte sich beide Stationen nur allzu gern im fertigen Zustand angesehen, aber die ersten Kinder mit ihren Eltern trafen bereits ein und sie hatte gerade noch Zeit, sich in Tante Claires alte farbverschmierte Latzhose zu werfen, bevor sie kurz darauf damit beschäftigt war, den kleinen Künstlerinnen und Künstlern zu zeigen, wie man auf leeren Brettern mit ein bisschen Farbe wahre Kunstwerke erschuf.

Den ganzen Tag über herrschte bei ihr ein ständiges Kommen und Gehen, sodass sie kaum Zeit hatte, zur Besinnung zu kommen. Es wurde schon dunkel, da lehnte sie am Stamm der Platane und sah zu, wie ihre letzte Künstlerin, ein kleines Mädchen, das in Michels Hemd geradezu versank, auf ihre Mutter zurannte.

»Guck mal, Maman!«, rief die Kleine. Marie war ihr Name, das hatte sie Isa stolz erklärt. Sie hatte in der vergangenen halben Stunde die gesamte Oberfläche ihres Brettes mit Gold und Pink in einen wolkigen Prinzessinnentraum verwandelt. »Das hab ich gemacht! Wusstest du, dass auch ganz berühmte Bilder wie die Mama Lisa auf Holz gemalt sind?«

Maries Mutter fing ihre Tochter auf, weil diese vor lauter Begeisterung über das viel zu große Männerhemd stolperte, und dann wirbelte sie ihre Tochter einmal im Kreis. Die Kleine juchzte.

Es war dieses Juchzen, das Isa wie ein Boxhieb traf. Plötzlich hatte sie den unbändigen Wunsch, selbst ein Kind in den Armen seiner Mutter zu sein. Sie wollte den Kitzel im Magen spüren, wenn sie herumgewirbelt wurde, und gleichzeitig die köstliche Gewissheit, dass sie ganz und gar in Sicherheit war ... Stattdessen aber empfand sie nur wieder dieses kurze, aber grässliche Gefühl zu fallen. Die Empfindung verging allerdings so schnell, wie sie gekommen war. Auf einmal fühlte Isa sich nur noch müde und traurig. So traurig, dass ihr sogar das Atmen schwerfiel.

Zum Glück bemerkte die Mutter der kleinen Marie nicht, was in ihr vorging. »Die *Mama* Lisa ist auf Holz gemalt?«, fragte sie amüsiert. »Das wusste ich wirklich nicht. Hat diese junge Frau dir das erzählt?« Über Maries Kopf hinweg zwinkerte die Frau Isa zu.

Marie nickte eifrig. »Das ist Isména. Sie hat mir gezeigt, wie man eine Prinzessin malt.« Weil Marie nicht glauben wollte, dass Isa ein richtiger Name war, hatte Isa ihr verraten, wie sie wirklich hieß.

Jetzt erwiderte sie das Lächeln der Mutter. »Marie ist eine richtige kleine Künstlerin.«

»Ja, das ist sie.« Die Mutter strich ihrer Tochter über die hellen, mit Gold und Rosa verschmierten Locken, dann pellte sie sie aus dem bekleckssten Malerkittel. »Vielleicht malst du irgendwann auch mal so ein berühmtes Bild wie die *Mama* Lisa, Schatz.«

»Au ja!« Marie strahlte.

»Wollen wir jetzt mal nach vorn auf den Hof gehen? Ich glaube, da gibt es Hamburger und Würstchen.«

»Au ja!«, rief Marie noch einmal. Dann sagte sie ganz ernst: »Echte Kunst zu malen, ist anstrengend.« Sie war ihrer Mutter schon ein paar Schritte über den Rasen gefolgt, als ihr noch etwas einfiel. Rasch wandte sie sich um, kam zu Isa zurückgerannt und umarmte sie mit ihren kleinen Ärmchen irgendwo auf der Höhe der Hüfte. »Du bist eine tolle Mallehrerin!«

»Hoppla!«, entfuhr es Isa. »Das ist ja süß von dir. Danke schön. Und du bist eine tolle Künstlerin.«

Strahlend wirbelte die Kleine um ihre eigene Achse und rannte ihrer Mutter hinterher. Isa starrte den beiden nach, bis sie an den großen Agaventöpfen vorbei in Richtung Grill verschwunden waren. Hatte Adèle sie früher so herumgewirbelt wie diese Mutter die kleine Marie? Sie wusste es nicht, aber sie spürte auf einmal das Loch in ihrem Herzen, das dort war, wo eigentlich ihre Mutter hätte sein sollen. Es war nicht wirklich ein Schmerz, mehr ein taubes Gefühl, ganz ähnlich wie nach einer Spritze beim Zahnarzt. Man wusste, dass unter dem gefühllosen Kribbeln ein bohrender Schmerz saß, aber man spürte ihn nicht. Doch man ahnte: Wenn die Betäubung nachließ, würde der Schmerz kommen. Tief atmete sie durch.

»Du siehst ganz schön mitgenommen aus.«

Froh über die Ablenkung von ihren trüben Gedanken wandte sie sich um. Vor ihr stand Pascal. Er trug wieder seine Badeshorts und ein körperbetontes T-Shirt, aber heute hingen ihm die Haare nass und wirr in die Stirn.

»Bin ich nicht«, erwiderte Isa. Es ging ihn gar nichts an, wie sie sich fühlte. »Warst du schwimmen?«, brachte sie das Gespräch auf ihn.

Er schien das gut zu finden. »Meine Family und ich dachten, wir gehen dem Trubel hier lieber aus dem Weg. Wir haben eine Kajaktour auf der Durance gemacht.«

Klar. Typen wie Pascal gingen nicht in ein langweiliges Schwimmbad, wo sie zwischen Kleinkindern in einem Betonbecken ihre Bahnen zogen. Eine Fahrt auf einem Wildwasserfluss musste es sein. Mindestens.

Warum reagierte sie eigentlich so zickig auf Pascal? Sie kannte ihn ja überhaupt nicht. Allerdings hatte sie auch keine Lust, ihn näher kennenzulernen.

»Cool«, meinte sie darum betont halbherzig.

Er schien ihren Mangel an Begeisterung nicht zu bemerken. »Ja. Hat voll Spaß gemacht. Und du? Du musst völlig erschossen sein nach einem ganzen Tag Babysitting.« Sein Blick glitt über die Staffeleien, über die halb leeren Farbtuben und die dreckigen Pinsel, die überall herumlagen. Sogar das Gras hatte eine Menge Farbe abbekommen, sodass der Boden selbst wie ein modernes Kunstwerk wirkte.

Isa bückte sich nach einem der Pinsel. »Geht so.«

»Meine Eltern haben frischen Fisch gekauft, den wir gleich grillen wollen. Hast du nicht Lust, zu uns zu kommen? Wir könnten …«

»Danke«, fiel Isa ihm ins Wort. »Ich glaube, dazu bin ich doch zu erschossen. Ein andermal vielleicht.«

Pascal machte ein enttäuschtes Gesicht, überspielte es aber sofort, indem er Isa breit angrinste. »Du verpasst was. Ich mache sensationelle Sardellenpaste.«

»Glaube ich dir. Aber trotzdem …«

»Schon verstanden.« Pascal deutete in die Richtung, in der die Ferienwohnung seiner Familie lag. »Ich fürchte, ich muss dann mal …«

»Schönen Abend noch.« Isa begann, auch die anderen Pinsel aufzusammeln.

Pascal stand noch einen Moment lang unschlüssig da, dann ging er davon. Isa schaute ihm nicht nach. Stattdessen musste sie beim Aufheben eines breiten Quastenpinsels lächeln. Gegen Mittag hatte sie einen wahren Höllenstreit zwischen zwei Jungs schlichten müssen, die sich um genau diesen Pinsel gestritten hatten. Außerdem hatte sie einen anderen Jungen getröstet, dem das Wasserglas über das Bild gekippt war. Und den ganzen Tag über hatte sie mindestens hundert Geschichten über berühmte Maler erzählt.

»Der steht auf dich!« Alexanders Stimme war um einiges tiefer als die von Pascal. Und sie kam aus Richtung Terrasse.

Isa richtete sich auf. Ihr großer Bruder stand an einen Pfosten gelehnt da und wirkte, als habe er sie schon eine ganze Weile beobachtet. Eine rote Schärpe, die er über seiner schwarzen Jeans und dem schlichten, ebenfalls schwarzen T-Shirt trug, wiesen ihn als Piratenkapitän aus, der bis eben erfolgreich Schatzkisten gesucht hatte. Als ihre Blicke sich trafen, stieß er sich von dem Pfosten ab und kam näher.

»Ich aber nicht auf ihn«, erwiderte Isa und fragte sich, ob Alexander da eben tatsächlich eifersüchtig geklungen hatte.

»Gut.« Sein Blick ruhte schwer auf ihr. »Du hast da was.« Mit dem Zeigefinger deutete er auf seine eigene Wange. Sie konnte sehen, wie sich sein Brustkorb hob und senkte.

Mit dem Handrücken wischte sie sich sonnenblumengelbe Farbe aus dem Gesicht, dann senkte sie den Blick, schaute an sich hinunter. Sie sah aus, als hätte man sie in einen regenbogenbunten Farbtopf getunkt.

»Warte, da ist noch was.« Alexander zog ein rot getupftes Bandana aus der Hosentasche, das er vorhin als Piratenkopftuch getragen hatte. Mit dem Tuch wischte er Isa über die Wange und weil sie unwillkürlich den Kopf zur Seite drehte, legte er ihr die andere Hand unter das Kinn, sodass sie ihm nicht mehr ausweichen konnte. »Halt still!«, befahl er.

Seine Berührung fühlte sich an wie ein Stromstoß, der die Fledermäuse in ihrem Magen dazu brachte, wie wild herumzuflattern. Weil sie kaum aushalten konnte, wie falsch sich das anfühlte, wich sie zurück und rupfte ihm das Tuch aus der Hand. »Danke, das kann ich allein.« Um ihren Worten die Schärfe zu nehmen, schob sie mit einem Lächeln hinterher: »Und? Hat deine Crew den wertvollen Schatz gefunden?«

Er grinste, aber sie konnte ihm ansehen, dass ihre schroffe Reaktion ihn getroffen hatte. Genau wie sie war auch er einen halben Schritt zurückgewichen. »Die versammelten Piraten und Freibeuter von St. Malo haben ihre Mission erfolgreich beendet und sich die Bäuche mit Schokolade und Gummibärchen vollgeschlagen.« Er ächzte leise. »Ich wünschte allerdings, sie würden jetzt schnarchend in der Ecke liegen, wie sich das für vollgefutterte, betrunkene Seeleute gehört.« Mit dem Kopf wies er auf eine Gruppe Kinder, die bewaffnet mit Holzstöcken und Spielzeugschwertern laut johlend um die Ecke gepest kamen. Mehrere schokoladeverschmierte Gesichter legten Zeugnis davon ab, wie ergiebig der Schokoladenschatz gewesen war, den Alexander für sie versteckt hatte.

»Captain, mein Captain!«, rief der größte der Jungen, als er Alexander sah. Er blieb so abrupt stehen, dass die anderen von hinten auf ihn aufliefen. Es wirkte sehr lustig, wie die ganze Bande sich in einem Knäuel aus Armen und Beinen verhedderte, wie einer der Knirpse brüllte »Den roten Erik rempelt niemand ungestraft an!« und wie alle dann, einem Rudel junger Hunde nicht ganz unähnlich, weitertobten.

»Captain, mein Captain?«, fragte Isa amüsiert.

Diesmal grinste Alexander breit. »Kein Piratenfilm, ich weiß. Aber was Besseres ist mir nicht eingefallen.«

Sie wusste, dass er *Der Club der toten Dichter*, den Film, aus dem dieses Zitat stammte, liebte. Sie hatten ihn mindestens vier oder fünf Mal gemeinsam auf Alexanders Tablet angeschaut und dabei Seite an Seite auf seinem Bett gesessen und Chips gefuttert. Die Erinnerung daran, wie selbstverständlich Alexander an diesen Abenden den Arm um sie gelegt hatte, machte sie schon wieder befangen. »Du bist der perfekte Kinderentertainer«, murmelte sie.

»Du doch auch.«

»Na ja. Ich fürchte, ich habe einem Jungen erzählt, dass van Gogh sich ein Ohr abgeschnitten hat. Der Kleine ist heulend zu seiner Maman gerannt.«

Alexander lachte auf. »Oha!«

»Ja. Danach habe ich nur noch harmlose Malergeschichten erzählt.«

»Deine Malaktion jedenfalls fanden die Kids toll.« Offenbar wusste Alexander nicht, was er noch sagen sollte. Für ein paar Sekunden entstand eine peinliche Stille, während der Alexander den Blick über den Rasen wandern ließ. Tante Claires Grundstück hatte den ganzen Tag lang von Menschen nur so gewimmelt, leerte sich jetzt jedoch langsam. Die Sonne war hinter dem Haupthaus verschwunden und die Luft hatte einen samtigen Schimmer.

Isa hielt den Atem an und wünschte sich, dass Alexander sie wieder ansehen würde. Das tat er auch und für zwei lange Sekunden versanken ihre Blicke ineinander. Allerdings nur bis aus dem hinteren Teil des Gartens aus dem Mund eines Kindes ein lautes »Stirb, du Schurke!« ertönte und gleich darauf ein lang gezogener, übertrieben gequälter Schrei.

Isa musste lachen. »Klingt, als hätten die Kinder bei Ben noch ziemlichen Spaß!« Der Bann war gebrochen.

Alexander stimmte in ihr Lachen ein, aber er klang nicht so fröhlich, wie er sollte. Eher verwirrt.

Gemeinsam gingen sie zu dem alten, auf antik gemachten Pavillon, Bens improvisierter Theaterbühne. Als sie jetzt jedoch die Hecken umrundeten, bot sich ihnen ein so absurder Anblick, dass sie beide wie angewurzelt stehen blieben.

Die alte Seemannskiste, die sie zu dritt nur mühsam vom Dachboden der Scheune geschleppt hatten, enthielt lauter

Kleider, Schuhe und allerlei Accessoires aus den 1920er-Jahren: Federboas, Glasperlenketten, die man sich viermal um den Hals schlingen konnte und die einem immer noch bis zu den Füßen reichten, Stirnbänder mit bunten Federn, ellenbogenlange Handschuhe und vieles mehr. Allerdings hatten die Kinder, die den Pavillon umringten, sich offenbar dafür entschieden, ein Duell nachzuspielen. Eine winzige Person in einem langen dunkelgrünen Kleid hatte sich eines der Holzschwerter von Alexanders Piratencrew ausgeliehen und Ben damit niedergestreckt.

Der trug ebenfalls eines der Kleider, dazu die Krone, die er gestern der Schneiderpuppe auf dem Dachboden abgenommen hatte, und eine farblich überhaupt nicht zu dem Kleid passende Federboa um den Hals geschlungen. Vor allem aber lag er mit weit ausgebreiteten Armen und Beinen auf dem Rücken, die Spitze des Schwertes auf der Brust und sowohl Augen als auch Mund so weit aufgerissen, als habe er soeben einen überaus qualvollen Tod gefunden.

Zwei kleine Mädchen, die die Szene betrachtet hatten, kicherten vor sich hin. Die grün gekleidete Miniamazone jedoch schien sich auf einmal nicht mehr so ganz sicher, ob Ben noch am Leben war. Mit ziemlich ängstlicher Miene nahm sie das Schwert von seiner Brust und als er sich danach immer noch nicht rührte, verzog sich ihr kleines Gesicht bedrohlich.

Alexander reagierte augenblicklich.

Mit zwei langen Schritten war er auf der provisorischen Bühne, reichte Ben die Hand und zog ihn mit einem Ruck auf die Füße. »Aufstehen, Lady Macbeth! Zeit für das Abendessen.«

Stolpernd kam Ben hoch. Das Kleid war ihm zu lang und er musste es ein Stück hochraffen, sodass darunter seine Jeans zum Vorschein kam. Die Krone rutschte ihm über die Augen. Es sah zum Schießen aus.

Alexander kniete sich vor die kleine Amazone hin. »Siehst du? Alles nur Spiel. Wo ist denn deine Maman?« Isas Herz platzte beinahe bei dem Anblick.

Suchend blickte die Kleine sich um und deutete auf eine Gruppe Frauen, die es sich auf ein paar Liegen bequem gemacht hatten und jeweils ein Glas Wein in den Händen hielten.

»Dann ab!«, kommandierte Alexander.

Die Kleine schoss davon und mit ihr zerstreuten sich auch die anderen Kinder, sodass Ben, Alexander und Isa schließlich allein in dem alten Pavillon waren.

»Uff«, machte Ben. »Das war anstrengender als zehn Stunden Schule und ein Marathonlauf zusammen.« Sein Blick huschte einmal an Isa hinab und wieder hinauf. »Schickes Outfit.«

»Das sagt der Richtige«, kommentierte sie mit Blick auf sein schlecht sitzendes Kleid trocken.

Ben raffte das Kleid noch ein Stück höher und drehte eine Pirouette. »Allerliebst, oder?«

Sie lachten gemeinsam und das fühlte sich so gut an, dass sich der befangene Knoten, der sich noch immer in Isas Magen ballte, in Luft auflöste. Sie hob ihre farbverschmierten Hände. »Ich glaube, ich gehe die mal waschen. Wollen wir uns danach was zu essen holen? Ich habe einen Bärenhunger.«

Alexander streifte die Schärpe über den Kopf und rollte sie zusammen. Er nickte, aber sein Blick wirkte ernst und in sich gekehrt dabei.

Ben hingegen strahlte. »Und ich erst!«

Als die drei zu der Stelle auf dem Hof gingen, wo der Grill aufgebaut war, blieb Alexander plötzlich stehen, weil eine ungefähr vierzigjährige Frau ihn ansprach. Während er sich mit ihr unterhielt, gingen Isa und Ben weiter, zu Tante Claire, die persönlich am Grill stand und alle, die bei dem Fest geholfen hatten, mit knusprigen Bratwürstchen versorgte. Ihre Wangen waren gerötet und sie strahlte. »Das war ein voller Erfolg!«, rief sie den Geschwistern entgegen. »Ich habe nur begeisterte Rückmeldungen bekommen, vor allem wegen der Kinderaktionen. *Endlich mal nicht der übliche Zauberkram*, hat ein Vater zu mir gesagt.«

Isa blieb vor dem Grill stehen und zwinkerte ihrer Tante zu. »Vermutlich hast du ihm nicht verraten, dass der übliche Zauberkram mit seinem Wagen im Graben gelandet ist.«

Claire lachte laut und fröhlich. »Ich bin doch nicht verrückt! Wollt ihr was essen? Ihr müsst halb verhungert sein.« Sie lud bereits Würste und Fleischstücke auf Teller, bevor die Geschwister ihr überhaupt eine Antwort geben konnten. »Salat ist, glaube ich, nicht mehr viel da, aber dahinten gibt es noch ein bisschen Brot und Soßen.« Sie deutete auf einen Tapeziertisch unter dem Vordach eines Schuppens, in dem man früher einmal die Weinfässer gelagert hatte.

Isa und Ben nahmen sich von dem Brot und jeder einen großen Klecks von Tante Claires selbst gemachter Aioli und setzten sich an eine der Bierzeltgarnituren, an denen nur noch sehr wenige Gäste saßen. Alexanders Gespräch mit der Frau war inzwischen beendet. Isa sah ihn ziemlich nachdenklich neben einem der großen Agaventöpfe stehen und vor sich hin starren. Gleich darauf schien sein Handy zu klingeln. Er nahm es heraus, sprach kurz mit jemandem. Nachdem er aufgelegt hatte, kam er mit dem Handy in der Hand zu Isa und Ben an den Tisch.

»Das war Sera«, informierte er sie. »Sie hat gesagt, dass

Dad morgen von seiner Lesereise zurückkommt und sie gleich übermorgen, ganz früh losfahren wollen. Sie sollten dann irgendwann nachmittags hier sein.«

Tante Claire strahlte. »Wie schön! Die ganze Familie endlich mal wieder vereint!«

Isa zuckte zusammen, weil ihr diese Worte angesichts der Ereignisse der vergangenen Tage ziemlich naiv vorkamen. Im Grunde, dachte sie, waren sie doch hier, weil eben *nicht* die ganze Familie vereint war. Weil Adèle sie damals verlassen hatte und jetzt plötzlich wieder auftauchte und alles durcheinanderwirbelte ... Isa wischte diese Gedanken zur Seite und betrachtete Alexander. Was hatten er und diese ältere Frau zu besprechen gehabt? Es musste etwas Ernstes gewesen sein, denn er wirkte immer noch in sich gekehrt und düster. Sie hätte ihn gern gefragt, was ihn beschäftigte, aber sie hatte nicht das Gefühl, dass es der richtige Moment war, also konzentrierte sie sich auf ihr Essen. Ihre Wurst schmeckte allerdings plötzlich wie Pappe. Sie schob den Teller von sich. Die Gespräche der anderen, die sich hauptsächlich um das Fest drehten, verschwammen im Hintergrund. Isa schluckte. Der Abend war so schön und außer ihr und Alexander schienen alle völlig zufrieden zu sein, sogar Ben. Für eine Weile hatte er Adèle vergessen, er lachte und scherzte mit Tante Claire und wirkte dabei völlig unbeschwert.

Isa sah in Alexanders Richtung. Sie wollte sich auch so fühlen wie Ben. Warum nur ging das plötzlich nicht mehr? Sie wollte nicht schon wieder an ihre Mutter denken oder an die Panikattacke im Lavendelfeld. Sie versuchte, ihre Gedanken auf andere Dinge zu richten, aber das machte es nicht besser, weil sie dann automatisch bei Alexander landete und bei ihren falschen Gefühlen für ihn. Es fiel ihr schwer, so dicht neben ihm zu sitzen, ihn grübeln zu sehen und ihm eigentlich nur sagen zu wollen, dass sie so dämlich gewesen war, sich in ihn zu verlieben ... Verflixt! Wann war nur ihr Leben so schrecklich kompliziert geworden?

Als sie die Anspannung nicht mehr aushielt, stand sie auf. »Ich bin gleich wieder da«, sagte sie zu den anderen, dann ging sie in Richtung Haupthaus. Sie spürte Alexanders Blick in ihrem Rücken, aber zu ihrer Erleichterung kam er ihr nicht nach und so umrundete sie das Haus völlig unbehelligt und betrat den Garten dahinter.

Der Rasen und die alte Platane mit den Staffeleien lagen mittlerweile in Dunkelheit. Nur der Schein von ein paar Laternen, die an der Terrasse des Haupthauses brannten, warf lange Schatten. In der Luft lag noch immer der Geruch der Farben, mit denen die Kinder den ganzen Tag lang ihre Fantasien auf die alten Holzbretter gebannt hatten. Die Erinnerung an die Begeisterung ihrer kleinen Künstlerinnen und Künstler drang durch Isas Betrübtheit und die Müdigkeit, die sie plötzlich empfand. Sie lächelte, aber das machte ihre Traurigkeit nur noch spürbarer. Es fühlte sich an, als würde sie davon eingehüllt wie von einem dicken schwarzen Mantel, der ihre Schultern niederdrückte und in den sie sich gleichzeitig einkuscheln und vor dem Rest der Welt verbergen wollte.

Alexander schaute Isa hinterher, aber es war nicht ihre Gestalt, die er vor seinem geistigen Auge sah, sondern das Gesicht dieser Frau, die ihn vorhin angesprochen hatte. Wie an einer Schnur gezogen, wanderten seine Gedanken zu dem kurzen Gespräch mit ihr zurück. Es hatte völlig harmlos angefangen ...

»Hat Pascal euch das Kästchen gegeben?«, hatte die Frau

ihn gefragt und in diesem Moment hatte er gewusst, dass sie Pascals Mutter war.

»Hat er«, bestätigte er.

Die Frau schien zufrieden. »Das wird die Dame sehr freuen. Sie war ziemlich erpicht darauf, dass deine Geschwister und du das Kästchen bekommt.«

Es dauerte eine Sekunde, bis ihre Worte bei Alexander ankamen. »Dass *ich* das Kästchen bekomme?«, hakte er nach.

Pascals Mutter nickte. »Ja. Sie hat mir mehrfach gesagt: Bitte sorgen Sie dafür, dass ... warte, ja, sie sagte, dass Isména, Benjamin und Alexander es bekommen. Das schien ihr ziemlich wichtig zu sein.«

Alexander konnte es nicht fassen. »Sie hat mich mit erwähnt?«

»Ja. Genau genommen hat sie deinen Namen sogar eigens betont.« Das schien Pascals Mutter erst jetzt aufzugehen. Sie lächelte Alexander unsicher an. »Warum schockiert dich das so?«

Der Antwort auf diese Frage war Alexander ausgewichen. Er hatte sich bei Pascals Mutter bedankt, dann hatte er lange Zeit dagestanden und versucht zu verarbeiten, was er da eben gehört hatte. *Genau genommen hat sie deinen Namen sogar eigens betont,* hatte Pascals Mutter gesagt.

Alexander dachte an den Zettel, den Adèle auf die Schatulle gelegt hatte.

Für all *meine Kinder,* hatte daraufgestanden.

Alexander schloss die Augen. Was hatte das nun schon wieder zu bedeuten?

KAPITEL 16

Eine Weile lang beobachtete Isa die Fledermäuse, die zwischen den Bäumen umherschwirrten wie winzige geflügelte Schatten, die niemals irgendwo anzustoßen schienen. Wie unbeschwert sie wirkten! Federleicht und wendig.

Isa seufzte tief.

»Na? Das klingt ja fast nach Weltschmerz!«

Sie drehte sich um. Pascal stand auf dem Rasen, jetzt in Jeans statt in Shorts. Auf seinem Gesicht lag ein unsicheres Lächeln, so, als wüsste er nicht, ob er näher kommen oder lieber wegbleiben sollte.

Isa machte einen Schritt auf ihn zu. Alles war gerade besser, als hier zu stehen und Trübsal zu blasen – selbst ein Gespräch mit Pascal. »Schon fertig mit Abendessen?«, fragte sie.

Er nickte. Dann hauchte er in die Handfläche und verzog das Gesicht zu einem Grinsen. »Ich fürchte, du musst heute auf einen Kuss von mir verzichten, es sei denn, du stehst auf Knoblauch.«

Sie wusste nicht, wie er darauf kam, dass sie von ihm geküsst werden wollte, aber sie hatte schon öfter mit Typen wie ihm zu tun gehabt. Typen, die sich für unwiderstehlich hielten und keine Ahnung hatten, dass sie sich im Grunde nur lächerlich machten. »Klar«, murmelte sie. »Träum weiter.«

Aus irgendeinem Grund schien er das als Aufforderung zu verstehen. Er kam jetzt näher, so nah sogar, dass Isa den Schritt, den sie eben auf ihn zugemacht hatte, wieder zurückwich. Er bemerkte es nicht. Oder aber, es kümmerte ihn nicht. »Hast du Lust, ein bisschen spazieren zu gehen?«, fragte er.

Isa unterdrückte eine spöttische Bemerkung, irgendwas in der Richtung: *Seit wann gehen coole Typen wie du spazieren?*

»Warum nicht?«, meinte sie nur und wunderte sich ein bisschen über sich selbst. Kurz wanderten ihre Gedanken zu Alexander, aber der war mit seinem eigenen Kram beschäftigt. Was also konnte es schaden, sich ein bisschen mit Pascal zu unterhalten? Das Ganze war schließlich völlig harmlos.

Gleich darauf wanderten sie Seite an Seite durch den dunklen Garten. Es war verblüffend einfach, sich mit Pascal zu unterhalten. Voller Begeisterung erzählte er Isa von ihrem Raftingausflug heute und wie er in einer Stromschnelle beinahe im Wasser gelandet wäre. Die selbstironische Art, wie er davon sprach, gefiel ihr, und spontan beschloss sie, ein wenig netter zu ihm zu sein. Er und seine Familie stammten aus einer kleinen Stadt südlich von Brüssel, er besuchte die vorletzte Klasse eines auf Naturwissenschaften spezialisierten Gymnasiums. Und er interessierte sich für Chemie, ein Fach, das Isa so überflüssig fand wie nur irgendwas. Trotzdem hörte sie aufmerksam zu, wie er erzählte, was er später einmal machen wollte. Viel verstand sie nicht davon, aber immerhin begriff sie, dass er in den Umweltschutz gehen wollte. Das fand sie gut.

Irgendwann ging ihm auf, dass er nur von sich erzählte. »Und du?«, wandte er sich an sie. »Was willst du später mal machen?«

Sie dachte an den Tag, den sie mit den Kindern verbracht hatte. Lehrerin zu werden, konnte sie sich gut vorstellen. Aber eigentlich wollte sie malen. »Keine Ahnung«, antwortete sie. »Vielleicht Künstlerin.«

Er nickte. »Finde ich interessant«, behauptete er.

Sie grinste. »Ja. Ungefähr so interessant wie ich, jeden Tag im Labor zu stehen und in Reagenzgläsern zu rühren.«

»Touché.« Er lachte auf. »Ich hab zu viel von mir erzählt, oder?«

»Ein bisschen.«

»Tut mir leid. Erzähl mehr von dir! Warum seid ihr hier, du und deine Brüder?«

Sie berichtete ihm davon, dass das Weingut seit Langem im Familienbesitz war, und er pfiff anerkennend durch die Zähne. Als er sie fragte, warum ihre Eltern nicht ebenfalls hier waren, presste sie die Lippen aufeinander.

»Vermintes Gelände?«, fragte Pascal.

Es gefiel ihr, dass er das bemerkt hatte. »Ein bisschen.«

»Okay. Dann eben ein anderes Thema. Ich habe gesehen, dass es im Kino gerade den neuen Film mit Pedro Pascal gibt. Den finde ich cool.«

Vermutlich, weil ihr denselben Namen habt, dachte Isa ein wenig belustigt, behielt diesen Gedanken aber für sich.

»Hast du Lust, mit mir zusammen hinzugehen?«, fragte Pascal.

Isa verzog das Gesicht. Eigentlich hatte sie gerade anderes im Kopf als ausgerechnet Kino. »Vielleicht«, gab sie zurück.

Er nickte. »Cool.«

Danach wanderten sie eine Weile lang schweigend nebeneinanderher. Sie durchquerten die Lücke in der Hecke, die zu Bens Theaterpavillon führte. Hierher reichte das Licht der Terrassenlaternen nicht mehr und es war ziemlich finster. Die Vorhänge, mit denen Ben den Pavillon in eine Bühne verwandelt hatte, wirkten im schwachen Licht der Sterne wie aus der Dunkelheit gestanzt. Isa glaubte, den Staub des Dachbodens riechen zu können, der immer noch in den schweren Samtfalten saß.

Pascal blieb stehen.

Sie auch.

Täuschte sie sich oder waren da Schritte hinter ihnen, jenseits der Hecke?

Fröstelnd zog sie die Schultern hoch. Mittlerweile hatte die Nacht sich merklich abgekühlt.

»Frierst du?«, fragte Pascal.

Sie schüttelte den Kopf, aber das schien ihn nicht zu überzeugen.

»Wir können zurückgehen, wenn du willst.«

»Nein, nein, schon okay.«

Diesmal entstand ein befangenes Schweigen zwischen ihnen.

Ein leises Kribbeln überkam Isa, weil die Situation sich gleichzeitig aufregend und irgendwie ... riskant anfühlte. Ein wenig fühlte sie sich genau wie früher, wenn sie auf dem staubigen Dachboden von Tante Claire darauf gewartet hatte, dass der weiße Ritter Alexander kam und sie vor dem fiesen Comte de Brissac rettete. Sie lauschte, tatsächlich schien sich jenseits der Hecke jemand zu bewegen. Alexander?

Bevor Isa darauf reagieren konnte, trat Pascal einen Schritt auf sie zu. Er war ihr plötzlich ganz nah und eigentlich hätte sie das unangenehm finden müssen, denn er machte jetzt tatsächlich den Eindruck, als wollte er sie küssen. Aber da war immer noch dieses Kribbeln. Und dann sah Isa aus dem Augenwinkel eine Bewegung hinter der Hecke. Auf einmal war sie sich ganz sicher, dass es Alexander war, der dort stand. Er war ihr tatsächlich gefolgt. Sie unterdrückte ein Lächeln. Ihr weißer Ritter. Auf einmal musste sie an dieses Gefühl von Geborgenheit denken, das sie gestern gehabt hatte, als er sie auf diesem Lavendelfeld im Arm gehalten hatte. Und in diesem Moment wusste sie, dass sie genau dieses Gefühl wieder haben wollte.

Hier. Und jetzt.

Während sie das dachte, war Pascals Gesicht ihr ganz nahe gekommen. Er merkte, dass sie sich nicht rührte, und klar, das musste er falsch verstehen. Kurz fühlte sie sich von der Situation völlig überrumpelt, vor allem, als Pascals Lippen tatsächlich ihre berührten. Sie stand auch noch starr da, als er die Arme um sie schlang und sein Kuss intensiver wurde.

Los doch!, sandte sie einen intensiven gedanklichen Impuls an Alexander. *Komm endlich und tu was!*

Sie dachte an den Comte de Brissac und daran, wie Alexander aus den Schatten gesprungen war und sie gerettet hatte, und in ihrem Geist verschmolzen Gegenwart und Vergangenheit zu einer Einheit. Plötzlich war sie ganz erfüllt von diesem angenehmen Dramagefühl von damals …

»Hast du sie noch alle?« Alexanders Stimme erklang mitten in Isas Gedanken hinein. Aus dem Augenwinkel sah sie ihn aus den Schatten der Büsche treten. Sie machte sich von Pascal los, der auch sofort zurückwich.

»Ich …«, stammelte er.

Alexander baute sich vor ihm auf. Isa kam er plötzlich größer vor als sonst. »Lass die Finger von ihr«, hörte sie ihn sagen und das Blut rauschte in ihren Adern, während ihr Kopf dachte: *Das fühlt sich nicht so an wie früher. Nicht gut. Nicht angenehm dramatisch.*

Sondern melodramatisch. Peinlich. Einfach nur … falsch …

»Es war …«, setzte Pascal an, klappte den Mund aber zu, ohne zu Ende zu sprechen.

So finster starrte Alexander ihn an, dass er zurückwich. Dann wandte Alexander den Kopf, blickte Isa ins Gesicht.

Mehrere Sekunden vergingen, in denen Isas Herz ganz sonderbar unregelmäßig klopfte. Kurz wünschte sie sich, dass er ihr nun den Arm um die Schultern legen und sie wie in einem kitschigen Film davonführen würde. Dann jedoch kam ihr auch dieser Wunsch albern vor.

Sie wich Alexanders forschendem Blick aus.

Irgendwann schüttelte er einfach nur schweigend den Kopf. Wandte sich ab. Und stapfte durch den finsteren Garten davon.

Isa starrte ihm hinterher.

»Fuck!«, hörte sie Pascal murmeln. »Das tut mir echt leid, Isa, ich …«

»Schon gut.« Sie sah nicht in seine Richtung, sondern immer noch dorthin, wo Alexander verschwunden war, und ihre Beschämung über die dämliche Szene, die sie hier gerade abgezogen hatte, war so groß, dass sie die Fingernägel in ihre Handflächen bohrte.

»Ich glaube, ich gehe dann auch mal«, murmelte Pascal. Gleich darauf war auch er verschwunden und Isa stand wie vom Blitz getroffen in der Dunkelheit des Gartens. Sie wollte begreifen, was da eben geschehen war, aber es ging nicht. Dazu waren ihre Gedanken viel zu verknotet und ihre Gefühle auch.

Tief in ihre eigenen Grübeleien versunken, spazierte sie im Dunkeln hin und her, bis sie an einem Tisch vorbeikam, der nach dem Fest noch nicht aufgeräumt worden war. Tante Claire hatte am Vormittag auf ihm neben allerlei Süßkram auch ihre weltberühmten Kuchen und Kekse aufgebaut. Isa ließ den Blick über die Schüsseln und Teller schweifen. Das süße Büfett war so gut wie geplündert, nur ein paar Gummibärchen lagen noch auf der ehemals weißen Tischdecke und reckten so erbarmungswürdig ihre kleinen Ärmchen in die

Luft, dass Isa nicht anders konnte, als sie von ihrer Einsamkeit zu erlösen und sie in den Mund zu stecken. Sie schmeckten süß und waren sehr weich, weil sie den ganzen Tag in der Sonne gelegen hatten. Auf einem Teller hatten zudem zwei *Cœurs en Chocolat* den Ansturm überlebt, kleine, süße Biskuitherzen, die Tante Claire mit bitterer Schokolade überzog und die einem im Mund zergingen. Bei ihrem Anblick musste Isa lächeln, denn er rief Erinnerungen wach …

Es musste in den ersten Ferien gewesen sein, kurz nachdem Alexanders Mutter diesen Autounfall gehabt hatte. Wie alt waren sie da gewesen? Neun und elf. Am Tag vor ihrer Abreise hatte Tante Claire noch einmal ihre Cœurs en Chocolat gebacken. Alexander hatte zwei Stück davon stibitzt und sie zu Isa gebracht, die auf einer kleinen Mauer im Garten hockte und zeichnete.

»Für dich!«, hatte er gesagt und ihr eines davon gereicht. Dann hatte er sich neben sie auf die Mauer gehockt und sie hatten sich unterhalten. Über dem Gespräch hatten sie beide ihre Kuchen nur einmal angebissen, sie dann zwischen sich auf die Mauer gelegt und völlig vergessen. Erst als die Schokolade sich völlig verflüssigt hatte und zu Boden tropfte, war ihnen die Leckerei wieder eingefallen und sie hatten über ihre Dummheit gelacht …

Jetzt stellte Isa fest, dass sich das Bild der kleinen goldgelben, angeknabberten Biskuitherzen, von denen die Schokolade herunterlief, tief in ihr Gedächtnis eingebrannt hatte – zusammen mit dem vorherrschenden Gefühl aus jener Zeit: warme Sonne auf der Haut, der Geschmack von Schokolade und Kuchen auf der Zunge und die Erkenntnis, dass es eine sehr tiefe, ganz besondere Verbundenheit mit Alexander gab. Sie beide hatten keine Mutter mehr. Zwar war der Grund dafür völlig verschieden, aber trotzdem schuf das eine Nähe zwischen ihnen, die seitdem nie wieder weggegangen war.

Mit einem Anflug von Wehmut, weil sie diese Verbundenheit neuerdings verloren hatte, nahm Isa eines der Herzen von dem geplünderten Festbüfett und biss ab. Heute rief der Geschmack die Empfindungen von damals nicht wieder wach. Ganz im Gegenteil. Das Aroma der Zartbitterschokolade auf ihrer Zunge machte sie plötzlich einfach nur traurig.

Mühsam schluckte sie das Stück Kuchen hinunter, legte den Rest zurück auf den Tellerrand. Diese Anspannung, die zu ihrem Zusammenbruch im Lavendelfeld geführt hatte und die – hoffentlich – auch der Grund für ihr bescheuertes Verhalten eben gewesen war, kehrte mit voller Wucht zurück. Sie atmete tief durch.

Dann bemerkte sie, dass sie auf ihrer Wanderung einen weiten Bogen durch den Garten geschlagen hatte und wieder bei dem Pavillon angekommen war. Die Lichterketten, mit denen Ben seine improvisierte Theaterbühne geschmückt hatte, waren jetzt wieder eingeschaltet. Alexander saß auf dem Rand des Pavillons, ließ die Beine baumeln und starrte so gedankenverloren in die Dunkelheit, dass Isa am liebsten auf dem Absatz kehrtgemacht hätte.

Alexander jedoch hatte sie gehört. Er wandte den Kopf. »Komm ruhig«, sagte er.

Zögernd trat sie näher. In der Luft über ihren Köpfen tanzten winzige Lichtpunkte. Glühwürmchen, die gegen das Funkeln der Lichterketten allerdings matt wirkten. Isa erwartete, dass Alexander ihr Vorwürfe machen würde, weil sie sich von Pascal hatte küssen lassen, aber das tat er nicht.

»Früher haben wir mit Decken und Lichterketten Höhlen gebaut«, sagte er. Auch er klang wehmütig.

Trotzdem hätte sie bei dem Gedanken beinahe lächeln müssen, doch dazu war gerade einfach nicht der richtige Moment. »Du hast Ben und mir dann Gruselgeschichten erzählt und ich habe mir vor Angst fast in die Hose gemacht.« Zögernd, weil sie fürchte, ihm zu nahe zu treten, setzte sie sich neben ihn auf den Rand des Pavillons. Warum sagte er nichts? »Aber du hast mich immer vor den Monstern unter meinem Bett beschützt«, fügte sie leise hinzu und die Erinnerungen fühlten sich an, als stammten sie von gestern. Nie hatte er sie ausgelacht, wenn sie sich vor den Monstern gefürchtet hatte. Und anders als ihr Vater hatte Alexander auch nie behauptet, dass es gar keine Monster gab.

Im Gegenteil.

Wenn sie nachts weinend aufgewacht war, dann war er mit seinem Plastikschwert in ihr Zimmer gekommen und hatte die Monster verscheucht. Später dann, als er gemerkt hatte, wie gern sie sich von ihm vor dem Comte de Brissac retten ließ, hatte er für sie, ohne zu murren, den weißen Ritter gespielt. Wieder dachte sie an das Lavendelfeld gestern und wie gut sich seine Umarmung für einen Moment lang angefühlt hatte.

Wie nötig sie genau das jetzt gerade auch gebrauchen konnte! Jemand, der die Monster verscheuchte. Dieses elende Vampirgefühl.

Sie wollte Alexander berühren, aber sie konnte sich nicht bewegen.

»Sag was!«, bat sie Alexander.

Er stieß in einem langen, erschöpften Atemzug Luft durch die Nase aus.

Natürlich wollte er sie fragen, was sie da eben bloß geritten hatte. Sich von diesem Pascal küssen zu lassen, obwohl er doch spürte, dass sie eigentlich in ihn ... Seine Gedanken stockten. Er wollte ihr sagen, dass er ähnlich empfand wie sie offenbar, aber wie schon die ganze Zeit taumelte das durch seinen Verstand, was er soeben von Pascals Mutter erfahren hatte. Ihre Worte überlagerten alles andere.

Adèle hatte nicht nur gewollt, dass Ben und Isa die goldene Kiste erhielten. Sondern auch er. Sie hatte seinen Namen sogar eigens betont.

Alexander dachte an das Gedicht, das seine Mutter ihm kurz vor ihrem Tod gegeben hatte, daran, dass sie ihm etwas sehr Wichtiges hatte sagen wollen. Sie war nicht mehr dazu gekommen ... Mondblume. Naïa. *All meine Kinder* ... Alexander schloss die Augen. War es möglich, dass er tiefer in die Geheimnisse um Isas Mutter verstrickt war, als sie sich träumen ließen? Er wollte Isa genau das fragen, aber er wagte es nicht. Zu vieles steckte darin, vor dem er regelrecht zurückschreckte.

»Hättest du Pascal eine reingehauen?«, hörte er Isa flüstern.

»Herrgott, Isa«, sagte er. »Findest du nicht, dass das ziemlich kindisch ist?«

Sie antwortete nicht darauf.

»Pascal ist nicht der Comte«, fügte er hinzu. »Das hier ist kein Spiel.«

»Ich weiß«, murmelte sie und er hatte das Gefühl, dass es genau das war, das sie umtrieb.

Danach schwiegen sie beide lange.

»Gegen die Monster in uns können wir nur selbst ankämpfen«, hörte er sich sagen.

Eine Fledermaus flog ganz dicht über ihren Kopf hinweg. Täuschte er sich oder gab es danach ein Leuchtpünktchen weniger?

»Die Monster unter dem Bett sind von denen in uns drinnen abgelöst worden«, murmelte sie.

Alexander nickte. »Das nennt man dann wohl Erwachsenwerden«, sagte er.

Ungefähr fünf Minuten noch saßen sie in unangenehmem Schweigen nebeneinander, dann hielt Isa es nicht mehr aus. Sie wollte nur noch in ihr Bett im Gewächshaus, wollte sich die Decke über den Kopf ziehen und irgendwie dieses blöde Schamgefühl loswerden, das sie in seinem Griff hielt. Sie schlief ein, kaum, dass ihr Kopf das Kissen berührte. Sie träumte wirr, aber beim Aufwachen konnte sie sich nicht mehr an den Traum erinnern. Nur ein vages Gefühl von Beklommenheit blieb zurück. Und der verschwommene Eindruck, dass sie gefallen war.

Als sie die Augen aufschlug, war es draußen noch finstere Nacht, doch aus dem Bett unter ihr drang ein Lichtschimmer zu ihr nach oben. Leise schob sie sich über die Kante der Matratze, um nachzusehen, woher er kam. Ben hatte seine Handylampe angeschaltet und blätterte durch Adèles Buch. Der Anblick verursachte Isa einen Stich durchs Herz. Sie rollte sich in die Mitte ihrer Matratze zurück, legte den Unterarm auf die Stirn und starrte gegen die gläserne Decke des Gewächshauses. Der Himmel hatte sich zugezogen, es waren kaum Sterne zu sehen. Nur der Mond schickte silbriges Licht durch den Wolkenschleier und sah dabei wie ein großer, verwaschener Fleck auf einem nachtschwarzen Tischtuch aus. Alexander war mittlerweile auch ins Bett gegangen. Das Geräusch seines Atems drang gleichmäßig und tief zu ihr herüber.

Etwas drängte Isa, zu Ben nach unten zu klettern, aber

gleichzeitig war da eine tiefe Müdigkeit in ihren Gliedern, die nicht von der vielen Arbeit heute bei Tante Claires Kinderfest rührte, sondern von den vielen verschobenen Gefühlen, die sie in sich hatte. Sie schämte sich immer noch für ihr dämliches Verhalten vorhin mit Pascal und war wütend, dass Alexander so sachlich gewesen war.

Das hier ist kein Spiel.

Wie recht er hatte.

Bevor sie es verhindern konnte, entwich ihr ein leises Seufzen.

»Bist du wach?«, flüsterte Ben.

Mist. Eigentlich hatte sie gehofft, er würde es nicht merken. »Ja«, flüsterte sie zurück.

Ben regte sich. Die Metallfedern, auf denen seine Matratze lag, quietschten leise. »Ich kann auch nicht schlafen. Ich muss immerzu an Maman denken.«

Das gab den Ausschlag. Isa schälte sich aus ihrer Bettdecke, schwang die Füße aus dem Bett und kletterte so leise wie möglich zu ihrem keinen Bruder nach unten.

Alexander murmelte etwas in sein Kissen, das nicht zu verstehen war. Isa verharrte kurz, aber zum Glück wurde er nicht wach. In dem matten Schimmer, den der verschattete Mond durch das Gewächshausdach warf, wirkten seine Wimpern schwarz wie das Fell eines Panthers. Sie musste den Blick gewaltsam davon losreißen und sie war froh, als Alexander ihr ihm Schlaf den Rücken zudrehte.

»Rutsch rüber!«, befahl sie Ben, dann schlüpfte sie zu ihm unter die Decke. Sein Körper hatte diese besondere Bettwärme, die sich so unendlich vertraut anfühlte. Wie oft hatten sie so nebeneinandergelegen und im Licht einer Taschenlampe oder eines Handys gelesen?

Wie oft hatte sie genau das Gleiche mit Alexander getan?

Sie knirschte mit den Zähnen. Adèles Buch lag aufgeschlagen auf Bens Kopfkissen. Die Schrift darin wirkte altmodisch, irgendwie gebrochen, so, als hätte jemand die Buchstaben mit der Feder gemalt.

»Und?«, wisperte Isa. »Hast du doch noch irgendwas gefunden?«

Ben schüttelte den Kopf. »Ich wüsste zu gern, was es mit dem Buch auf sich hat«, flüsterte er. »Ich meine: Irgendwas muss sie sich doch dabei gedacht haben, dass sie diese Quittung in der Spieluhr versteckt und uns damit zu Monsieur Moreau geschickt hat.«

Isa strich über den Einband des Buches. *Tristan und Isolde.* Nachdenklich krauste sie die Nase. Sie hatte nur eine vage Ahnung davon, worum es in dieser Geschichte ging.

»Kennst du die Story?«, fragte sie Ben.

Er schüttelte den Kopf. »Aber ich habe schon ein bisschen danach gegoogelt. Offenbar ist *Tristan und Isolde* so was wie die Lovestory der Artussage.«

Lovestory. »Okay …«, murmelte Isa und blies die Wangen auf.

»Der Stoff stammt aus dem Mittelalter und es gibt Dutzende von Versionen, unter anderem wohl auch eine Oper von dem deutschen Komponisten Richard Wagner. Tristan war ein Ritter, der dafür sorgen sollte, dass Isolde sicher zu dem König gebracht wird, den sie heiraten sollte.«

»Lass mich raten: Sie verlieben sich ineinander.« Isa spürte, dass ihre Stimme belegt klang, weil Bens Worte sie an ihre Dachbodenspiele erinnerten, an Comte de Brissac. Und an Alexander …

Sie verscheuchte die Erinnerung und konzentrierte sich auf Ben.

Der grinste, was ein bisschen spooky aussah, weil seine Zähne im Licht der Handylampe bläulich leuchteten. »Ein Liebestrank spielt dabei irgendwie eine Rolle, das habe ich bei dem Wikipediaeintrag nicht ganz kapiert. Jedenfalls geht es hoch her. Krieg. Ein vergifteter Speer, an dem Tristan stirbt. Isolde stirbt am Ende an gebrochenem Herzen. Unhappy End auf allen Ebenen.«

»Hm«, machte Isa und vermied es, zu Alexander hochzuschauen, der nur gut eine Armeslänge entfernt von ihr schlief. Hoffentlich träumte er angenehm. Sie richtete den Blick wieder auf das Buch, blätterte einmal um. Auf der nächsten Seite befand sich ein kolorierter Kupferstich, der eine Frau in einem langen, mittelalterlich aussehenden Gewand und mit langen blonden Zöpfen zeigte – und einen Mann in einer sehr unbequem aussehenden Ritterrüstung. Beide hatten die Gesichter so schmerzlich verzerrt und lehnten sich so sehnsuchtsvoll-zerrissen voneinander weg, dass es in Isas Augen albern aussah. Sie blätterte auf die Seite mit der Widmung und dem wütenden roten Lippenstiftstrich.

Naïa.

Wer war diese Frau? *Tristan und Isolde* ... Warum diese Geschichte?

Isa verfluchte sich selbst, weil sie plötzlich eine Gänsehaut bekam bei dem Gedanken, dass ihre Mutter dieses Buch in den Händen gehalten hatte – genau wie sie selbst jetzt gerade. Gepresst sagte sie: »Ich habe auch keine Ahnung, warum Adèle wollte, dass wir das Buch bekommen.«

»Ich wünschte, du würdest sie nicht immer Adèle nennen.«

Darauf ging sie nicht ein.

»Warum *Tristan und Isolde?*«, murmelte Ben.

»Vielleicht, weil Dad die Geschichte in seinem ersten Roman adaptiert hat.« Alexanders verschlafene Stimme klang ungehalten darüber, dass ihr Geflüster ihn geweckt hatte.

Er hatte Isa immer noch den Rücken zugekehrt. Alles, was sie sehen konnte, war sein Umriss unter der Bettdecke. »*Die Frau in Rot?*«, fragte sie.

»Mhm.«

Was sie auf der Fahrt hierher gelesen hatte. Alexander hatte recht, ging Isa auf. Der Roman ähnelte tatsächlich dem, was Ben gerade über Tristan und Isolde erzählt hatte.

Ben schnaufte leise. »Wenn ich daran denke, wie sie da auf diesem Karussell gesessen hat und lachend im Kreis gefahren ist … Wie verzückt sie aussah.«

Verrückt, so hatte er es letztes Mal gesagt. Radioaktiv.

Einige Minuten lang schwiegen sie und Isa las ein paar Absätze in *Tristan und Isolde.* Die Sprache war geschraubt und schwer verständlich und so gab sie es schnell wieder auf.

»Du willst nicht nach ihr suchen, oder?«, fragte Ben.

Sie zuckte mit den Schultern. Sie wusste nicht, was sie wollte. Sie wusste gerade ja nicht einmal, was sie fühlte!

»Aber warum nicht?«, fragte Ben weiter.

»Vielleicht …«, murmelte Isa und verstummte. »Vielleicht habe ich Angst«, beendete sie den Satz nach einer ganzen Weile.

»Wovor?« Ganz ernst sah Ben sie an und sie war sich Alexanders Gegenwart so sehr bewusst, dass es wehtat. Auch wenn er sich jetzt auf den Rücken gelegt hatte und in die Nacht hinausstarrte, spürte sie seine Aufmerksamkeit auf sich ruhen wie etwas Unsichtbares, das ihn und sie miteinander verband.

»Keine Ahnung«, sagte sie. »Davor, etwas über sie zu erfahren, das ich nicht wissen will?«

»Was sollte das sein?«

Gute Frage, dachte Isa. »Ach, ich weiß es doch auch nicht ...«

»Also, ich finde, es gibt nichts Schlimmeres, als zu wissen, dass sie uns damals nicht wollte«, murmelte Ben.

»Hm«, murmelte Isa, war sich da allerdings nicht so sicher.

»Heute Nacht könnt ihr sowieso nichts machen«, sagte Alexander. »Also wäre ich euch verbunden, wenn ihr jetzt die Klappe halten und schlafen würdet.«

»Lass uns morgen weiterreden«, schlug Ben vor.

»Gute Idee.« Isa schlug seine Bettdecke zur Seite.

»Schlaf gut, Schwesterchen«, sagte Ben.

Sie gab ihm einen Kuss auf die Wange. »Du auch.« Als sie wieder in ihrem eigenen Bett lag, dachte sie an das Foto in der goldenen Schatulle, und an die junge Frau darauf, der sie so unfassbar ähnlich sah. Dann dachte sie an das Gespräch, das sie zwischen ihrem Vater und Tante Claire belauscht hatte. Die Sorge, die die beiden verspürten, weil Adèle plötzlich wieder auf der Bildfläche erschienen war ....

Und schließlich dachte sie wieder an diese bescheuerte Szene vorhin mit Pascal. Sie presste die Zähne aufeinander, bis ein feiner Schmerz durch ihre Kiefer zuckte. Alexander hatte die Augen geschlossen, aber sie wusste, dass er noch nicht wieder schlief. Sie hätte zu gern gewusst, was er dachte.

Und plötzlich, als all die Mosaiksteinchen in ihrem Kopf sich irgendwie neu zusammenfügten, fiel ihr ein, was die richtige Antwort auf Bens Frage gewesen wäre.

Ich habe Angst davor, zu erfahren, dass ich bin wie sie, dachte sie.

KAPITEL 17

Am nächsten Morgen hatte Tante Claire den Frühstückstisch unter der großen Platane im Garten gedeckt, aber sie selbst war schon wieder vollauf mit ihrer Arbeit beschäftigt. Isa konnte sie vor dem Haus Anweisungen an Michel erteilen hören, der irgendwelche Stühle auf den Anhänger des hofeigenen Traktors laden sollte.

Ben, der ein wenig früher aufgestanden war als Isa, biss grinsend in ein Croissant. »Wenn ich mal über fünfzig bin, möchte ich auch solche Energie haben.«

Isa setzte sich zu ihm und goss sich einen Milchkaffee ein, genau in diesem Augenblick klingelte ihr Handy. Jean-Baptiste Aurel war dran, der Historiker, den Isa wegen der Bedeutung des Liedes *Sur le Pont d'Avignon* gefragt hatte. »Hallo, Isa«, meldete er sich. »Ich habe mal ein bisschen nachgeforscht, wie du mich gebeten hast. Also: Ich konnte keine gesicherten Hinweise darauf finden, wo sich das Vergnügungsviertel auf der Insel befand. Offenbar hat es an etlichen Stellen dort immer wieder unterschiedliche kleinere und größere Ansammlungen von Etablissements gegeben. Tut mir leid.«

Isa wollte schon versichern, dass das kein Problem war, aber Jean redete weiter. »Was ich allerdings rausgefunden habe, ist, dass das größte dieser Viertel dort lag, wo sich heute der Campingplatz befindet. Offenbar gab es Anfang des 20. Jahrhunderts an genau dieser Stelle eine Art Festplatz, auf dem Zirkusse und andere Schausteller ihre Zelte aufgeschlagen haben. Wegen dem Campingplatz hat man das Gelände ein

Stück weit nach Osten verlegt. Moment.« Isa hörte Papier rascheln. »Es befindet sich am Chemin des Canotiers. Laut meiner Quelle gibt es dort eine kleine Gedenktafel, die an die alte Brücke und die Tradition, unter ihr zum Tanzen zu gehen, erinnert. Vielleicht hilft euch das weiter?«

»Vielleicht. Danke, Jean.«

»Keine Ursache. Erzählt mir bei Gelegenheit mal mehr von eurer Schulaufgabe, ja?«

Isa war kurz davor, *Welche Schulaufgabe?* zu fragen, bevor ihr einfiel, wie Ben Jean bei ihrem ersten Gespräch über den Grund für ihren Anruf belogen hatte. Sie schluckte. »Machen wir.« Gleich darauf legte sie auf und erzählte Ben, was sie erfahren hatte.

»Diese Gedenktafel!« Ben wirkte elektrisiert von den Neuigkeiten. »Tante Claire hat doch gesagt, dass Papa und Maman sich oft auf dem Platz getroffen haben, wo Adèles Familie gastiert hat. Ist doch möglich, dass das dieser Ort war! Die Gedenktafel! Und vielleicht meinte sie das mit dem Treffpunkt!« Vor Aufregung wirkte er ganz fahrig. Er nahm sich ein Croissant, riss es in zwei Hälften und stopfte die eine im Ganzen in den Mund. »Wir müssen dahin!«, quetschte er an dem Bissen vorbei.

Isa verzog das Gesicht, weil sich ein Krümelregen über den halben Tisch ergoss. »Igitt!«

Mit verlegenem Gesicht wischte Ben die Krümel zu Boden. »Pardon.« Dann warf er den Rest des Croissants auf seinen Teller und sprang auf. Er packte Isa, zog sie auf die Füße und zerrte sie mit sich. Zum Gewächshaus, in dem Alexander noch im Bett lag.

»Die Gedenktafel am Chemin des Canotiers!«, rief Ben, kaum dass er die Tür aufgestoßen hatte.

Alexander, der offenbar nicht mehr geschlafen hatte, hob erstaunt den Kopf. »Hm?« Seine Haare standen ihm wirr vom Kopf ab. Im Gesicht hatte er den Abdruck einer Falte vom Bettlaken.

Isa wandte den Blick ab.

»Jean hat gerade angerufen und erzählt, dass am Chemin des Canotiers der Platz liegt, auf dem die Wanderzirkusse lagern, wenn sie in der Stadt sind«, erklärte Ben Alexander in atemlosen Worten. »Möglicherweise ist das der Ort, an dem Papa und Adèle sich immer getroffen haben. Wenn sie sich mit uns unter der Brücke treffen wollte, meinte sie mit Sicherheit diesen Ort!«

»Okay ...«, meinte Alexander gedehnt. »Glaube ich zwar nicht, aber ihr offenbar. Was habt ihr jetzt vor?«

»Na, Tante Claire weicht uns immer noch aus und Papa kommt erst morgen. Ich sitze hier bestimmt nicht rum und warte darauf, dass die beiden sich herablassen, uns endlich die Wahrheit zu sagen!« Ben schien seine Entscheidung längst getroffen zu haben. »Wir fahren hin! Maman hat gesagt, wir treffen uns unter der Brücke. Sie meinte damit aber nicht die echte Brücke, sondern diese Gedenktafel, an der sie und Papa sich früher auch immer getroffen haben. Ist doch klar! Wir müssen jetzt auf der Stelle dahin, Leute!«

»Logisch«, sagte Alexander trocken. »Denkst du wirklich, sie hockt seit vorgestern immer noch unter dieser Gedenktafel und wartet auf uns?«

Über Bens Gesicht glitt ein Schatten. »Vermutlich nicht. Aber vielleicht lagert ja ihre Truppe auf dem alten Platz, so wie früher, und wir finden sie da.«

»Immer vorausgesetzt, sie wollte sich wirklich dort mit uns treffen, was ich nach ihrem Brief aus der Schatulle irgendwie nicht mehr denke. Aber vielleicht ist das ja auch irgendein Spielchen, das sie mit euch spielt.«

Der Gedanke schien Ben überhaupt nicht zu passen. Er ballte die Rechte zur Faust und schlug damit auf seinen eigenen Oberschenkel. »Ich fahre da jetzt hin, egal, ob ihr mitkommt oder nicht!«

»Womit?«, fragte Alexander. »Mit Tante Claires altem Fahrrad, oder was?«

Es war Ben anzusehen, dass er in Gedanken die Strecke vom Weingut bis nach Avignon überschlug. Er kratzte sich am Kopf, dann grinste er. »Wie wäre es mit deinem Auto?«

»Und ich soll euch fahren, oder wie?«

»Na, wir selbst können es ja noch nicht.«

Alexander schaute Isa an. »Isa?«, fragte er leise.

Sie setzte zu einem Kopfschütteln an, zum einen, weil sie sicher war, dass eine Fahrt zu diesem Treffpunkt nicht das Geringste bringen würde. Vor allem aber, weil sie heute Morgen noch viel weniger Lust darauf hatte, Adèle zu suchen als vergangene Nacht. Dann jedoch sah sie in Bens hoffnungsvolles Gesicht und fühlte sich überrumpelt. Ben wusste genau, dass sie ihm nur schwer etwas abschlagen konnte.

Im Grund hatte sie also überhaupt keine Wahl.

»Würdest du uns beide hinfahren?«, bat sie Alexander.

Sie überquerten die Rhône auf der Pont Édouard Daladier, die in Sichtweite der berühmten Brücke über den Fluss führte. Danach umrundeten sie das Gelände des Campingplatzes, von dem Jean gesprochen hatte. Während Alexander den Wagen an dessen schier endlosem Maschendrahtzaun entlanglenkte, versuchte Isa, sich vorzustellen, wie es hier wohl früher ausgesehen hatte. Als die Bögen der Brücke sich über diesem Land aufgewölbt und sich darunter die bunten Wagen und Zelte von Schaustellern befunden hatten. Wenn sie die Augen halb schloss, konnte sie all das vor ihrem geistigen Auge sehen, sie hörte die Musik, die damals erklungen sein musste, die Flöten und Schellen und die Geigen. Sie hörte das Gelächter der Menschen, die hier getanzt hatten, roch den Duft der Feuer, über dem Fleisch briet, sah die im Kreis wirbelnden Röcke der Frauen und Männer in Ausgehkleidung. Vom Alkohol und Tanz gerötete Gesichter. Pärchen, die hinter Zeltwänden verborgen knutschten …

Sie riss die Augen wieder auf. Blies sich gegen die Stirn.

Direkt hinter dem Campingplatz bog Alexander rechts ab, danach ging es eine schmale Straße entlang und schnurgeradeaus, bis sie linker Hand den Chemin des Canotiers erreichten. Auf beiden Seiten dieser Straße befand sich niedriges Strauchwerk, dahinter lagen Felder mit Sonnenblumen, die um diese Jahreszeit in voller Blüte standen. Das wogende Gelb der Felder flimmerte in der grellen Sonne förmlich vor Isas Augen. Der Geruch von feuchter Erde drang durch die Lüftungsschlitze ins Innere des Wagens und sie sah eine Beregnungsanlage, die das Sonnenblumenfeld besprühte. Ein Regenbogen stand in der Luft und sah fast schon kitschig aus.

»Ich glaube, da ist es!« Ben, der auf dem Rücksitz saß, hatte sich aufgeregt zwischen Alexanders und Isas Sitz hindurch nach vorn gebeugt. Durch die Windschutzscheibe deutete er auf eine große Eiche, die auf der linken Seite an einer Einmündung stand.

Alexander setzte den Blinker und fuhr rechts ran.

Als Isa die Wagentür öffnete, schlug ihr die warme Luft ins Gesicht wie ein nasses Handtuch und sie war froh, dass sie sich auch heute für ihr Kleid entschieden hatte. Wie Alexander es in seiner Jeans aushielt, war ihr schleierhaft. Im Gegensatz zu Ben, der gern und oft Shorts trug, ging ihr großer Bruder niemals in kurzen Hosen in die Öffentlichkeit. Sie betrachtete den Schweißfilm auf seiner Stirn und Oberlippe. Wäre der nicht gewesen, Isa hätte Alexander für ein überirdisches Wesen halten können.

Sie folgte Ben, der schon über die Straße rannte, obwohl Alexander noch nicht einmal die Zündung des Wagens ausgeschaltet hatte. Im Schatten des Baumes schloss sie zu ihrem jüngeren Bruder auf.

Unter der Eiche befand sich sorgsam gestutzter Rasen, auf dem eine Bank stand. Eine große Holztafel, die über der Bank an den Stamm genagelt war, verkündete, dass sich hier ehemals der Festplatz von Avignon befunden hatte. Isa kniff die Augen zusammen, weil die Sonne ungünstig stand und sie blendete. Trotzdem konnte sie, wenn auch einigermaßen mühsam, entziffern, was in kleinerer Schrift noch auf dem Schild zu lesen stand. Es waren exakt dieselben Informationen, die sie von Jean bekommen hatten: dass früher die Vergnügungen unter der Brücke stattgefunden hatten, dass man diese Tafel zum Andenken an jene Zeit errichtet hatte, und zwar in den Achtzigerjahren des letzten Jahrhunderts. Seitdem nämlich fanden die Jahrmärkte und Zirkusse irgendwo draußen vor den Toren statt, in der Nähe einer Autobahnauffahrt. Erneut glaubte Isa, den Sound vergangener Zeiten hören zu können, diesmal hallten Popsongs wie *Thriller* von Michael Jackson zu ihr herüber, dazu das blecherne Tuten und Klingeln von Fahrgeschäften und die verzerrten und echolastigen Stimmen von Anheizern: »Uuuund noch einsteigen und mitfahren, verehrtes Publikum. Gleich geht es loslosloslos …«

Sie sah zu, wie Ben sich hoffnungsvoll im Kreis drehte, gerade so, als sei er vollkommen sicher, dass Adèle hier irgendwo auf sie wartete. Aber außer ihnen und einem Mann in Arbeitskleidung, der in vielleicht hundert Metern Entfernung eine Art Erntemaschine wartete, war niemand zu sehen. Keine Wohnwagen. Keine Zelte. Keine Spur einer Schaustellertruppe.

Isa richtete den Blick auf das Bushäuschen am Straßenrand, das alt und verrottet aussah, aber trotzdem noch in Betrieb zu sein schien. Das Bushaltestellenschild war neu, aber jemand hatte mit silbernem Lackstift verschlungene, rätselhaft aussehende Zeichen auf den Fahrplan gemalt.

Während Isa noch versuchte, all die Eindrücke zu ordnen, war Ben ein paar Schritte in die eine Richtung gelaufen, dann ein paar in die andere. Jetzt stand er wie ein begossener Pudel da. »Sie ist nicht hier«, murmelte er. Er klang nicht nur enttäuscht, sondern regelrecht verloren.

Isa tat es im Herzen weh, ihn so zu sehen. »Ben ...«, sagte sie und wusste nicht weiter. Logisch, dass Adèle nicht hier sein würde. Und trotzdem, das wurde Isa in diesem Moment bewusst, hatte auch sie irgendwie darauf gehofft. Nicht, dass sie Adèle hier unter dem Baum sitzend vorfinden würden, das war ja albern. Aber doch, dass ihre Zirkustruppe gerade hier auf dem Platz gastierte und sie die Chance hatten, sie dort zu treffen.

Aber hier gastierte niemand. Fast trostlos lag das Areal unter der glühenden Sonne und als müsse die Trostlosigkeit noch unterstrichen werden, wehte der Wind winzige Staubteufel in die Luft. Der Mann an der Erntemaschine schlug mit einem Schraubenschlüssel auf irgendein Metallteil. Aus Richtung des Campingplatzes hallte das Geräusch eines hoch aufgedrehten Motorrads zu ihnen herüber, dann war es wieder still. Die Geräusche der nahen Stadt waren nur ein fernes Rauschen, das die Verlassenheit dieses Ortes eher verstärkte als milderte. Es erinnerte Isa an einen Wasserfall.

Für einen Sekundenbruchteil hatte sie wieder dieses Gefühl zu fallen und diesmal fühlte es sich an, als beginne ihr Körper, sich an Dinge zu erinnern, die vor Adèles Verschwinden passiert waren. Fallen ... was hatte das zu bedeuten?

Sie entschied, dass sie das nicht wissen wollte. Und dass sie definitiv erleichtert war, weil sie noch immer keine Spur von Adèle hatten.

Ben jedoch sah das anders. Er hatte beide Arme erhoben, umklammerte seinen Hinterkopf und drehte sich im Kreis, was ihn so verzweifelt aussehen ließ, dass Isa vor ihn hintrat.

»Hey!«, meinte sie.

Er hielt an, starrte ihr ins Gesicht. Sein Anblick zerriss sie fast. Sie wusste nicht, was sie machen sollte. *Lass uns von hier verschwinden!,* wollte sie sagen, aber sie ahnte, dass sie ihm damit sehr wehtun würde.

Alexander hatte – wie immer – einen pragmatischen Vorschlag. »Setzen wir uns erst mal«, sagte er. Weil Ben nicht reagierte, packte er ihn am Arm, bugsierte ihn zu der Bank und drückte ihn darauf nieder. Ben lehnte den Kopf an den rauen Stamm der Eiche.

»Wir finden Adèle«, beruhigte Alexander ihn. Er warf Isa einen stummen Blick zu und es sah aus, als ob er sich bei ihr für dieses Versprechen entschuldigen wollte.

»Wie?«, krächzte Ben. »Du hast sie nicht erlebt. Alexander! Sie ist vor mir weggerannt, als hätte ich ihr was getan. Sie war so, so ...« *Radioaktiv,* hatte er sie vorgestern genannt. »Widersprüchlich«, nannte er sie jetzt. Und dann fügte er hinzu: »Ich weiß nicht, aber je länger ich darüber nachdenke, umso mehr habe ich Angst davor, dass sie sich was antun könnte.« Er beugte sich vor, stützte den Kopf in die Hände und starrte auf den staubigen Boden zwischen seinen Füßen.

Isa fröstelte in der heißen Sonne. Was, wenn er recht hatte? War Adèle selbstmordgefährdet? Aber das war doch absurd! Wenn sie Kontakt mit ihnen aufgenommen hatte, weil sie Hilfe brauchte, warum spielte sie dann dieses unmögliche Spielchen? Warum die ganzen Aktionen mit diesen Briefen, mit den unheimlichen gesummten Reels und den Textnachrichten? Und vor allem mit dieser ominösen goldenen Kiste …?

»Ich bin gleich wieder da«, sagte Isa. Dann lief sie zum Auto. Nachdem sie und die Jungs vorhin entschieden hatten, hierherzukommen, hatte sie sämtliche Gegenstände aus der Schatulle eingepackt, genauso wie das Buch, das sie bei Amant Moreau gefunden hatten. All diese Dinge befanden sich in ihrem Rucksack, der im Fußraum vor dem Beifahrersitz lag.

Zurück bei den beiden Jungs, stellte Isa den Rucksack auf die Bank. Dann packte sie zuerst das Buch aus, danach das Foto, dann die gläserne Spieluhr und das Lavendelsträußchen, das zu ihrem Schrecken mittlerweile ziemlich traurig aussah. Etliche der getrockneten Blüten waren heruntergerieselt. Isa biss sich auf die Unterlippe, weil sie unwillkürlich an diese Rose aus dem Film *Die Schöne und das Biest* denken musste. Wenn das letzte Blatt fiel, starb das Biest … *Albern!*

Sie legte das Sträußchen oben auf die Spieluhr. Als Letztes fischte sie auch noch das Parfümfläschchen zwischen all dem anderen Kram hervor und stellte es oben auf das Buch, damit es nicht durch die Ritzen der Bank fallen konnte.

»Also, Jungs«, sagte sie mit sehr viel mehr Entschlossenheit, als sie empfand. »Denkt nach! Was will sie uns mit all dem Zeug sagen?«

Ein schwaches Lächeln hellte Bens Züge auf.

Mit einer zögernden Bewegung nahm Alexander den Flakon und betrachtete das Etikett darauf. Isa sah einen Schatten über sein Gesicht huschen. Für einen Moment lang wirkte er sehr weit weg, aber dann stellte er den Flakon wieder hin, entschied sich anders und nahm ihn erneut in die Hand. Ein ganz sonderbarer Ausdruck stand in seinen Augen, als er sagte: »Gemma hat dieses Parfüm getragen.«

Es dauerte einen Moment, bis Isa kapierte. »Was?«, flüsterte sie.

Er drehte den Flakon zwischen den Fingern, schwieg.

Isa rann ein Schauder über den Rücken. »Darum bist du ins Bad geflüchtet, als wir die Schatulle ausgepackt haben!« Sie dachte daran, wie blass er gewesen war, auch noch, als er aus dem Bad zurückgekehrt war. Sie war zu sehr mit ihren eigenen Emotionen beschäftigt gewesen, um darauf auch nur einen zweiten Gedanken zu verschwenden. Das beschämte sie jetzt und noch mehr schämte sie sich, als er sein Notizbuch aus der Hosentasche zog und einen zusammengefalteten Zettel herausnahm. Er zögerte, aber dann faltete er ihn auseinander, las, was darauf geschrieben stand.

Isa und Ben saßen wie erstarrt – bis Alexander Isa den Zettel reichte.

Er enthielt ein Gedicht. Isa kannte es, weil Alexander es ihr vor Urzeiten einmal gezeigt hatte, und sie wusste auch, dass er es von seiner Mutter hatte. Natürlich hatte er es all die Jahre aufbewahrt, aber Isa hatte es ihn seitdem nur sehr selten lesen sehen.

Jetzt wurde ihr mulmig, als sie selbst die wenigen Zeilen las. »Friere an dir fest.« Und dann: »Mondblume.« Sie starrte auf den Flakon in Alexanders Hand. *Fleur de Lune.* Das mulmige

Gefühl verwandelte sich, machte einer neuen Empfindung Platz. Es fühlte sich an, als würde die Erde unter ihr schwanken.

»Glaubst du, dass Gemma und Adèle …« Ihr blieb die Luft weg. »Sie kannten sich?«, krächzte sie.

»Tja. Das ist die Eine-Millionen-Euro-Frage.« Erneut stellte Alexander das Parfüm weg, diesmal mit einer energischen Geste, die in Isas Augen aussah, als habe er eine Entscheidung getroffen. Plötzlich wirkte er größer, entschlossener, aber gleichzeitig auch grimmiger. »Vielleicht finden wir es raus, wenn wir Adèle finden.« Er stockte. »Vielleicht finde ich dann ja auch raus, worüber Gemma an ihrem letzten Tag mit mir reden wollte …«

Isa schluckte. Sie nahm das Foto zur Hand. Das leuchtend türkisfarbige Wasser der Sorgue-Quelle hinter Adèle sprang ihr ins Auge, dann wanderte ihr Blick automatisch zu dem Gesicht ihrer Mutter und wieder wurde sie von deren Ausstrahlung gefangen genommen. Sie versuchte, sich vorzustellen, wie Adèle in natura war. Es ging nicht. Mit den Fingerspitzen berührte sie das lachende Gesicht.

Gleich darauf drehte sie das Foto um und betrachtete das gestempelte Fotografenlogo. »Rebecca Hiver, Fontaine-de-Vaucluse«, las sie. Und dann, urplötzlich, war da eine Erinnerung.

»Ben …?«, murmelte sie.

»Ja?« Ben hatte schon wieder seine Blicke hoffnungsvoll umherschweifen lassen, so, als würde Adèle irgendwo aus einer Grube hüpfen, wenn er nur lange genug schaute. Jetzt richtete er seine volle Aufmerksamkeit auf Isa.

»Erinnerst du dich an das Theater, das Papa gemacht hat, als ich mit Nanette nach Fontaine fahren wollte?« Vorletztes

Jahr war es gewesen. Die Familie ihrer Freundin wollte einen Ausflug machen und hatte geplant, Isa mitzunehmen. »Papa war dagegen«, fuhr sie fort. »Wisst ihr noch? Er hat wirklich einen Riesenzirkus gemacht.« Als sie beim Abendessen erzählt hatte, dass der geplante Ausflug nach Fontaine-de-Vaucluse gehen sollte, war ihr Vater regelrecht erbleicht. »Auf keinen Fall fährst du dort hin!«, hatte er gesagt und egal, was Isa vorgebracht hatte – er war bei dieser Entscheidung geblieben.

»Stimmt«, meinte Alexander. »Ich erinnere mich. Du warst stinksauer damals.«

Isa drehte das Foto um und blickte erneut ihrer Mutter ins Gesicht. »Was, wenn sie der Grund dafür war? Vielleicht lebt sie dort und er wollte darum nicht, dass ich hinfahre?«

Einen Moment schwiegen sie alle drei.

»Was also jetzt?«, fragte Alexander.

Ben sprang auf. »Ist doch klar! Wir fahren nach Fontaine-de-Vaucluse!«

Es so ausgesprochen zu hören, verursachte Isa ganz kurz wieder dieses unheimliche Gefühl zu fallen. Sie starrte Adèle auf dem Foto in die Augen. Nicht zu wissen, war manchmal schwerer zu ertragen, als zu wissen, dachte sie. Und vielleicht kam dieses komische Gefühl zu fallen ja genau daher: dass sie keine Ahnung hatte, was damals passiert war.

Sie sah Ben an. Er schaute so hoffnungsvoll, dass ihr davon ganz anders wurde. Dann wandte sie sich an Alexander.

Er schluckte.

»Worauf warten wir?«, sagte Isa.

Fontaine-de-Vaucluse lag am Rande eines Gebirgszugs namens Luberon und sah aus, als hätte ein Architekt den Auftrag bekommen, den idyllischsten Ort der Welt zu entwerfen. Die

Häuser waren aus hellem Stein erbaut, die Gassen eng und malerisch und von uralten Platanen beschattet. Zusammen mit der Sorgue, dem Fluss, der ein Stück weiter oben aus einem Gebirgsmassiv entsprang, schufen die Bäume eine angenehm kühle Atmosphäre, die in einem spannenden Kontrast zu der Hitze ringsherum stand. Leider waren Isa und die Jungs nicht die Einzigen, die den Ort besuchten. Es wimmelte geradezu von Touristen – Menschen aller Nationalitäten, die durch den malerischen Ort schlenderten, in den zahlreichen Souvenirshops einkauften und immer wieder verzückt stehen blieben und den leuchtend grün schillernden Fluss fotografierten.

Nur mit sehr viel Glück fand Alexander eine Lücke auf einem der Parkplätze direkt am Flussufer.

Während Isa und Ben an die Brüstung traten und auf das Gewässer schauten, ging er zu dem etwas abseits stehenden Parkautomaten und zog ein Ticket. Mit leicht säuerlicher Miene kam er zurück. »Das hier sollte besser erfolgreich sein«, beschwerte er sich. »Die Parkpreise sind echt gepfeffert.« Er legte das Ticket hinter die Windschutzscheibe und schloss das Auto ab.

Isa und Ben hatten inzwischen auf Isas Smartphone eine App aufgerufen, die sie zu der Studioadresse von Rebecca Hiver führte. Weit mussten sie nicht gehen: Die Fotografin hatte ihr Atelier direkt an der Hauptstraße des Ortes, gegenüber von einem Haus, das aussah wie eine winzige Festung mit Turm, und direkt neben einem Laden, der förmlich überquoll von billigem Touristenkram. Während der Souvenirladen offenbar den ganzen Tag aufhatte, verkündete ein Emailleschild in Rebecca Hivers Fenster, dass sie sonntags erst um 15 Uhr öffnete. In geschwungenen Buchstaben riet das Schild außerdem noch: *Carpe diem.*

»Carpe diem.« Isa schnaubte. »Toll. Und jetzt?« Bis fünfzehn Uhr hatten sie noch mehrere Stunden Zeit.

»Wir könnten uns irgendwo hinsetzen.« Alexander sah sich um. Ein Stück weit die Straße hinunter lag ein Eiscafé. Er deutete darauf. »Da zum Beispiel.«

»Oder wir nutzen die Zeit und schauen uns an, wo das Foto von Maman gemacht worden ist«, schlug Ben vor.

Isa war drauf und dran, den Kopf zu schütteln. Seit sie in diesem Ort ausgestiegen war, fühlte sie sich unwohl. Sie sah all diese Touristen, die gut gelaunt und braun gebrannt umherstreiften, hörte die Leute lachen und den Fluss leise murmeln, und das alles machte einen idyllischen und harmlosen Eindruck. Und doch keimte da gerade etwas in ihr, eine Gewissheit, dass es ein Fehler gewesen war, hierherzukommen. Sie verspürte eine dumpfe Anspannung, so, als würde hier etwas passieren, das ... ja, was? Ungut war. Genauer bekam sie es nicht zu fassen.

Sie schüttelte sich. Vielleicht sollten sie lieber wieder nach Hause fahren. Sie ließ den Blick die Straße hinunterschweifen.

Und hatte plötzlich das sichere Gefühl, dass sie schon einmal hier gewesen war.

Die Erkenntnis kam so unvermittelt, dass es sich anfühlte, als hätte ihr jemand mit eiskalter Hand ins Genick gefasst. Unwillkürlich ächzte sie. Stützte sich an der sonnenerwärmten rauen Hauswand ab.

Beide Jungs wandten sich zu ihr um.

»Alles okay?«, fragte Ben. »Du bist auf einmal total blass.«

Alexanders Blick lag schwer auf ihr, aber er schwieg.

Eine Frau mit einem kleinen, wie mottenzerfressen aussehenden Hund ging vorbei und warf ihr einen fragenden Blick zu. Der Hund entdeckte eine leere Pommespackung im Rinnstein, blieb stehen, um daran zu schnuppern, doch sein Frauchen zog ihn einfach weiter.

Isa richtete sich wieder auf und atmete tief durch. »Alles gut. Ich hatte gerade nur so was wie ein Déjà-vu.«

»Heißt?«, fragte Ben.

Sie schüttelte den Kopf. Sie fühlte sich so seltsam, dass sie keine Worte für ihren Zustand fand. Vermutlich waren ihre Nerven einfach nur angespannt. »Gehen wir nachsehen, wo das Foto gemacht ist«, willigte sie ein.

Der Weg hoch zur Quelle der Sorgue führte am Ufer flussaufwärts und auch er war gepflastert mit Souvenirläden, kleineren und größeren Imbissständen und Restaurants. Nahezu an jeder Ecke standen Ständer der örtlichen Touristeninformation mit Flyern darin. Alexander nahm sich einen. Im Gehen überflog er den Text.

»Die Sorgue entspringt ein Stück weiter oben in den Felsen«, erklärte er. »Sie fließt danach eine Weile lang unterirdisch und kommt hier wieder an die Oberfläche, wobei sie diesen typischen knallblauen See mitten zwischen den Felswänden bildet.«

Den See, der sich im Hintergrund des Fotos befand.

In Isas Ohren summte es. Die Schatten, die das Laub der Platanen warf, flirrten im hellen Sonnenlicht, sodass ihr ganz schwummerig davon wurde.

Ein japanisches Pärchen, das direkt vor ihnen ging und sich angeregt in seiner eigenen Sprache unterhielt, hielt plötzlich an, um einen besonders schönen Blick auf den Fluss zu genießen. Isa wäre beinahe gegen die Frau gerempelt. Gerade noch stoppte sie. Die Frau drehte sich zu ihr um und entschuldigte sich wortreich und gleich darauf fiel auch der Mann ein.

Isa wehrte ab. »Schon gut! Schon gut. Es war ja meine Schuld.« Warum war ihr auf einmal sogar die Freundlichkeit dieser Menschen unheimlich? Sie folgte den Jungs, die schon ein Stück weiter waren. Mit jedem Schritt wuchs ihr Widerwille, hier zu sein, und als sie die Plattform erreichten, von der aus man einen guten Blick auf das Wasserloch hatte, da wollte sie nur noch weg. Auch hier war es ziemlich voll. Trotzdem schafften Isa, Alexander und Ben es, einen Platz an dem hölzernen Geländer zu ergattern und auf das leuchtend blaue Wasser hinunterzublicken.

»Das sieht echt irre aus!«, entfuhr es Ben.

Isa konnte ihm da nur zustimmen. Man brauchte kaum Fantasie, um sich vorzustellen, wie hier mystische Fantasystreifen gedreht wurden, in denen Feen über dem Wasser schwebten oder Drachen ihr Haupt über die schroff aufragenden Felsen erhoben. Sie selbst allerdings hatte nicht besonders viel übrig für den spektakulären Anblick. Sie ließ ihren Rucksack von der Schulter gleiten und holte das Foto heraus. Prüfend hielt sie es vor sich hin, suchte den Winkel, in dem es aufgenommen worden war. Aber egal, was sie versuchte, es passte einfach nicht.

»Sieht so aus, als hätten sie von dort fotografiert.« Sie wies auf eine Stelle jenseits des Wassers, wo die Felsen in einer Art natürlicher Treppe mit Riesenstufen bis zur Wasserkante hinabführten. Ein Felsdorn ragte genau über dieser Stelle in die Luft und bildete eine mindestens fünfzehn Meter hohe Klippe. Irgendwie musste man dort hinkommen können, denn oben auf dieser Klippe standen ebenfalls Menschen. Suchend sah Isa sich um.

Tatsächlich. Links von ihnen führte ein schmaler Pfad ins Unterholz. Eine Familie mit einem mürrischen Teenager im

Schlepptau kam diesen Pfad gerade entlang. »Ist es hier nicht wunderschön!«, hörte Isa die Mutter rufen.

Ihre Tochter, ein schlaksiges Mädchen, das vermutlich kaum dreizehn Jahre alt war, aber ein verkniffenes Gesicht hatte wie eine uralte Frau, verdrehte nur genervt die Augen.

»Ja«, sagte Ben zu ihr. »Ist echt anstrengend, wenn die Eltern peinlich sind, oder?«

Wenn er gehofft hatte, dass sie ihn dafür anlächeln würde, so sah er sich getäuscht. Unbemerkt von ihren vorausgehenden Eltern zeigte das Mädchen Ben den Mittelfinger.

Alexander lachte auf.

Leicht bedröppelt wartete Ben, bis die Familie den engen Pfad frei gemacht hatte. »Alle mir nach!«, kommandierte er und befand sich schon auf dem Pfad, bevor Isa sich klar werden konnte, ob sie ihm wirklich folgen wollte.

Alexander blieb neben ihr stehen. »Egal, was passiert, ich bin bei dir«, versprach er leise und das zeigte ihr, dass er ganz ähnliche düstere Ahnungen hegte wie sie. Was ihre Anspannung nicht gerade besserte. Im Gegenteil.

Sie hatte das unbändige Bedürfnis, seine Hand zu nehmen und sich an ihm festzuklammern. Sie kämpfte es nieder, auch noch, als er ihre Finger sanft berührte. Mit der Wärme seiner Haut wanderte ein bisschen Zuversicht zu ihr hinüber. Das Gefühl, in ihm einen Beschützer zu haben, auf den sie sich verlassen konnte, wärmte sie innerlich.

Trotzdem unterbrach sie den Hautkontakt, straffte sich. »Also los«, murmelte sie. Dann folgte sie Ben.

Der Pfad führte extrem malerisch, geradezu kitschig rund um das blaue Wasserloch herum. Alexander folgte Isa, die ihrerseits Ben nachlief, und sein Herz klopfte unnatürlich stark.

Nach ein paar Minuten führte der Pfad von dem Wasserloch weg, durch ein Buchenwäldchen mit dichtem Unterholz. Die Äste der Bäume schlossen sich über ihnen und es wurde schattig. Das Geschnatter der anderen Besucher schien in die Ferne zu rücken. In der Luft lag der würzige Geruch von Erde.

Der Pfad führte ziemlich steil aufwärts, vorbei an Felsgruppen, die in die Landschaft geworfen worden waren wie von Riesenhand. Moos zog sich über die halb verwitterten Steine, einmal sah Alexander eine schillernd grüne Eidechse, die vor ihnen in eine Spalte flüchtete. Gleich darauf kam von hinter ihnen Kinderlachen und es störte die magische Atmosphäre empfindlich. Alexander musste an Horrorfilme denken, in denen Kinderlachen immer gruselig klang, und ganz kurz hallte Isas Anspannung in ihm wider.

Sie wurde mit jedem Schritt immer stiller. Ganz offensichtlich wollte sie überall auf der Welt sein, nur nicht ausgerechnet hier. Sollte er vorschlagen umzudrehen? Sie konnten sich immer noch in eine Eisdiele setzen und es sich gut gehen lassen, anstatt hier auf Pfaden zu wandeln, die in die Vergangenheit führten und möglicherweise schmerzhafte Dinge aufrührten.

Habe dich mir unters Schlüsselbein graviert, flüsterte es in seinem Kopf und sonderbarerweise glaubte er, Adèles Stimme zu hören. Bullshit! Er wusste nicht, wie Adèle klang, wenn sie redete, denn bisher hatte er sie nur dieses alte Lied summen hören. Er bildete sich das hier also einfach nur ein, weil er nervös war, weil er Isas Sorge spürte. Er knirschte mit den Zähnen, dann beschleunigte er seine Schritte, um die beiden anderen nicht zu verlieren.

Ben war schon ein ganzes Stück voraus.

Nach der Steigung führte der Pfad noch ein paar Dutzend

Meter geradeaus durch eine Art Tannenschonung und öffnete sich danach auf die Lichtung und eine kleine Aussichtsplattform, die auf der Felsnadel lag.

»Das ist es!«, rief Ben atemlos. »Hier ist das Foto entstanden!«

Tatsächlich zeigte sich die Landschaft an dieser Stelle exakt so, wie sie im Hintergrund des Fotos zu sehen war: Das blaue Wasser lag weit unter ihnen, im Hintergrund ragten schroffe Felswände in die Höhe, eine verkrüppelte Kiefer wuchs aus einer von ihnen.

Isas Schritt stockte kurz, doch dann gab sie sich einen Ruck und trat an das Geländer, das den Abgrund sicherte. Sie legte beide Hände darauf. Und übergangslos wurde sie schrecklich bleich.

Isa wusste nicht, ob es die Aussicht war, die Geräusche und Gerüche rings herum oder etwas ganz anderes, aber was auch immer die Erinnerung anstieß, plötzlich wusste sie ganz sicher: Sie war schon einmal hier oben gewesen!

Genau an dieser Stelle hatte sie gestanden.

Sur le Pont d'Avignon, l'on y danse, l'on y danse …

Sie glaubte, das Lied zu hören, gesungen von einer inzwischen nur allzu bekannten Frauenstimme. Und da war ein Gefühl in ihr, das ihr damals den Atem geraubt hatte und es auch jetzt tat: das Gefühl absoluter, nervenzerfetzender Panik.

Sie krampfte die Hände um das Geländer. Sie war schon einmal hier oben gewesen. Sie hatte das Lied gehört und sie hatte Todesangst gehabt. Wann war das gewesen? Was war damals geschehen? Sie hatte nicht die geringste Ahnung. Und sie wusste auch nicht, wie es möglich war, dass sie sich daran bisher niemals erinnert hatte.

Sie spürte, wie sie anfing zu schwanken.

»Wow. Achtung!« Alexander war bei ihr, legte ihr die Hände auf die Schultern, ließ sie seitlich an ihren Armen runterrutschen und stützte sie. »Ganz ruhig!«

Sie wollte sich an ihm festklammern, aber es ging nicht. So umfassend war die Panik, dass sie sich keinen Millimeter bewegen konnte. Mit Macht rauschte die Todesangst durch ihre Adern, sodass sie sich vorkam wie in ihren unheimlichsten Träumen. Wie im freien Fall. Ihr blieb nichts anderes übrig, als sich an Alexanders ruhige Stimme zu klammern, an das Gefühl von Geborgenheit, das er ausstrahlte, an seinc Sicherheit. Er war ihr Fels. Sie wollte Luft holen, aber es ging nicht. Verzweifelt keuchte sie.

Die Stimme in ihrem Kopf sang und sang.

Sur le Pont d'Avignon, l'on y danse tout en rond …

»Isa!« Alexander rüttelte sie und die Panik verwandelte sich in Verwirrung. Wieso war er bei ihr? Sie kannte ihn doch noch gar nicht. Sie würde ihn erst Jahre später zum ersten Mal treffen und jetzt stand sie hier, am Rand dieser Klippe, das Geländer war hinter ihr – *hinter ihr!* – und der Abgrund befand sich direkt vor ihren Füßen. Sie spürte, wie der Boden unter ihren Füßen bröckelte, wie sie fiel … Nein, sie täuschte sich. Nicht der Boden gab nach, sondern ihre Knie.

Sie sackte in sich zusammen. Wurde aufgefangen. »Ganz ruhig. Ich habe dich.« Alexander zog sie von dem Geländer weg. Sie blinzelte und das Geländer befand sich wie auf magische Art und Weise plötzlich wieder *zwischen* ihr und dem Abgrund. Da begriff sie, dass es eine Erinnerung gewesen war, die sie gesehen hatte, eine Erinnerung so plastisch, dass sie sich für eine Sekunde lang in der Vergangenheit gewähnt hatte. In einer Vergangenheit, in der sie offenbar ganz dicht an der Kante des Abgrunds gestanden hatte ... Aber das hier war nicht die Vergangenheit. Das war die Gegenwart. Sie befand sich hinter – hinter! – dem Geländer, bei Alexander und Ben. Sie war in Sicherheit.

Der bröckelnde Boden unter ihren Füßen, das leise gesungene Lied, der Abgrund, der sie in die Tiefe zu ziehen drohte – all das war so übergangslos fort, wie es aufgetaucht war.

KAPITEL 18

»Junge, Junge, das war ganz schön krass.« Ben blies sich gegen die erhitzte Stirn und warf sich mit dem Rücken gegen die Lehne des filigranen Metallstuhls. Nachdem Isa aus ihrer beängstigend körperlichen Erinnerung zurückgekehrt war, hatte sie von diesem Ort weggewollt. Geradezu gerannt war sie, den Pfad entlang und dann auch den Weg am Flussufer hinunter zurück ins Dorf. Erst hier im Ort war sie einigermaßen zur Ruhe gekommen.

Ihr Herz allerdings jagte immer noch von dieser unerwartet heftigen Panikattacke.

Alexander hatte ein kleines Café ausgewählt und sie an einen der wenigen freien Tische im Freien gelotst. Jetzt saß er auf dem Platz neben Isa, hielt ihre Hände fest und wirkte genau wie Ben reichlich geschockt.

»Verdammt, Isa!«, stieß Ben hervor, nachdem er eine Weile lang darauf gewartet hatte, dass sie auf seine letzten Worte reagierte, es aber nicht getan hatte. Er saß ihr und Alexander gegenüber auf der anderen Seite des Tischchens. »Rede endlich! Was genau ist da eben passiert?«

Alexander warf ihm einen bösen Blick zu, aber Isa spürte, dass auch er es wissen wollte. Seine dunklen Augen waren weit aufgerissen. Sie konnte eine Ader an seinem Hals pochen sehen.

»Papa wollte nie, dass wir hierherkommen.« Das war das Erste, das sie hervorbrachte. Ihre Stimme klang, als müsse sie über ein Reibeisen hinweg. Dünn. Kratzig. Isa rang schon wieder um Atem.

»Er hatte offenbar gute Gründe«, sagte Alexander. Behutsam rieb er ihr die Handrücken mit beiden Daumen. Es half, dass Isa sich besser fühlte, aber seine Fürsorge trieb ihr Tränen in die Augen. Sie hielt sich an seinem Blick fest. Solange sie Alexander in die Augen sah, wagte die Panik sich nicht aus dem Winkel ihres Gehirns, in den Isa sie gesperrt hatte.

Ganz am Rand ihres Blickfeldes bemerkte sie die neugierig-fürsorglichen Blicke einer Frau am Nachbartisch und das machte ihr klar, wie geschockt sie noch immer aussehen musste. Sie sah die Frau mit einer zweiten tuscheln. »Die denken bestimmt, ihr habt mich gekidnappt«, murmelte sie. Es war so ein absurder Gedanke, dass sie lachen musste. Sie krümmte sich, legte die Stirn auf Alexanders Hände.

Er stieß einen unterdrückten Fluch aus. »Du machst mir echt langsam Angst, Isa.« Der Tonfall seiner Stimme, dieses tiefe, ruhige Timbre, verursachte ihr eine Gänsehaut.

Mit einem Ruck richtete sie sich auf, schüttelte die Benommenheit ab. »Ich war schon mal auf dieser Klippe«, erklärte sie.

Alexander nickte. »Ja. Das hast du da oben schon gesagt.«

Echt? Daran konnte sie sich überhaupt nicht erinnern.

»Was genau hast du gesehen?« Wieder hatte Ben diesen drängenden Tonfall. Wieder sah Alexander ihn strafend an, aber Isa konnte verstehen, dass er Antworten wollte. Sie konnte sie ihm allerdings nicht geben. »Keine Ahnung, ehrlich! Da war nur ein total intensives Gefühl von Panik.« Sie schauderte. »Nein. Nicht Panik. Todesangst.« Sie erinnerte sich daran, wie sie sich *vor* dem Geländer stehen sehen hatte. Nur Zentimeter entfernt vom Abgrund. War das wirklich eine Erinnerung gewesen? Oder eher eine Vision?

»War Maman in deiner Erinnerung?«, fragte Ben.

Sie wollte ihm darauf eine Antwort geben, aber auch das ging nicht. Sie lauschte in sich hinein.

»Isa! War Maman Teil von dieser Erinnerung?«

»Schluss jetzt!«, fuhr Alexander Ben an. »Du siehst doch, dass es ihr nicht gut geht.« Unwillkürlich drückte er Isas Hände noch fester.

Eine Kellnerin kam. Ziemlich lange musterte sie erst Isa, dann ihn, die Art, wie Alexander ihre Hände auf den Tisch drückte. Zum Glück hatte Isa mittlerweile ihren Verstand wieder so weit zusammen, um zu bemerken, dass die Frau misstrauisch war. Ohne Alexander die Hände zu entziehen, lächelte sie sie an. »Alles gut. Mir ist nur gerade ziemlich schlecht geworden. Meine beiden Brüder kümmern sich.«

Alexander lehnte sich bei den Worten »meine beiden Brüder« ein Stück von ihr fort.

»Dann ist es ja gut«, sagte die Kellnerin. Mit steinernem Gesicht nahm sie ihre Bestellungen auf: eine Cola für jeden der Jungs und einen Cappuccino für Isa. Die Frau war schon wieder auf dem Weg nach drinnen, als Ben ihr nachrief: »Ach! Bitte bringen Sie mir doch auch noch so einen Eisbecher, wie die Dame an dem Tisch dahinten hat!« Er wies auf ein wahres Ungetüm aus Eiscreme, Sahne und Früchten.

Die vermutlich höllisch teure Bestellung schien die Kellnerin etwas zu versöhnen. Mit weniger verkniffenem Gesicht verschwand sie.

Ben grinste. »Entführer und ihre Opfer essen vermutlich eher selten gemeinsam Eis miteinander.«

Isa lachte. Es klang noch immer gläsern und zitterig, aber immerhin. Sie entzog Alexander die Hände und lehnte sich mit einem Seufzen zurück.

Er ballte die Fäuste, nahm die Hände vom Tisch und verbarg sie auf seinem Schoß. Während sie darauf warteten, dass ihre Bestellung kam, spekulierte Ben wild darüber, was das wohl für eine Erinnerung gewesen war, die Isa oben auf der Plattform angesprungen hatte. Er redete und redete – und hauptsächlich ging es dabei um Adèle. Jedes seiner Worte fühlte sich an, als würde er mit einer Nadel an Isas Nerven entlangfahren.

Sie war froh, als ihr Cappuccino kam und sie sich eine Weile lang dahinter verstecken konnte. Aber während Ben seinen Rieseneisbecher verdrückte, spürte sie, dass er sie nur allzu gern ausgequetscht hätte. Sie lauschte in sich hinein, um zu ergründen, ob sie selbst den Grund für ihre Panik auch erfahren wollte. Sie war sich nicht sicher. Etwas in ihr wollte einfach nur weg von hier. Zurück nach Paris, in ihr altes Leben, das so herrlich unkompliziert gewesen war, bevor Adèles erstes Päckchen angekommen war. Aber da war auch etwas in ihr, das natürlich wissen wollte, was das alles zu bedeuten hatte.

Außerdem: Die Büchse der Pandora war offen. Sie war in dem Moment geöffnet worden, als Isa sich entschlossen hatte, Ben in die Provence hinterherzureisen. Wer A sagte, musste auch B sagen. Dieser ganze, klug-dämliche Scheiß. »Also gut«, seufzte Isa, umfasste ihre Tasse mit beiden Händen und trank sie leer. Der letzte Rest Milchschaum blieb am Boden kleben und sah so kläglich aus, wie sie sich fühlte. Sie seufzte ein zweites Mal. »Da ich keine Ahnung habe, was das eben da oben war, jetzt also zu Rebecca Hiver?«

Ben kaute auf einer Erdbeere herum und nickte eifrig dabei.

Alexanders Miene war undurchdringlich, als er sein Handy herausnahm und darauf schaute. »Es ist kurz nach drei. Da wäre sie jetzt vermutlich.«

Ben verputzte auch noch die letzten Löffel von seinem Eisbecher, dann zahlten sie, wobei Alexander leise vor sich hin murmelte, dass er eigentlich nicht das ganze Eiscafé hatte kaufen wollen. Danach machten sie sich auf den Weg zu dem Atelier der Fotografin. Rebecca Hiver war zusammen mit Adèle und mit Ben oben auf der Plattform gewesen, so viel war sicher. Schließlich hatte sie dieses Foto geschossen, was bedeutete, dass sie Adèle getroffen hatte.

Sie würden sehen, ob sie das irgendwie weiterbrachte.

Der Souvenirladen, der sich neben Rebecca Hivers Fotoatelier befand, war gerammelt voll mit Menschen, die sogar bis hinaus auf die Straße quollen. Isa, Alexander und Ben mussten auf die Fahrbahn ausweichen, um an der Menge vorbeizukommen.

Hinter dem Schaufenster des Fotoateliers brannte nun Licht. Als Ben die Tür aufzog, erklangen die ersten Takte einer Melodie aus *Schwanensee*. Der Raum dahinter war mit schachbrettartigen schwarz-weißen Fliesen ausgelegt und mit antiken Stühlen und einem kleinen Tischchen möbliert. Der Tresen mit der Kasse sah aus wie aus einem alten Friseurladen. Links davon führte ein Durchgang in die hinteren Räume, in denen sich mit Sicherheit das eigentliche Atelier befand. Es roch nach Putzmittel und ein klein wenig nach Hund, der aber nirgends zu sehen war. Neben dem Durchgang stand ein Glasregal, in dem Rebecca Hiver Rahmen aller Art zum Verkauf anbot.

Die Ladentür war hinter ihnen noch nicht ganz ins Schloss gefallen, da ertönten Schritte. Eine ungefähr fünfzigjährige Frau kam aus dem Durchgang. Sie war schlank und fast so groß wie Alexander. Sie trug Jeans und ein Hemd, die langen grauen Haare hatte sie zu einem praktischen Pferdeschwanz gebunden. »Guten Tag«, begrüßte sie die drei Geschwister. »Womit kann ich weiterhelfen?« Wie selbstverständlich hatte sie ihre Frage an Alexander gerichtet, vermutlich, weil er von ihnen dreien am erwachsensten wirkte.

Alexander warf Isa einen kurzen Seitenblick zu und weil sie nickte, übernahm er das Reden. »Wir sind hier, weil wir eine Frage haben.«

Isa hatte bereits nach dem Foto gekramt. Jetzt zog sie es aus dem Rucksack und reichte es Madame Hiver. »Das hier haben Sie gemacht, oder?«

Die Fotografin betrachtete die Aufnahme eine Weile lang. Isa beobachtete sie dabei. Sah, wie sie schwer schluckte.

»Madame Hiver?«, fragte Alexander behutsam.

Endlich nickte die Fotografin. Mit dem Daumenballen rieb sie sich die Stirn, dann legte sie das Foto vor sich auf den Tresen, schob es ein Stück von sich fort, als würde es sehr ungute Erinnerungen auslösen.

Isa fröstelte. »Erinnern Sie sich an die Frau auf dem Bild?«, wollte sie wissen.

Madame Hiver schüttelte ein wenig zu schnell den Kopf. »Ich kann mir nicht jeden meiner Kunden merken.« Es war völlig klar, dass sie log. Isa wollte schon nachhaken, da fuhr Madame Hiver fort: »Aber an diese Frau kann ich mich tatsächlich gut erinnern.« Sie zeigte auf Adèle. »Sie hatte etwas ganz Besonderes. Nahm einen sofort gefangen, so wie eine berühmte Schauspielerin oder so, aber da war auch eine tiefe Traurigkeit in ihr. Adèle. Ich erinnere mich sogar noch an ihren Namen, obwohl das Jahre her sein muss. Adèle Cevêche, so hieß sie.«

Ben wurde bei diesen Worten ganz zappelig. Isa grub die Nägel beider Hände in die Handflächen.

Madame Hiver nahm das Foto noch einmal an sich. »Die andere Frau ist nicht darauf.«

»Welche andere Frau?«, fragte Alexander. Täuschte Isa sich oder klang auch er plötzlich angespannt?

»Na, die zweite Frau, die, die mit ihrem Kind und Adèle hier war. Ich erinnere mich an sie, weil das wirklich tragisch war.«

»Tragisch.« Diesmal klang Alexander tatsächlich angespannt.

»Ja. Diese zweite Frau war sehr schwer krank, ganz ausgemergelt war sie und bleich. Adèle und sie waren zufällig an meinem Laden vorbeigekommen und wollten unbedingt oben an der Quelle fotografiert werden. Zur Erinnerung für Adèle, sagten sie, für die Zeit, in der ihre Freundin nicht mehr unter uns weilen würde. Gott, ich erinnere mich jetzt, als wäre es gestern gewesen. Wann war das? Vor fünfzehn Jahren, oder so. Das alles war so traurig. Aber warum wollt ihr das alles wissen?«

Isa ging über diese Frage weg. »Bitte reden Sie einfach weiter.« Sie zwang sich, die Fäuste zu öffnen, hatte das Gefühl, sich irgendwo festhalten zu müssen. Sie klammerte die Hände um die Kante des Tresens. Auf einmal war sie ganz sicher, dass gleich irgendwas kommen würde. Etwas wie: Jemand ist von der Klippe gestürzt.

Aber Madame Hiver lächelte nur traurig. »Wie gesagt, sie engagierten mich quasi vom Fleck weg. Während des Shootings hatte ich das Gefühl, dass die beiden Frauen sich sehr nahestehen. Trotz des traurigen Anlasses lachten sie viel und umarmten sich oft. Aber als die Fotos dann fertig waren – eine gute Woche später war das –, da kam Adèle allein. Daran erinnere ich mich genau. Sie war ganz in Schwarz gekleidet, aber zu meiner Überraschung wirkte sie gar nicht viel trauriger als das Mal zuvor. Sie war irgendwie ... ich kann es nicht anders beschreiben, hollywoodreif dramatisch. Sie erzählte mir, dass ihre Freundin wie erwartet ein paar Tage zuvor verstorben war.« Madame Hiver schüttelte den Kopf. »Hoffentlich hat sie sich inzwischen wieder gefangen.« In ihrem letzten Satz lag eine Wärme, als hätte sie Adèle gut gekannt, dachte Isa.

Ben, der die ganze Zeit über mit halb offenem Mund zugehört hatte, meldete sich zu Wort. »Hat Adèle für den Fotoauftrag irgendeine Adresse hinterlegt, die Sie uns geben könnten?«

»Ich wüsste nicht, warum ich das tun sollte, ehrlich gesagt.«

»Adèle ist die Mutter der beiden«, erklärte Alexander. »Und sie ist verschwunden. Wir sind auf der Suche nach ihr.«

Im ersten Moment sah Madame Hiver ihn mit einem Anflug von Ungläubigkeit an, aber dann musterte sie Isa und Ben und offenbar verglich sie sie mit dem Bild von Adèle auf dem Foto und in ihrem Gedächtnis. Die Ähnlichkeit, die sie mit ihrer Mutter hatten, musste ihr auffallen. Und genau so war es auch. »Ah. Natürlich!«, meinte sie. »Das ... wartet, ich gehe mal nachsehen.« Sie verschwand im hinteren Teil des Ladens. Eine Weile später kam sie wieder. Sie hatte ein Blatt Papier und einen einzelnen Fotoabzug in der Hand, den sie nach kurzem Zögern an Isa weiterreichte.

Isa hielt ihn so, dass Ben und Alexander mit ihr zusammen daraufschauen konnten. Das Foto war – genau wie das aus der goldenen Kiste – vor dem Hintergrund der Quelle aufgenommen worden und es gehörte ganz eindeutig zur selben Serie. Auch auf diesem war Adèle zu sehen, mit dem Baby auf dem Arm. Aber neben ihr stand jetzt noch eine zweite Frau. Sie war wirklich sehr dünn und ausgemergelt, so wie

Madame Hiver gesagt hatte. Ihre ganze Haltung war kraftlos und matt wie die von jemandem, der sehr, sehr schwer krank war. Nur ihre Augen leuchteten in einer Art Feuer, das sie von innen heraus zu verzehren schien.

»Wenn ihr wollt, könnt ihr den Abzug behalten«, sagte Madame Hiver.

Alexander bedankte sich und während Isa die fremde Frau auf dem Bild betrachtete, reichte Madame Hiver Ben das Blatt Papier. Es war ein Auftragsformular.

»Sie hat das Shooting bar bezahlt«, sagte die Fotografin. »Und ich fürchte, die Adresse, die sie bei der Auftragserteilung angegeben hat, wird euch nicht viel weiterhelfen.«

Tatsächlich senkten Bens Mundwinkel sich, als er die Adresse las. »Sie hat den alten Festplatz in Avignon angegeben«, informierte er Isa und Alexander. Womit also auch das Foto eine Sackgasse darstellte.

»Stimmt«, sagte Madame Hiver. »Wegen der Adresse habe ich auf Vorauszahlung bestanden. Ich wollte nicht auf meiner Arbeit sitzen bleiben für den Fall, dass sie nicht wiederkommen und die Fotos abholen.«

Sie hat auch gespürt, dass Adèle nicht zu trauen ist, schoss es Isa durch den Kopf. Der Gedanke kam so glasklar, dass er fast wehtat. Die Erinnerung an die Panik auf der Plattform schnürte ihr schon wieder die Kehle zu. Unwillkürlich rückte sie dichter an Alexander heran.

Er lächelte ihr zu, aber ganz offensichtlich war er mit seinen Gedanken woanders.

»Diese zweite Frau«, fragte er Madame Hiver und tippte auf die ausgemergelte Gestalt. »Können Sie sich daran erinnern, wie sie hieß?«

Diesmal überlegte die Fotografin eine ganze Weile. »Das

war ein eher ungewöhnlicher Name«, sagte sie. Und dann hatte sie es. »Aber doch, ja. Ich glaube, sie hieß Naïa.«

»Naïa«, wiederholte Ben. »So, wie in Mamans Buch!«

Isa sah Alexander an. »Naïa …«, murmelte er. In seiner Miene stand jetzt ein überaus nachdenklicher Ausdruck.

»Was hast du?«, fragte sie ihn.

Er deutete auf das Datum, das Madame Hiver oben auf das Auftragsformular geschrieben hatte.

Isa schaute darauf.

Und sie glaubte zu wissen, was er meinte.

Diesmal setzten sie sich nicht in ein Café, sondern auf eine Mauer am Ufer der Sorgue. Das leuchtend grüne Wasser floss hinter ihrem Rücken vorbei, die Sonne schien Alexander ins Gesicht und alles hätte schön sein können. Wäre da vorhin nicht diese elende Panikattacke gewesen und das Blatt Papier in Alexanders Hand, das der ganzen Story ein weiteres Rätsel hinzufügte.

»Ich kapiere nicht, was los ist!«, beklagte sich Ben. Nachdem Alexander Isa im Laden das Papier gezeigt hatte, hatten sie sich von Madame Hiver verabschiedet und waren gegangen.

Jetzt reichte Alexander Ben das Blatt. Es enthielt nicht viel, nur die Anschrift, die Adèle der Fotografin genannt hatte, ein paar Infos über den Ort des Shootings, die Menge der Fotos, die zum Kauf vereinbart worden waren. Und das Datum. Es lag einige Jahre vor Isas Geburt.

Isa deutete darauf.

»Kapiere ich immer noch nicht«, maulte Ben.

»Diese Naïa. Sie ist nur ein paar Tage nach diesem Fotoshooting gestorben, hat Madame Hiver gesagt.«

Bens Kopf ruckte hoch. »Du denkst jetzt aber nicht, dass Maman sie ermordet …«

Der Gedanke war so absurd, dass Isa auflachte. »Quatsch! Du guckst wohl zu viele Krimis!«

Ben kratzte sich ratlos am Kopf.

»Zeig ihm das Foto aus der Schatulle«, riet Alexander.

Sie nahm das Foto erneut aus dem Rucksack, betrachtete gemeinsam mit Ben ihre Mutter und das Baby auf ihrem Arm. Dann drehte sie das Foto um, sodass Ben die Rückseite betrachten konnte. Er starrte verständnislos darauf.

»Ich und Ben«, sagte er. »Und?«

»Mann, Holzkopf!« Sie deutete auf die handgeschriebenen Worte. *»Ich und Ben.«* Dann deutete sie auf das Auftragsformular, das Madame Hiver ihnen gegeben hatte. »Wann ist das Foto geschossen worden?«

Er nannte das Datum. Und dann begriff er. Er schaute noch einmal auf das Blatt von Madame Hiver, dann wieder auf das Foto. »Wenn das Foto schon vor deiner Geburt geschossen wurde, dann ist das Baby … Ach du Scheiße!«

»Genau«, sagte Isa. »Dann kannst unmöglich *du* das Baby sein. Weil du damals nämlich noch Quark im Schaufenster warst.«

Er verzog die Miene. »Bäh.« Sie konnte ihm ansehen, dass ihn dieses neue Rätsel ebenfalls verstörte. Er betrachtete das Baby auf dem Foto. »Aber wenn das hier nicht ich bin, warum hat sie es dann hinten draufgeschrieben?«

Sie hatte es nicht geschrieben, dachte Isa. Sie hatte die Worte, die Unterstreichung und auch das Ausrufezeichen mit dem Kugelschreiber förmlich in das Papier graviert. Als wäre sie voller Zorn gewesen.

Oder total irre.

Isa schenkte Ben ein Lächeln, das sich wie ein Zähnefletschen anfühlte. »Genau das ist die Frage, Bruderherz! Oder viel mehr: Wenn das nicht du bist auf dem Foto, wer ist es dann?«

KAPITEL 19

»Ich und Ben. Ich und Ben.« In einem fort murmelte Ben die drei Worte. »Ich und Ben.«

Isa hatte sich umgedreht und ließ ihre Beine über die Mauerkante und das Ufer der Sorgue baumeln. Blicklos starrte sie in das murmelnd dahinfließende Wasser, das hier unten im Ort eher grün als blau schimmerte, und fühlte sich dabei wie innerlich tot. Es war, als hätte sie in der letzten Zeit einfach zu viele Gedanken und Emotionen in sich gehabt, sodass da jetzt nichts mehr war außer gähnender Leere. Sie versuchte, sich auf die drängenden Fragen zu konzentrieren, die sie klären mussten, aber es ging einfach nicht. Wann auch immer sie versuchte, den Zipfel eines Gedankens zu fassen zu kriegen, wich er vor ihr zurück, sodass es sich anfühlte, als würde sie permanent ins Leere greifen. »Wenn du noch mal *Ich und Ben* sagst, springe ich!«, murmelte sie und erschrak vor sich selbst. Wie konnte sie das sagen, nach dem, was dort oben auf der Klippe passiert war?

Und trotzdem war da urplötzlich der Wunsch, es tatsächlich zu tun. Die Wasseroberfläche lag ungefähr anderthalb Meter unter ihren Fußsohlen, der Sprung würde sie also nicht umbringen. Ob Alexander ihr hinterherspringen würde? Sie retten? Ganz kurz flackerte in ihrem Kopf das Bild auf, wie er sie aus dem Wasser zog, in die Arme nahm. Küsste … Sie schloss die Augen.

Verflixt noch mal!

»Isa?« Alexander berührte sie nur mit der Stimme.

Sie riss die Augen wieder auf. »Alles okay.«

Ben hatte von dem kurzen Moment, in dem sie sich am Abgrund befunden hatte, nichts mitbekommen. »Ich und … Okay.« Er räusperte sich. »Was gibt es für Antworten? Denkt nach, Leute!«

Isa verbannte jeden Gedanken an Alexanders Umarmungen in den Hintergrund und konzentrierte sich auf Ben. Ihrem leeren Hirn wollte allerdings nichts einfallen, was als Antwort auf seine Frage hätte dienen können.

»Vielleicht ist das Baby auch ein Kind von Maman«, hörte sie ihn sagen. »Vielleicht haben wir einen älteren Bruder oder eine ältere Schwester und wissen es nicht.«

Der Gedanke war irgendwie genauso beängstigend wie die Erinnerung an die Szene auf der Klippe. Unwillkürlich schüttelte Isa den Kopf. »Glaube ich nicht.«

»Warum nicht? Kann doch sein! Ich meine, wir haben …«

»Ich würde eher vermuten, dass das Kind auf dem Foto von dieser Naïa ist«, warf Alexander ein. Er nahm den Abzug zur Hand, den Madame Hiver ihnen gegeben hatte, betrachtete das Baby darauf. »Es hat dunkle Haare, nicht so blonde wie ihr.«

Isa wollte etwas einwerfen, aber er kam ihr zuvor.

»Mondblume«, murmelte er irgendwie zusammenhanglos.

Sie hatte keine Ahnung, was er meinte, aber auch sie spürte wie er, dass die Dinge irgendwie zusammenhingen.

Die folgende Nacht verbrachte Isa hauptsächlich damit, ihre Gedanken davon abzuhalten, in alle möglichen Richtungen davonzugaloppieren, um endlich einschlafen zu können. Vergeblich. Jede neue Erkenntnis, die sie über Adèle erlangten, schien das Rätsel, das sie umgab, nur größer zu machen. Wer war das Baby auf dem Foto und warum hatte Adèle auf die

Rückseite geschrieben, nein, graviert, dass es Ben wäre? Wer war diese Naïa? Madame Hiver hatte gesagt, dass sie und Adèle sich ganz offensichtlich sehr nahegestanden hatten. Waren Adèle und Naïa ein Paar gewesen, bevor Adèle ihren Vater kennengelernt und sich in ihn verliebt hatte? Möglich war es. Sie kannte ihre Mutter nicht, wusste kaum etwas von ihr. Wenn es stimmte, was Alexander vermutete, dann hatten auch Adèle und seine Mutter Gemma sich gekannt. Sicher war das zwar nicht, denn alles, was Alexander hatte, war dieses Parfüm, das Adèle in die goldene Kiste getan hatte. Und dieses eine Wort in dem Gedicht, das Gemma ihm nur wenige Stunden vor ihrem Tod gegeben hatte.

Mondblume.

Adèle. Gemma. Naïa.

Drei Frauen. Zwei davon waren tot.

Aber wie hingen sie zusammen?

Isa unterdrückte ein Seufzen. Es war ein Teufelskreis, aus dem es kaum einen Ausweg gab. Sie würde ihren Vater zur Rede stellen müssen, sobald er hier auftauchte. Dann würde sie …

Ein leises Murmeln aus Alexanders Richtung unterbrach diesen Gedanken. Isa lauschte, aber die Satzfetzen, die er hervorstieß, waren dumpf und kaum zu verstehen. Einmal glaubte sie, dass er ihren Namen sagte, aber sie war nicht sicher. Die gesamte Rückfahrt von Fontaine-de-Vaucluse hierher hatte er schweigend vor sich hin gestarrt und gegrübelt. Und sie hätte ihren rechten Arm gegeben dafür, zu erfahren, was in seinem Kopf vor sich ging. Je mehr sie erfuhren in dieser unheimlichen Geschichte, in der sie alle feststeckten, umso stiller und nachdenklicher wurde Alexander.

Warum?

Was ging in ihm vor?

Sie drehte sich auf die Seite, legte die Wange auf ihren Unterarm und versuchte, den Schlaf herbeizulocken. Ihr Herz schlug schnell und unregelmäßig.

Als Alexander von Neuem anfing, im Schlaf zu reden, war sie sicher: Es war ihr Name, den er seufzte.

»Er träumt in letzter Zeit oft von dir«, sagte Ben in die Dunkelheit ihrer Gedanken. Seiner Stimme war anzuhören, dass er selbst auch seit Stunden wach lag. »Ihr solltet das zwischen euch endlich mal klären.«

»Schon klar.« Oh nein. Diesen Pfad würde sie jetzt definitiv nicht auch noch einschlagen! Um weiteren Gesprächen mit ihrem kleinen Bruder zu entgehen, schlüpfte sie aus dem Bett und verließ das Gewächshaus so, wie sie war, barfuß und in ihrem Schlafshirt. Die Nacht war warm genug dafür, um mit nackten Beinen durch das Gras zu streifen. Eine einzelne, offenbar schlaflose Zikade, die die ganze Zeit schon herumgelärmt hatte, verstummte kurz, als wolle sie sich vergewissern, dass dieser Mensch, der da plötzlich im Garten aufgetaucht war, keine Gefahr für sie darstellte. Nach einer Weile zirpte sie mit gleicher Hingabe weiter.

»Hey.« Ben war Isa gefolgt und stand plötzlich hinter ihr.

Mist!

Sie seufzte. Dann wandte sich zu ihm um. »Geh wieder rein! Ich komme auch gleich zurück.« Aber statt das zu tun, folgte er ihr zu der Sitzgruppe unter der Platane, unter der sie am Morgen gefrühstückt hatten.

Isa akzeptierte, dass sie um ein Gespräch mit Ben nicht herumkommen würde. Schweigend setzten sie sich. Das Metall der Sitzfläche war angenehm kühl an Isas Haut. Der Mond und ein paar Sterne erhellten den Garten und das alte Herrenhaus, das wie in tiefem Schlaf dalag. Doch zu Isas Überraschung sprach Ben das Thema Alexander nicht mehr an.

»Ich habe mit Tante Claire gesprochen«, sagte er stattdessen. »Nachdem wir vorhin nach Hause gekommen sind.«

»Und?« Isa wollte gerade auch davon nichts wissen, aber sie fragte wie aus einem inneren Zwang heraus. Besser, als sich mit Alexander und ihren Gefühlen zu beschäftigen, war es vermutlich.

»Nicht viel Neues, ehrlich gesagt. Tante Claire meint, dass wir uns von Maman fernhalten sollen. Sie sagt, dass Maman mit jedem, den sie trifft, ihre Spielchen spielt. Sie liebt das Drama und ich frage mich, wieso.«

Ja, wieso?

Es lässt sie sich lebendig fühlen, erklang die finstere Stimme in Isas Kopf. *Und du fühlst das so sehr, oder?*

Sie umklammerte die Kante der Bank, während die Gedanken wie an einer Schnur gezogen durch ihren Kopf taumelten. Das angenehme Dramagefühl, das sie empfunden hatte, als Alexander ihr und Pascal in den dunklen Garten gefolgt war, dann die Enttäuschung, weil er sie nicht wie erwartet gerettet hatte. Diese fiese Scham, weil sie es überhaupt gehofft hatte. Das Gefühl, kindisch zu sein. Schließlich auch noch ihr Impuls vorhin auf der Mauer am Fluss, als sie am liebsten gesprungen wäre ...

Hallo, Dramaqueen, flüsterte die finstere Stimme ihr zu.

»Was ist auf der Klippe passiert?«, drang Bens Stimme in ihre Gedanken. Er starrte grübelnd in den Garten. Isa konnte sein Gesicht im matten Licht des Mondes nur undeutlich sehen.

Sie musste sich ein Herz fassen, es erneut auszusprechen. »Ich hatte eine Panikattacke.«

»Ja. Das habe ich gesehen. Aber warum?«

»Ich habe keine Ahnung. Ehrlich.«

»Erinnerst du dich, was damals passiert ist?«

»Ich weiß es nicht.« Sie tat, als dächte sie nach. »Ich glaube, mich zu erinnern, dass ich dicht am Abgrund stand, aber mehr weiß ich nicht.« Die Worte brachten sofort dieses Gefühl von Todesangst zurück und es fühlte sich an, als würde sie keine Luft mehr bekommen. Sie krallte die Fingernägel in die Sitzfläche ihres Stuhles. Sie glaubte, wieder zu spüren, wie der Boden unter ihr wegbröckelte. Und jetzt war da noch ein weiteres Detail. Eine Hand, die ihre umklammerte. So sehr, dass es wehtat. Sie rang nach Luft.

»Isa?« Ben schien gemerkt zu haben, dass sie sich an ein weiteres Detail erinnerte.

»Alles gut«, log sie ihn an.

»An was erinnerst du dich noch?«

»An nichts.«

»Das stimmt nicht.« Ganz eindringlich sagte er das, so, als sei er völlig sicher.

Die innere Unruhe machte Isa ganz kribbelig. Das Metall des Stuhles erwärmte sich langsam unter ihren schwitzigen Händen.

»An was erinnerst du dich noch?«, wiederholte er seine Frage. »Bitte, Isa! Ich muss das wissen!« Er wartete, was sie antworten würde. »Ich bin kein kleiner Junge mehr, den du vor der Welt beschützen musst!«

Das also war es? Er dachte, dass sie ihn vor ihren Erinnerungen schützen wollte? Ein sarkastisches Lachen brach aus ihr heraus. Die Einzige, die sie hier gerade schützen wollte, war sie selbst. Allein der Gedanke an diese Erinnerungen war so beängstigend, dass sie immer noch kaum Luft bekam.

Und gleichzeitig fühlte sie sich davon so berauscht wie in den paar Sekunden, als sie gedacht hatte, Alexander würde Pascal ihretwegen eine reinhauen. Wenn sie zurück zu der Klippe fuhr und wirklich sprang ... Würde Alexander um sie trauern?

Der Gedanke war verlockend, weil er so schrecklich krank war.

Hallo, Dramaqueen! Diesmal kicherte die Finsterstimme.

Isa ächzte leise.

»Du erinnerst dich an was, Isa! Sag mir, was es ist!«

Wild schüttelte sie den Kopf. »Ich ... Ben ...«

Lass mich, Johann! Sonst springe ich! Die Worte waren plötzlich da und diesmal war es nicht die Finsterstimme, nicht ihr eigenes Gewissen, das sie hörte, sondern die Stimme einer Frau. Adèles Stimme. Was war das? Eine weitere Erinnerung? Sie wusste es nicht. *Ihre Hand lag wie in einem Schraubstock. Das tat so weh!*

»Lass mich, Maman!«, wimmerte sie.

Ben keuchte auf und das riss sie aus ihrer Trance. Er packte sie an den Oberarmen, schüttelte sie. »Isa! An was erinnerst du dich? Ich muss es wissen!«

»Hast du sie noch alle?« Alexanders Stimme drang durch Isas Benommenheit wie ein Sonnenstrahl durch dichten Nebel. Undeutlich nur nahm sie wahr, wie er heranstürmte, wie er Ben zur Seite schubste und sie an sich zog. Sie roch seinen Nachtgeruch, diese vertraute Mischung aus der Herznote von *Fierce* und warmer Haut. Sie spürte seine Arme um ihre Schultern. Spürte, wie er bebte.

Vor Zorn, dachte sie. Und dann dachte sie *Bitte nicht böse sein!,* bevor ihr bewusst wurde, dass sie immer noch in der Vergangenheit festhing.

Alexander war wegen Ben zornig, nicht ihretwegen. Über ihren Kopf hinweg brüllte er Ben an: »Siehst du nicht, was du ihr antust!«

Sie hatte Mühe, auf den Beinen zu bleiben, doch er hielt sie fest.

»Was ich ihr antue?«, schrie Ben zurück. »Spinnst du? Ich bin auch Adèles Sohn, du blöder Arsch! Interessiert es dich auch nur im Mindesten, wie es mir geht? Ich ...«

»Stopp!« Ganz ruhig klang Alexander, aber auch sehr kühl.

Ben stand kurz mit offenem Mund da, klappte ihn zu. Überlegte.

»Pass auf, was du als Nächstes sagst«, warnte Alexander. »Sonst könnte das hier sehr schnell sehr ungut werden.«

»Wie das? Willst du mir etwa ein paar aufs Maul hauen?«

Isa wimmerte auf. Sie wand sich aus Alexanders Armen. Alexander war blass geworden bei Bens letztem Satz, das konnte sie sogar in der herrschenden Finsternis erkennen. Kurz fürchtete sie, er würde sich tatsächlich auf ihren kleinen Bruder stürzen, aber das tat er nicht. Noch immer kühl, sagte er: »Ich weiß, wie du dich fühlst. Aber das rechtfertigt es nicht, Isa zu quälen.«

Isa wollte sich einmischen, wollte klarmachen, dass sie für sich selbst sprechen konnte, aber aus irgendeinem Grund traute sie sich nicht. Übergangslos war die Situation gekippt, benahmen sich ihre beiden Brüder wie zwei Kampfhähne, die sich gegenüberstanden und kurz davor waren, sich gegenseitig an die Kehlen zu gehen. Und diesmal fand sie die Situation alles andere als aufregend und romantisch.

»Ach!«, fauchte Ben Alexander an. »Das Recht dazu hast du ganz exklusiv, oder wie?«

Diesmal war Alexander kurz sprachlos. »Du weißt nicht,

was du sagst«, erwiderte er mit rauer Stimme. Seine Augen funkelten.

»Klar! Ich bin nur der kleine Bruder, der Vollidiot, den ihr alle im Dunklen tappen lassen könnt. Bei dem es völlig egal ist, ob er ...«

»Schluss jetzt, Ben!« Endlich hatte Isa ihre Sprache wiedergefunden. »Du bist ungerecht! Alexander ...« *Alexander und ich sind deinetwegen hier runtergefahren, schon vergessen?*, hatte sie sagen wollen. Aber Ben fiel ihr grob ins Wort.

»Alexander, Alexander! Seit Wochen denkst du doch an nichts anderes mehr!« Er war jetzt so aufgebracht, dass er regelrecht zu Alexander herumwirbelte. »Und du! Du hast mir überhaupt nichts zu sagen! Du bist ja nicht mal mein richtiger Bruder!« Mit diesen Worten warf er sich herum und stapfte davon.

Alexander sah ihm verdutzt nach.

Isas Innerstes war ein einziges Knäuel aus Gefühlen. Zu allererst war sie stinkwütend auf Ben, weil er so ungerecht war. Immerhin war sie hier, um ihm bei der Suche nach Maman zu helfen. Herrgott noch mal! Sah er nicht, dass sie da heute auf der Klippe beinahe angefangen hatte zu kotzen vor Angst? War ihm das wirklich so egal? Seit wann war er so ein egoistischer Mistkerl?

Die Wut auf ihn speiste sich jedoch aus einer ganz anderen Quelle, denn sie fühlte sich wie gehäutet wegen einer Sache, die Ben gesagt hatte.

Seit Wochen denkst du an nichts anderes mehr als an Alexander!

»Fuck!«, murmelte sie.

Alexander schnaufte leise. »Das bringt es auf den Punkt, würde ich sagen.« Er ging zu der Bank, ließ sich darauf nieder und stützte beide Ellenbogen auf den Knien ab. Eine Weile lang starrte er auf die Erde zwischen seinen Füßen. Sein Brustkorb hob und senkte sich sichtbar. Er rang mit sich, begriff Isa.

Nur um irgendwas zu sagen, meinte sie: »Ben hatte kein Recht, dich so anzumotzen.«

Er nickte einfach nur.

Etwas drängte sich in Isas Kehle. Wollte raus. »Das, was er gesagt hat, dass du nicht unser Bruder …« Sie stockte.

Alexander hob den Blick. Seine Augen glänzten verdächtig hell.

Sie schluckte. Was sollte sie jetzt nur sagen? Sie war nur Millimeter davor, ihm ihre Gefühle zu gestehen, aber es fühlte sich verdammt ähnlich an wie dort oben auf der Klippe über der Fontaine. So, als würde sie gleich fallen.

»Irgendwer musste es mal aussprechen«, sagte Alexander leise.

Sie wartete.

»Dass ich nicht wirklich dein großer Bruder bin«, ergänzte er.

Sie wollte etwas erwidern, aber die Worte waren zu groß für ihren Mund. Es fühlte sich an, als drängelten sie sich alle in ihrer Kehle. Schon wieder bekam sie kaum noch Luft, umso mehr, als Alexander ihr jetzt in die Augen sah. Der Mond spiegelte sich in seinen Pupillen, ließ seine Iris leuchten, als er aufstand und vor sie hintrat.

Alles in ihr wurde ganz still. Sie wollte, dass er sie an sich zog, nicht wie ein großer Bruder diesmal, sondern … Noch bevor sie das zu Ende gedacht hatte, streckte er die Hand aus, berührte ihre Wange. Sie glaubte, seinen Pulsschlag unter seinen Fingerspitzen zu spüren.

»Wir sind nicht verwandt«, murmelte er und klang dabei, als müsse er selbst sich das einreden.

»Nein.« Mehr brachte sie nicht heraus. Da waren all die Erinnerungen in ihr, die sie mit ihm verband. Die schmelzenden Schokoherzen auf der Bruchsteinmauer in Tante Claires Garten. Die Nachmittage, an denen sie Karten gespielt hatten oder irgendein dummes Game, bei dem er sie meistens hatte gewinnen lassen, weil es ihm nicht wichtig war, Sieger zu sein. Die Abende, wenn sie nebeneinander im Bett gelegen und über alles Mögliche gequatscht hatten. Wie oft hatte er ihr die Welt erklärt ... Ihr Herz hatte sich in eine dieser wild flatternden Fledermäuse verwandelt. Sie legte den Kopf schief, sodass sich ihre Wange in seine Hand schmiegte.

Seine Lippen teilten sich. Sie sah den Widerstreit in seiner Miene. »Wenn ich das tue«, flüsterte er, »dann werde ich nie wieder dein großer Bruder sein.«

Sie schluckte. Wollte sie das? Der Gedanke fühlte sich bedrohlich an, auch wenn jede Faser ihres Körpers danach gierte, dass er sie endlich – endlich! – küsste. Sie schloss die Augen.

Alexander sah zu, wie Isas Lider sich senkten, wie ihre Wimpern auf ihrer blassen Haut zu liegen kamen. Er sah das Mondlicht auf ihren Zügen schimmern und sein Herz wurde so weit, dass er glaubte, zu fliegen, und gleichzeitig so schwer, dass er hätte schreien mögen.

Sie schmiegte sich fester in seine Hand, er nahm es als Zeichen und legte ihr auch die andere Hand an die Wange. Mit dem Daumen strich er sanft über ihre Lippen, spürte, wie sie erschauderte. Seine Hände wanderten um ihren Hinterkopf, umfassten ihn und sie wurde ganz weich unter dieser Berührung.

Was tust du da?, kreischte eine Stimme in seinem Hinterkopf. *Wie kannst du das tun, solange du keine Ahnung hast, was für eine Rolle du in Adèles grausamem Spiel spielst?*

Der Gedanke war wie ein Gewicht, das sich auf ihn senkte.

Er ließ Isa los. Wich einen Schritt zurück, auch wenn es ihm dabei beinahe das Herz zerriss.

»Alexander?«, flüsterte sie.

Er schüttelte den Kopf. »Entschuldige«, murmelte er.

»Was hast du?«, fragte sie.

»Nichts. Geh wieder rein«, riet er ihr. »Es ist zu kalt hier draußen nur so im Shirt.«

Völlig verdattert tat sie, was er sagte. Er musste sich zwingen, nicht auf ihre nackten Beine zu schauen, und als sie fort war, stand er eine Weile da, bevor er das Foto aus der Hosentasche zog, das Madame Hiver ihnen gegeben hatte. Lange starrte er auf die fremde Frau mit Namen Naïa darauf. Adèle.

Und das unbekannte dunkelhaarige Baby auf ihrem Arm.

Voller Irritation und Traurigkeit ging Isa zum Gewächshaus zurück und kämpfte dabei mit den Tränen. Warum war Alexander vor ihr zurückgewichen? Und was war das für ein Ausdruck in seiner Miene gewesen? Die Art, wie er sie angefasst hatte, war vielsagend gewesen, genau wie dieser sehnsüchtige Ausdruck in seinen Augen. Aber dann war irgendwas passiert. An was hatte er gedacht in diesem kurzen Moment, bevor er vor ihr zurückgewichen war? Hatte er da nicht ausgesehen, als habe er plötzlich schreckliche Angst?

Vor ihr? Vielleicht hatte er ja in diesem Augenblick gespürt, dass sie nicht gut für ihn war, genau wie Adèle nicht gut für ihren Vater gewesen war. Mit diesem düsteren Gedanken betrat sie das Gewächshaus und kletterte in ihr Bett.

»Na?«, drang Bens Stimme gedämpft unter seiner Decke hervor. »Ein schönes Schäferstündchen gehabt?«

»Halt ... einfach die Klappe!«, fuhr sie ihn an. Dann vergrub sie ihr Gesicht in ihrem Kissen und dämpfte damit die Schluchzer, die in ihrer Kehle nach oben drängten. Sie wollte, dass Alexander kam und sie festhielt. Und wenn das nicht möglich war, wollte sie wenigstens, dass Ben sie tröstete. Aber keiner der beiden merkte, wie schlecht es ihr ging. Niemand kam und krabbelte zu ihr unter die Decke. Sie hatte sich noch nie zuvor so einsam gefühlt.

Zu allem Überfluss träumte sie auch noch schlecht.

Sie war endlich eingeschlafen, da fand sie sich auch schon oben auf der Klippe bei der Fontaine-de-Vaucluse wieder. Sie stand in sicherem Abstand vom Abgrund hinter dem Geländer und trotzdem empfand sie wieder diese Todesangst. Sie wusste, gleich würde sie fallen. Und sie wusste auch, dass jemand bei ihr war, der ihren Tod wollte.

Sie drehte sich um ihre eigene Achse, um zu ergründen, wer dieser Jemand war. Aber sie war allein. Außer ihr befand sich nur ein dunkelroter Kinderbuggy auf der Plattform. Aus dem Buggy ertönte wildes Gebrüll. Es klang wütend und verzweifelt zugleich und sie wusste, dass das Kleinkind darin Ben war. Sie lief zu ihm, wollte ihn hochnehmen und trösten, aber als sie sich über den Buggy beugte, war er leer und das Kindergeschrei erklang plötzlich hinter ihrem Rücken. Sie wirbelte herum. Wieder nahm die Todesangst ihr den Atem und es fühlte sich an, als würde sie fallen. Ben stand direkt am Abgrund. Ben, so wie er jetzt aussah, nicht Ben als Baby. Er sah ihr in die Augen. Dann lächelte er.

Und kippte hintenüber in die Tiefe.

»Nein!«, schrie sie und warf sich vorwärts. Vergeblich. Sie fiel dicht an der Abbruchkante auf den Bauch – wo war das Geländer plötzlich hin? –, griff nach Ben, der wie durch ein Wunder noch nicht unten angekommen war. Weil er in Zeitlupe fiel. Sie sah ihn mit den Armen rudern, sah die Panik in seinem Gesicht.

»Ich bin dir völlig egal!«, sagte er, aber er sagte es nicht mit seiner eigenen Stimme, sondern mit der von Pascal.

In derselben Sekunde spürte Isa erneut die Präsenz dieser fremden Person. Sie wälzte sich auf den Rücken, musste blinzeln, weil die Sonne sie als dunklen Schattenriss aus der Luft gestanzt hatte.

»Wer bist du?«, schrie sie. Hinter ihr erklang ein dumpfes Klatschen und sie wusste, dass Ben endlich am Fuß der Klippe angekommen war. Sie wusste, dass sich dort kein Wasser mehr befand, sondern scharfkantige Felsen, auf denen er aufgeschlagen war. Ein so heftiger Schmerz fuhr durch sie hindurch, dass sie mit einem Keuchen aufwachte.

Ihr ganzer Körper war schweißnass, ihr Atem jagte.

Im Bett unter ihr schlief Ben seelenruhig, sie konnte ihn leise schnorcheln hören.

Das Bett nebenan hingegen war noch immer leer. Alexander hatte es offenbar vorgezogen, draußen im Garten zu bleiben.

Sie lag wach, bis zu der Stunde, in der die Nacht am dunkelsten war. Alexander kam nicht und Ben schnarchte vor sich hin, während Minute um Minute in diesem unangenehmen Nachtstundengefühl verging, bei dem alle Probleme sich wie riesige Monster vor ihr auftürmten und es sich anfühlte, als würden sie messerscharfe Zähne in sie schlagen. Wolfsstunde, so nannte Tante Claire diese besondere Zeit in der Nacht immer.

Irgendwann hielt Isa es nicht mehr aus. Sie schaltete ihr Handy an, weil sie wissen wollte, wie spät es war. Kurz nach drei. Sie schlüpfte aus dem Bett und krabbelte zu Ben. »Aufwachen!«, befahl sie ihm.

Er reagierte mit einem verschlafenen Grunzen und wollte sich auf die andere Seite drehen, aber Isa ließ ihn nicht.

»Aufwachen!«, sagte sie zum zweiten Mal und rüttelte ihn nun auch noch an der Schulter.

Endlich erwachte er. »Was ist denn los?«, murmelte er, kratzte sich in den wirren Haaren, bevor er die Augen aufschlug und Isa ansah. »Ist was passiert?«

»Ich muss dir was Wichtiges beichten. Rutsch mal!« Sie drängelte so lange, bis er ihr tatsächlich Platz machte und sie unter seine Decke schlüpfen konnte. Er war angenehm warm, während sie sich fühlte, als hätte sie sich im Laufe der schlaflosen Nacht in einen Eiszapfen verwandelt.

»Wo ist Alexander?«, fragte Ben.

»Keine Ahnung. Draußen irgendwo.«

Ben richtete den Blick auf sie. Im bläulichen Licht von Isas Handy sah er gespenstisch bleich aus. »Also schieß los! Was wolltest du mir beichten?«

Sie schluckte. Einmal war sie schon davor zurückgeschreckt, ihm von Adèles Brief und der Spieluhrmechanik zu erzählen, und dann war es bei all den Dingen, die geschehen waren, irgendwie nebensächlich geworden. Aber jetzt würde sie sich wenigstens dieses eine Detail von der Seele schaffen und Ben reinen Wein einschenken. Zu vieles zwischen ihnen wurde nicht ausgesprochen in der letzten Zeit. Das war alles andere als gut.

»Der Brief von Maman«, begann sie und suchte immer noch nach den richtigen Worten. »Der, wegen dem du dich mit ihr verabredet hast …«

Ben wartete geduldig, dass sie weitersprach.

»Er … er war nicht der erste«, stieß sie endlich hervor.

Bens Augenbrauen hoben sich. »Soll heißen?«

»Soll heißen, dass ein paar Wochen vorher schon einer gekommen ist.«

Einen Augenblick lang war es sehr still. Bens Miene zeigte Verwirrung, dann Begreifen. »Und was ist damit passiert?«, fragte er und Isa konnte ihm anhören, dass er die Antwort längst ahnte.

»Ich habe ihn verbrannt.«

»Du hast …« Ben verstummte. Isa wartete darauf, dass er sie anschreien würde, aber das tat er nicht. Er lag einfach da, auf der Seite, ihr zugewandt und starrte sie an.

Sie widerstand dem Impuls, sich zu rechtfertigen.

»Du hast ihn verbrannt«, wiederholte Ben endlich. »Und warum, wenn ich fragen darf?«

Seine ruhige Stimme machte sie ganz nervös. Er klang, als würde sich hinter seiner Ruhe eine Art Sturm zusammenbrauen.

»Keine Ahnung. Als ich gesehen habe, dass er von ihr kam, da, da habe ich vielleicht überreagiert. Ich wollte wohl nichts mit ihr zu tun haben.«

»Hm.«

»Ich meine: Diese Sache auf der Klippe zeigt ja wohl mehr als deutlich, dass diese Frau nicht gut für uns ist, oder? Sie hat …«

»Der Brief«, unterbrach Ben sie, immer noch ruhig. »War er an dich adressiert?«

Isa schüttelte den Kopf. Jetzt konnte sie nur noch schonungslos ehrlich sein. »An uns beide. Und an Papa.«

»Wann war das?«

Sie nannte ihm den Tag und weil Ben schwieg, erzählte sie ihm auch noch den Rest. »Da war noch mehr, nicht nur der Brief. Da war auch eine Spieluhr.«

»Die *Sur le Pont* gespielt hat«, murmelte Ben. Er sprach, als rede er nicht mit ihr, sondern mit einem unsichtbaren Geist. »Ich vermute, die hast du auch verbrannt.«

»Halb.« Isa schälte sich aus seiner Bettdecke und holte ihren Rucksack. Sie nahm das rote Seidentuch heraus und wickelte die halb verbrannte und halb geschmolzene Spieluhrmechanik aus. Zögernd reichte sie sie Ben.

Er nahm sie. Isa schaltete ihre Handylampe an und in ihrem Licht betrachtete Ben die Spieluhr. In seinem Gesicht arbeitete es heftig.

Isa wünschte sich, dass er sie endlich anschrie, aber das tat er nicht. Sie hatten sich früher auch schon gestritten – laut und heftig meistens, mit Gebrüll und Türenknallen und allem Drum und Dran. Da jedoch hatten sich ihre Meinungsverschiedenheiten nie so angefühlt wie in diesem Moment. Da war immer das Gefühl in Isa gewesen, dass sie sich in Kürze wieder vertragen würden. Dieses Gefühl fehlte jetzt völlig und es war ein wenig so, als würde ihr auch noch das letzte bisschen Halt weggenommen werden. Sie biss die Zähne zusammen.

Ben jedoch drehte sich einfach um, sodass er ihr den Rücken zuwandte. »Ich will noch ein bisschen weiterschlafen«, sagte er kalt.

KAPITEL 20

Als es endlich hell wurde, fühlte Isa sich wie gerädert und als sie sah, dass Ben ihr noch immer den Rücken zukehrte und dass Alexander immer noch nicht wieder da war, knirschte sie mit den Zähnen. Beide Jungs gingen ihr bis zum Nachmittag aus dem Weg und so wurden die Stunden bis zu Seras und Papas Eintreffen die Hölle für sie. Sie schrieb mehrere Nachrichten an Sera, löschte sie aber vor dem Abschicken jedes Mal wieder, weil die Worte ihr zu dürr vorkamen für das Chaos, das sie in sich spürte. Zweimal war sie wild entschlossen, zu Ben zu gehen und ihn um Entschuldigung zu bitten, aber sie konnte ihn einfach nirgends finden. Und als Alexander und sie dann am Nachmittag auch noch aus Versehen im Flur ineinanderrempelten, standen sie sich kurz wie erstarrt gegenüber, wichen den Blicken des anderen aus. Alexanders Hand streifte wie zufällig die von Isa und sie schnappte nach Luft. Da murmelte er ein kaum hörbares »Entschuldige!«, drängte sich an ihr vorbei und eilte davon. Kurz darauf konnte sie durch das bodentiefe Fenster im Frühstücksraum sehen, wie er mitten auf dem Rasen stehen blieb, die Hände im Nacken verschränkte und das Gesicht gen Himmel wandte.

Der Anblick zerriss ihr das Herz und fast wäre sie zu ihm gelaufen, wenn nicht genau in dieser Sekunde Tante Claire ins Zimmer gekommen wäre und ausgerufen hätte, dass Johann und Sera da waren. Gemeinsam mit ihrer Tante lief Isa nach draußen.

»Oh. Was für ein nettes Empfangskomitee«, sagte ihr Vater

und stieg mit einem erschöpften und ziemlich angespannten Lächeln auf den Lippen aus dem Wagen. Ben, der offenbar auf einem Spaziergang gewesen war und den Wagen gesehen haben musste, kam hinter ihm durch das Tor. Alexander näherte sich aus dem Garten. Als die beiden Jungs auf ihn zukamen, ahnte Isas Vater, was ihn erwartete, das war ihm deutlich anzusehen.

Isa begrüßte ihn mit einem Kuss auf jede Wange, dann wandte sie sich an Sera, die in der Zwischenzeit ebenfalls ausgestiegen war und als Erstes Alexander begrüßt hatte. Auch die beiden Schwestern küssten sich.

»Du siehst furchtbar aus«, flüsterte Sera Isa ins Ohr.

»Vielen Dank.« Isa vermied den Blick in Alexanders Richtung. Sie wollte sich an ihren Vater wenden, aber wieder kam Tante Claire ihr zuvor. »Wie schön, dass ihr hier seid!«, hörte Isa sie rufen, und dann lief das übliche Claire-Begrüßungsritual ab – inklusive Geplapper auf dem Weg in den Salon, inklusive vorbereiteter Limonade und frischem Kaffee samt selbst gebackenem Kuchen. Doch auch Tante Claire war angespannt, das blieb keinem von ihnen verborgen. Isa nutzte die Zeit, die das ganze Willkommensprozedere brauchte, um rasch ihren Rucksack und auch die goldene Kiste aus dem Gewächshaus zu holen. Zurück im Salon stellte sie beides neben ihrem Stuhl auf den Boden, damit sie es zur Hand hatte, wenn es gebraucht werden würde.

»Okay«, murmelte Isas Vater, während seine Schwester sich immer noch eifrig damit beschäftigte, dass jeder von ihnen mit Essen und Trinken versorgt wurde. »Wo fangen wir an?«

»Was ist damals in Fontaine-de-Vaucluse passiert?«, platzte es aus Isa heraus. Sie hatte nicht die geringste Lust auf Herumgeeiere. Sie würde hier und jetzt endlich erfahren, was für ein Geheimnis Adèle umgab!

Die Augen ihres Vaters weiteten sich erschrocken.

Ben, der gleichzeitig mit Isa den Mund aufgemacht hatte, verdrehte die Augen. »Vielen Dank, Schwesterherz! Meinst du nicht, es wäre sinnvoller gewesen, Papa sachte darauf vorzubereiten, dass wir in Fontaine waren?«

»Ihr wart …«, krächzte ihr Vater.

»Oben auf der Klippe, ja.« Isa wappnete sich gegen den Ansturm der Erinnerungen.

»War Adèle … bei euch?«

»Nein!«, sagte Ben. »Aber Isa hat ganz komisch reagiert.« Mit dem Kinn machte er eine auffordernde Bewegung in Isas Richtung. »Erzähl es ihm besser selbst.«

Sie musste tief Luft holen, aber dann erzählte sie ihrem Vater, Sera und auch Tante Claire von der Panikattacke, die sie oben auf der Klippe gehabt hatte. »Es war furchtbar«, endete sie mit einem Flüstern und in ihr spannte sich alles an, als ihr Vater zögernd nach seiner Kaffeetasse griff, einen Schluck trank und die Tasse danach zurück auf den Tisch stellte. Isa sah, dass seine Hände zitterten.

»Wie kamt ihr darauf, euch mit Adèle zu treffen?«

Isa schluckte. Sie hatte gehofft, ihr Vater würde einlenken, würde einsehen, dass er ihnen endlich die Wahrheit sagen musste. Aber seiner Miene nach zu urteilen, war er noch lange nicht an diesem Punkt. Ganz im Gegenteil.

Ben merkte das auch. Er hatte rote Flecken an Hals und Wangen. Bevor er das Wort ergriff, räusperte er sich. »Maman hat uns geschrieben.« Er warf Isa einen langen, grimmigen Blick zu. »Zweimal, um genau zu sein. Ihren ersten Brief hat Isa verbrannt, aber den zweiten habe ich heimlich aufgemacht.« Tiefes Durchatmen. »Sie wollte wieder Kontakt mit uns, Papa. Sie hat …« Er schüttelte sich. »Egal! Auf jeden Fall habe ich mich mit Maman getroffen.«

Grimmige, angespannte Stille füllte den Salon.

Sera und Alexander, deren Blicke verwundert in Isas Richtung gewandert waren, als Ben von ihrer Aktion mit dem Feuer gesprochen hatte, sahen Isas Vater nun ebenso gespannt und neugierig an wie Isa und Ben selbst. Claire, die endlich mit dem Herumkramen fertig war, setzte sich, stellte die Füße akkurat nebeneinander und krampfte die Hände um die Knie.

Die Stille dauerte an. Wurde unerträglich.

Isas Vater saß da und starrte auf seine Hände, die er auf der Tischplatte ineinandergekrampft hatte. »Dieser erste Brief …«, begann er und richtete den Blick auf Isa.

Sie straffte die Schultern. Das also war dann jetzt der Moment, in dem sie sich für ihre unüberlegte Aktion rechtfertigen musste, nicht nur vor Ben, sondern auch vor allen anderen. »Es war nicht nur ein Brief«, murmelte sie. »Eine Spieluhr lag dabei. So ein billiges, kleines Ding, wie man sie in Souvenirläden kaufen kann.«

»Wann war das?«, fragte ihr Vater.

»Kurz nach Alexanders Geburtstag. Das Päckchen war an dich adressiert, Papa. Aber auch an Ben und mich. Also habe ich es aufgemacht.« Isa tauschte einen Blick mit Ben, bat ihn stumm um Entschuldigung für das, was sie getan hatte, aber er schien immer noch nicht entschieden zu haben, wie er darauf reagieren sollte. Er starrte sie ausdruckslos und ziemlich finster an.

Ihr Vater seufzte jetzt sehr tief. »Die Spieluhr hat *Sur le pont d'Avignon* gespielt, vermute ich?«

»Ja«, sagte Isa. Ihre Stimme klang plötzlich ganz flach. Sie dachte an ihre Panikattacke auf den Klippen und ihre Albträume danach. Was hatte es mit dieser Melodie auf sich? Was würden sie jetzt Schlimmes über ihre Mutter erfahren?

Doch ihr Vater schien immer noch nicht bereit, sich dem Kern des Themas zuzuwenden. Er hielt sich weiter bei Nebensächlichkeiten auf.

»Was hast du damit gemacht?«, fragte er.

»Ich habe beides ins Feuer geworfen. Die Spieluhr habe ich allerdings wieder rausgeholt.« Sie beugte sich zu ihrem Rucksack hinunter, nahm das rote Seidentuch heraus, in das sie die kläglichen Überreste der Spieluhr gewickelt hatte.

Ihr Vater rührte sich nicht. Nur seine Finger bewegten sich, als habe er die halb verbrannte Spieluhr in den Händen. Kurz schien er völlig in die Vergangenheit abzutauchen, wirkte abwesend und so verletzlich, dass er Isa fast leidtat.

Es war Ben, der die Zipfel des Tuches auseinanderschlug, sodass sie alle auf die halb verkohlte und zerschmolzene Spieluhr schauen konnten.

Aus dem Mund ihres Vaters kam ein leises Ächzen. »*Sur le pont* ... Diese Melodie erklang, als wir uns das erste Mal getroffen haben.«

Tante Claire schnaufte. Es klang höhnisch.

Isas Vater schloss die Augen, schien auf das Stück zu lauschen, darauf, wie es für sie alle unhörbar durch seine Erinnerungen taumelte. »Das Karussell am Place de l'Horloge spielte die Melodie. Ich wollte in der Stadt eigentlich nur ein paar Sachen kaufen – für eine Reise, die eure Tante und ich planten. Da sah ich sie. Sie saß auf einem der Karussellpferde und wirkte beschwingt und federleicht wie ein Kind. Sie lachte. So laut und fröhlich, dass alle Umstehenden die Köpfe über sie schüttelten, aber das war ihr völlig egal. Es ging eine Energie, eine Lebendigkeit von ihr aus, die mich sofort in ihren Bann zog.«

Isa biss die Zähne zusammen, weil sie an das denken musste, was Ben über seine erste Begegnung mit Adèle erzählt hatte. Auch da hatte ihre Mutter auf dem Karussell gesessen. War das Absicht gewesen? Immerhin musste sie sich doch daran erinnern, wie erfolgreich sie Isas und Bens Vater damit damals den Kopf verdreht hatte. Dass sie das bei ihrem Treffen mit ihrem eigenen Sohn genauso gemacht hatte, fühlte sich völlig falsch an. Irgendwie ... ja, total manipulativ.

Krank.

Isa musste sich die Arme reiben, weil sie plötzlich eine Gänsehaut hatte.

Ihr Vater starrte seine leeren Hände an. »Ich habe ihr später eine Spieluhr mit dieser Melodie geschenkt. Für mich war es so was wie unser Lied.« Ein Schatten fiel über seine Züge und bevor er weitersprechen konnte, nahm Isa die goldene Schatulle vom Boden auf, stellte sie in die Mitte des Tisches und klappte den Deckel hoch. Die gläserne Spieluhr, die Adèle ihnen auf diese ungewöhnliche Weise hatte zukommen lassen, nahm sie heraus, klappte die Kiste wieder zu und stellte die Spieluhr darauf. Sie erwartete, dass ihr Vater fragte, woher sie sie hatten, aber das geschah nicht. Stattdessen sah er aus, als hätte ihm jemand eine schallende Ohrfeige verpasst. Endlose Sekunden vertickten in tiefem Schweigen.

»Das ist die, die du ihr geschenkt hast, oder?« Alexander war der Einzige, der sich traute, diese Frage zu stellen.

Isas Vater schluckte. Er streckte die Hand nach der Spieluhr aus, zuckte zurück, als sei das Ding glühend heiß. »Ja.« Wieder sagte lange Zeit niemand ein Wort, dann gab Isas Vater sich einen Ruck, nahm die Spieluhr und zog sie auf. Die Melodie ertönte, und Isa musste sich an den Kanten ihres Stuhles festklammern, weil schon wieder der Boden unter ihr zu schwanken schien.

Gleichzeitig hatte ihr Vater Tränen in den Augen.

Isa setzte sich auf ihre Hände.

»Wo …« Die Stimme versagte ihrem Vater und er musste neu ansetzen. »Woher habt ihr die?«, fragte er nun doch.

»Maman hat sie uns zukommen lassen.« Gemeinsam erzählten Isa und Ben, wie Ben sich mit Adèle getroffen hatte, wie sie mitten in einem Gespräch einfach verschwunden war. Wie sie zu dem nächsten Treffen, das sie mit ihm verabredet hatte, nicht gekommen war und stattdessen diese goldene Kiste bei ihnen abgegeben hatte.

Isas Vater sah zu Tante Claire auf. »Warum hast du mir davon nichts gesagt?«

Sie schüttelte den Kopf. »Ich wusste nichts von dem Kästchen!«

»Einer von Tante Claires Gästen hat es uns gegeben«, erklärte Isa und aus dem Augenwinkel sah sie, wie Alexander ganz kurz die Augen schloss.

Tante Claire beugte sich vor. »Dass du den Kontakt zu Adèle abgebrochen hast, akzeptiere und begrüße ich«, sagte sie ruhig. »Vor allem, nach dem, was in Fontaine-de-Vaucluse passiert ist. Aber ich akzeptiere nicht länger, dass du deinen Kindern das weiter verschweigst. Sie haben das Recht, zu wissen, was ihre Mutter für ein … Mensch ist.«

Isa hatte das Gefühl, dass Claire nur allzu gern dem Wort *Mensch* noch ein *furchtbar* hinzugefügt hätte.

»Hast du ihnen geholfen, sie zu suchen?«, fragte Isas Vater.

Claire zuckte mit den Schultern. »Natürlich nicht! Ich habe versucht, sie davon abzuhalten, genau, wie du es wolltest.«

»Tja«, warf Ben trocken ein. »Das hat ja super geklappt. Würdest du jetzt bitte endlich mal zum Kern der Sache kommen und uns von Maman …«

»Diese goldene Kiste«, unterbrach ihr Vater ihn.

Ben stöhnte auf.

Ihr Vater beugte sich vor, wollte die Kiste an sich nehmen, aber Isa zog sie aus seiner Reichweite. Erfüllt von Ungeduld und Anspannung holte sie die weiteren Gegenstände aus der Schatulle hervor. Zuerst den Lavendelstrauß, der mittlerweile nur noch ein nacktes Bündel hellgrauer Zweige war und einem winzigen Hexenbesen ähnelte. Ihr Vater berührte das verblichene Seidenband mit der Spitze seines Zeigefingers. »Das stammte von Adèles Rock, so ein langes buntes Ding mit extravaganten Fransen dran.« Er lächelte. »Als sie das Sträußchen damit zusammengebunden hat, meinte sie, der Duft von Lavendel würde sie immer an mich erinnern. Ich hätte nicht gedacht, dass sie das all die Jahre aufgehoben hat.«

Aber das hatte sie, dachte Isa. Der Gedanke machte etwas mit ihr, ließ einen Teil ihres Unbehagens schmelzen und verwandelte es in ungeduldige Sehnsucht danach, mehr von ihrer Mutter zu erfahren. Sie reichte ihrem Vater auch noch das Foto, das Adèle in die Kiste gelegt hatte.

Er nahm es. Betrachtete es. Lange. »Das habe ich noch nie zuvor gesehen«, sagte er und es schwang so vieles in diesem einen Satz mit, dass Isa vermutete, er war gelogen.

Sie sah, wie Alexander die Zähne zusammenbiss. Dachte er das Gleiche wie sie?

Sie hätte ihren rechten Arm dafür gegeben, zu erfahren, was ihr Vater bei Adèles Anblick dachte. Was er empfand. Dass es nichts Gutes war, wurde deutlich, als ihr Vater sich mit einem Ruck erhob. Und aus dem Salon rannte.

»Papa!«, riefen Isa und Ben ihm gleichzeitig nach.

»Johann!«, schrie Tante Claire.

Er reagierte weder auf das eine noch auf das andere. Die Tür fiel hinter ihm ins Schloss, schnitt das Geräusch seiner schnellen Schritte draußen auf dem Flur ab.

Isa war schon auf den Beinen, um ihm nachzulaufen, aber Tante Claire hielt sie zurück. »Ich rede erst mal mit ihm«, sagte sie.

Dann folgte sie Isas Vater.

Es dauerte lange, bis die beiden zurückkamen und die ganze Zeit tigerte Ben im Raum auf und ab und fluchte leise vor sich hin. »Wir sind so was von verkorkst«, murmelte er ein ums andere Mal. »So was von verkorkst.« Er machte Anstalten, seinem Vater und Tante Claire nachzulaufen, aber Alexander sagte vermutlich völlig zu Recht, dass das nichts bringen würde. Also ließ Ben sich irgendwann wieder auf seinen Platz fallen und begann, mit den Fingerspitzen einen ungeduldigen Rhythmus auf seinem Oberschenkel zu trommeln.

Isa hätte es ihm gern gleichgetan. Sie fühlte sich flatterig und darum setzte sie sich auf ihre eigenen Hände, weil sie das Gefühl hatte, sonst auf irgendwas einzuschlagen.

Als ihr Vater endlich im Schlepptau von Tante Claire den Salon wieder betrat, waren seine Augen feuerrot. Isa hatte ihn noch nie zuvor so aufgewühlt gesehen. Aber auch noch nie zuvor so entschlossen. Jede Muskelfaser in ihrem Körper war angespannt wie eine Gitarrensaite. So schlimm war es, dass sie sogar Kopfschmerzen davon bekam. Bevor ihr Vater das Wort ergreifen konnte, tat sie es: »Was also jetzt, Papa? Wie geht es jetzt weiter?«

Ihr Vater atmete einmal tief durch, dann sagte er: »Ich weiß, dass ich euch einiges zumute.«

Isas Erschöpfung wurde von Groll überlagert. »Ach«, gab sie spitz zurück. »Echt?«

Ihr Vater sah sie an, als hätte man ihn einmal in eiskaltes Wasser getaucht und wieder daraus hervorgezogen. »Was erwartest du von mir, Isa?«

War das so schwer zu erkennen? Natürlich nicht! Aber sie konnte ihn so gut verstehen. Sie wusste schließlich, wie er sich fühlte, kannte dieses Hin- und Hergerissensein zwischen Redenwollen und der Angst genau davor nur allzu gut von sich selbst. Sie wusste, wie es war, wenn man etwas aussprechen musste, aber einfach keine Worte dafür fand.

»Was ist auf dieser Klippe passiert, Papa?«

Ihr Vater schüttelte den Kopf. »Isa, ich habe Jahre gebraucht, um das alles ...«

Aus Bens Mund kam ein Laut, der irgendwo zwischen Fluchen und Stöhnen lag.

Und in dieser Sekunde hielt Isa es einfach nicht mehr aus.

»Weißt du, was, Papa?«, zischte sie. »Du darfst dir gern weiter selbst leidtun!« Ohne es zu wollen, sprang sie auf.

»Isa!«, sagte ihr Vater.

Sie funkelte ihn an. »Was, Papa?« Jetzt schrie sie wirklich. Die Worte fühlten sich an wie eine Kriegserklärung, aber sie mussten einfach raus. »Am Telefon sagst du mir, du wirst mit mir über alles reden. Du kommst eigens hierher nach Avignon, unterbrichst sogar deine Lesereise dafür. Und jetzt weichst du mir schon wieder aus?«

»Und mir ...«, murmelte Ben, aber Isa hatte jetzt keinen Sinn für ihn. Ihr ganzer Ärger und ihre ganze Konzentration richtete sich nun ausschließlich auf ihren Vater.

»Seit Jahren weichst du aus, belügst Ben und mich, du belügst …« Ihr blieb die Luft weg und das letzte Wort kam nur als dünnes Piepsen heraus.

In den Augen ihres Vaters stand ein sehr sonderbarer, gequälter Ausdruck. »Wenn ihr nicht aufhört, nach ihr zu suchen, Isa, macht ihr euch unglücklich. Ihr alle.«

Sie hörte gar nicht richtig hin. Wütend packte sie Alexander am Arm, zerrte ihn auf die Füße und wandte sich gleichzeitig an Ben. »Los, kommt! Alle beide!«

Ben hatte eben noch wütend ihren Vater angestarrt. Völlig überrumpelt fragte er: »Wo gehen wir hin?«

Sie wusste es, aber sie antwortete nicht. Sie zog Alexander einfach mit sich. »Weg von hier. So weit wie möglich.«

Ben kam auf die Füße und folgte ihnen nach draußen.

Auf der Terrasse blieb Alexander mit einem Ruck stehen und machte sich aus Isas Umklammerung los. »Was hast du vor?«

In Bens Miene las sie genau die gleiche Frage und als auch Sera jetzt noch zu ihnen nach draußen kam und sie fragend anschaute, fühlte Isa sich melodramatisch und aufgekratzt und auf sehr ungute Weise genauso irrational, wie ihre Mutter war. Es war ihr egal. Sie sah erst Ben an, dann Sera, danach Alexander. Alles, was sie wollte, war, sich in seine Arme zu werfen und sich festhalten zu lassen. Aber sie brauchte ihn für das, was sie vorhatte, und da war gerade überhaupt kein Platz für Romantik und dummen Herzschmerz. Für den Augenblick brauchte sie ihn einfach als großen Bruder. Alles andere musste warten. »Du musst mich wohin fahren«, sagte sie. »Und Ben auch, wenn er mitwill.«

Ben kratzte sich am Kopf. »Du willst nach Fontaine, oder?«

Isa nickte. »Sieh es als Fab-Four-Notfall.«

Alexander stöhnte. »Heute Abend noch?«, fragte er.

»Jetzt gleich!« Offenbar ging von ihr eine ähnliche Energie aus wie von ihrer Mutter, denn er zögerte.

Ben jedoch nickte, erst langsam und nachdenklich, dann energischer. »Ich komme mit.«

»Das ist doch bescheuert!«, stieß Sera hervor, aber noch bevor sie den Satz richtig beendet hatte, sah sie die Entschlossenheit sowohl in Isas als auch in Bens Gesicht. »Ihr könnt nicht ...«, murmelte sie, unterbrach sich aber. »Ich vermute, ich könnte euch mit nichts, das ich sage, abhalten, oder?«

Isa lächelte sie nur an und da nickte sie. »Gut. Aber macht euch heimlich vom Acker. Ich bleibe hier und sehe zu, dass Johann und Tante Claire nichts mitkriegen.«

Ein warmes Gefühl durchströmte Isa. Bei allem, was sich in der letzten Zeit so zwischen sie geschoben hatte: Wenn es wirklich drauf ankam, waren sie eben doch wie Pech und Schwefel. »Eine für alle«, sagte sie. »Danke!«

Sera schnaufte. »Hoffentlich bereue ich das später nicht.« Sie beugte sich vor und gab Isa einen Kuss auf die Wange. Dann verschwand sie wieder nach drinnen. »Wo sind sie?«, hörte Isa Tante Claire fragen.

Seras Antwort wurde von der zufallenden Terrassentür abgeschnitten.

Das schien für Alexander den Ausschlag zu geben. »Also gut. Wartet eben. Ich muss nur die Autoschlüssel holen.« Er lief quer über den Rasen zum Gewächshaus und Isa hätte ihn küssen können dafür. Gleichzeitig war sie sich überhaupt nicht sicher, ob es richtig war, was sie hier taten. Auch das war ihr egal. Sie musste jetzt einfach handeln, sonst hätte sie angefangen zu schreien oder noch viel Schlimmeres getan.

»Wegen dem Brief, den ich verbrannt habe ...«, wandte sie sich an Ben.

Der winkte ab. »Vergiss es.« Er überlegte. »Was, denkst du, bringt es, da hinzufahren?«

»Keine Ahnung, aber wenn ich mir noch länger anhören muss, wie Papa um den heißen Brei rumeiert, ramme ich mir den Kopf an einer Wand ein.«

Ben grinste. »Geht mir ähnlich.«

In diesem Moment hätte Isa ihn umarmen mögen. Er lachte auf. »Ach, Schwesterchen!« Dann zog er sie an sich und hielt sie für einige kostbare Sekunden einfach fest.

Isa wäre am liebsten in Tränen ausgebrochen. »Einer für alle«, murmelte sie und ganz kurz fühlte es sich an, als wäre alles wieder völlig in Ordnung.

Als sie kurz darauf in Alexanders Wagen vom Hof rollten – Isa auf dem Beifahrersitz und Ben hinten auf der Rückbank –, hatte Isa das dringende Bedürfnis, sich bei Alexander zu entschuldigen. »Es tut mir leid.«

»Wovon sprichst du?«

Ja, wovon? Dass sie sich von Pascal hatte küssen lassen, nur weil sie wollte, dass er sie vor ihm *rettete?* Von dem ganzen Mist, der hier und jetzt passierte? Von der Wut, die sie empfand, die er genau zu spüren schien und die ihm Unbehagen bereitete? Von der Dummheit, die sie gerade beging? Sie wusste es nicht genau. Es lagen ihr so unendlich viele Dinge auf der Zunge, dass sie kein einziges davon hervorbrachte. Verdammt noch mal! Warum wurde es eigentlich immer schwieriger, über die Dinge zu reden, je länger man es hinausschob? »Was für ein Chaos!«, murmelte sie.

Er schien das ähnlich zu sehen. Und er schien fürs Erste damit zufrieden zu sein. Anders als sie erwartet hatte, stellte er ihren und Bens Entschluss, zu der Klippe in Fontaine-de-Vaucluse zu fahren, nicht infrage. Er hatte eben eine Menge Erfahrung darin, ihr großer Bruder zu sein, dachte sie. Und vermutlich kannte er sie besser als sie sich selbst. Er wusste, dass jeder Widerstand zwecklos sein würde, zumal er jetzt nicht nur sie, sondern auch Ben gegen sich gehabt hätte. An der nächsten Kreuzung setzte er schweigend den Blinker Richtung Fontaine-de-Vaucluse. Aber er schluckte dabei so schwer, dass sie es sehen konnte.

Sie klappte die Sonnenblende runter und stellte sie so ein, dass sie in dem kleinen Spiegel Ben sehen konnte. Er wirkte blass, aber entschlossen, und das war genau der Zustand, in dem sie selbst sich auch befand.

Der Ort wirkte jetzt am Abend noch malerischer als tagsüber. Die Sonne war längst hinter den Felsen versunken, als Isa, Ben und Alexander den Wagen fast an derselben Stelle abstellten wie am Tag zuvor. Die Gassen waren angefüllt mit Schatten und es kam Isa so vor, als hätten sie all die Touristen ersetzt, die sonst hier herumflanierten. Zwar waren noch immer eine Menge Leute unterwegs, aber es war längst nicht mehr so voll wie beim letzten Mal.

In der Luft lag ein kühler Hauch, der sich auf ihrer sonnenwarmen Haut angenehm anfühlte.

»Wir gehen bis zu der ersten Plattform«, hatte Alexander gesagt, als sie aus dem Wagen gestiegen waren. »Auf keinen Fall schlagen wir uns bei Dunkelheit durch den Wald!«

Sie und auch Ben hatten brav genickt, aber als sie bei der ersten Plattform ankamen, bog Isa einfach auf den Pfad ein.

»Hätte ich dir sagen können«, hörte sie Ben murmeln.

Alexander fluchte. »Isa!«, rief er ihr nach, aber was hätte er machen sollen? Ihm und auch Ben blieb nichts anderes übrig, als ihr zu folgen. Zwei Jungs, die ihr nachliefen, als würde sie sie an einer unsichtbaren Leine mit sich führen … Kurz suhlte sie sich in dem Dramagefühl, das der Gedanke auslöste. Dann jedoch drängte sie es zurück.

Im Dunklen kam ihr der Weg sehr viel länger vor als neulich. Sie roch das Aroma des Waldes, das sich kühl und fast wie lebendig um sie schloss. Ihre Nervenenden bebten. Was würde diesmal passieren, wenn sie auf dieser Klippe stand?

Würde sie sich heute erinnern, was damals geschehen war?

Wollte sie das überhaupt?

Um nicht allzu intensiv über die letzte Frage nachzudenken, beschleunigte sie ihr Tempo, bis sie fast rannte. Alexander und Ben blieben die ganze Zeit dicht hinter ihr.

Dann war die Plattform erreicht. Um diese Tageszeit waren sie hier ganz allein und das war gut so. Mit jagendem Herzen blieb Isa mitten auf der Plattform stehen. Der Sternenhimmel über ihr war überwältigend, aber sie achtete kaum auf ihn, genauso, wie sie dem Mond keinen zweiten Blick schenkte, der sich in diesem Moment über die Felsenspitzen schob.

Ihr Blick richtete sich auf das Geländer.

Von ihrer Position aus waren der Abgrund dahinter und das schimmernde Blau des Wassers weit unten nicht zu sehen. Isa versuchte, ihren Atem zu beruhigen. Gleich, dachte sie. Gleich würden die Erinnerungen sie überwältigen und diesmal würde sie nicht vor ihnen fliehen, sondern sie aushalten. Sie würde sehen, wohin sie sie führten.

Erst mal allerdings geschah gar nichts. Sie erinnerte sich an den Gefühlssturm, den sie beim letzten Mal hier oben empfunden hatte, an die Todesangst und auch an das Gefühl, dass jemand ihre Hand gehalten hatte. Aber da war kein Flashback, so wie neulich.

Nur ihr Herz klopfte heftig und angstvoll in ihrer Brust.

Sie tat einen Schritt vorwärts. Alexander ächzte leise, aber er folgte ihr, während Ben es vorzog zurückzubleiben. Alexander hielt sich auch noch dicht bei Isa, als sie an das Geländer trat und den Blick in den Abgrund richtete. Wegen der umliegenden Felsen reichte das Mondlicht nicht bis zum Wasser hinunter und trotzdem leuchtete die Quelle in einem überirdischen Blau. Es war so hell, dass Isa sich fragte, ob man unter Wasser Strahler angebracht hatte.

»Ich erinnere mich nicht«, murmelte sie. »Ich habe gehofft, dass ich mich erinnere, aber es passiert nichts.«

Alexander legte den Arm um sie.

»Vielleicht hat dein Vater recht und du solltest froh darüber sein.« Sein Mund lag ganz dicht an ihrer Schläfe. Sie schauderte, als sein Atem über ihre Haut strich. Das Gefühl vertrieb schlagartig den Wunsch nach Erinnerungen. Was bohrte sie hier in einer längst vergangenen Vergangenheit herum, wenn die Gegenwart doch genug Probleme bereithielt?

Sie wandte sich Alexander zu. Kurz glitt sein Arm von ihrer Schulter, aber sie schmiegte sich an ihn, legte die Wange an seine Brust und sog seinen Geruch ein. »Halt mich einfach fest«, murmelte sie.

Er umschlang sie wieder, diesmal mit beiden Armen. Sie spürte seine Hände an ihrem Rücken, die Wärme seiner Haut, die durch ihr Shirt drang. Sein Herz jagte fast noch schneller als ihres. Sie schloss die Augen und genoss den Augenblick, in dem es sich anfühlte, als seien sie beide ganz allein auf der Welt. Alles andere war für ein paar Atemzüge lang vergessen – Adèle, die Panikattacken, sogar Ben, der erst geflissentlich so tat, als seien seine Schuhe die interessanteste Sache der Welt, und der sich dann rücksichtsvoll hinter die nächste Wegbiegung zurückzog

Wäre da nicht der eigentliche Grund für ihr Hiersein gewesen, Isa hätte die Situation einfach nur hoffnungslos romantisch gefunden.

»Ich brauche keinen großen Bruder mehr«, murmelte sie.

Sein Atem beschleunigte sich, sie spürte, wie sich sein Brustkorb hob und senkte, als wäre er kurz davor zu ertrinken. Sie hob den Kopf, schaute ihm ins Gesicht.

Seine Pupillen waren angefüllt mit dem Leuchten der Quelle, aber trotzdem sah sie seine Zerrissenheit. Sein Mund war ihrem ganz nah. Sie hielt still.

Eine Sekunde verrann.

Zwei.

…

Zehn.

Sie war kurz davor, die letzten Zentimeter selbst zu überwinden, da erschauderte Alexander zutiefst. Ein leises Stöhnen entrang sich seiner Kehle. Und dann, endlich, küsste er sie.

Alexander war sich der Tatsache bewusst, dass sie nicht allein auf der Klippe waren, doch Ben war aus ihrem Blickfeld verschwunden, darum schaffte er es, ihn auszublenden. Isas Lippen auf seinen zu spüren, überwältigte ihn vollkommen. Schlagartig wusste er, dass alle Sorgen, die ihn quälten, seit er dieses elende Parfüm zum ersten Mal in der Hand gehalten hatte, völlig unnötig waren. Dass dieser Moment das war, worauf sein gesamtes Leben hingesteuert hatte. Vielleicht, dachte er ganz kurz, war das hier der Sinn von allem, sogar von Gemmas Tod. Diesen Gedanken allerdings verscheuchte er sofort wieder.

Er wusste nicht, wie viel Zeit vergangen war, bis sie sich voneinander lösten, und als es geschah, atmeten sie beide zu schnell.

In Isas Augen stand ein Leuchten, das heller war als das der Quelle tief unter ihnen.

»Woran denkst du gerade?«, fragte er.

Da lächelte sie. »An den Tag, an dem du zum ersten Mal gesagt hast, dass du nicht mein großer Bruder sein kannst.«

Er spürte, wie sich auch seine Mundwinkel zu einem Lächeln hoben. Daran erinnerte er sich auch. Er erinnerte sich daran, wie Dad gesagt hatte: *Ist doch eigentlich schön, dass ihr jetzt noch einen großen Bruder habt, oder?*

Und er erinnerte sich auch an seine eigene Erwiderung.

Ich kann nicht Isas Bruder sein.

»Du hast es damals schon gewusst.« Isas Stimme holte ihn aus der Vergangenheit und er begriff, dass er immer noch auf dieser Klippe stand.

Irgendwie hatte er das, ja. Er wollte etwas sagen, aber das war der Moment, in dem sein Handy klingelte.

Isa stöhnte auf, als Alexander sich von ihr löste und nach dem Handy griff. Verlegen lächelte er sie an. »Entschuldige, aber das ist Sera. Auf dem Weg hierher hat sie schon zwei Nachrichten geschickt. Sie macht sich Sorgen.« Er nahm den Anruf an.

»Hey!«, meldete er sich, während er ein paar Schritte von Isa wegging. »Ja, alles gut.«

Isa wandte sich dem Abgrund zu. Ihr Herz schlug immer noch schnell und auch ihr Atem ging schwer. Mit einem Lächeln berührte sie ihre Lippen, wo sie Alexanders Wärme noch immer wahrnehmen konnte.

Der Flashback überfiel sie völlig unerwartet und mit brutaler Wucht.

Nein, Maman! Nicht!, wimmerte eine Kinderstimme in ihrem Kopf. Die Todesangst kehrte zurück und schlagartig wusste Isa, dass sie selbst diese furchtbaren Worte ausgerufen hatte. Sie spürte eine kalte Hand, die wie eine Klammer um ihre Finger lag. Der Abgrund war direkt vor ihr, das Geländer *hinter* ihrem Rücken.

»Bleib, wo du bist, Johann!« Eine kreischende Frauenstimme. Ihre Mutter. Der Abgrund war so nah. Isa weinte, klammerte sich an dem Geländer fest. Ein Stück Erde löste sich unter ihren Füßen, fiel und fiel und fiel … Das Wasser der Sorgue war aufgewühlt vom vergangenen Regen, das Blau wirkte trübe. Schmutzig.

»Adèle, ich flehe dich an!« Die Stimme ihres Vaters. »Nicht die Kinder!«

Die Gestalt ihrer Mutter, schmal, dunkel. Wütend. Das zappelnde Kind auf ihrem Arm.

Ben!

Der Abgrund starrte Isa ins Gesicht …

»Nein! Bitte! Maman, bitte!«, wimmerte sie.

»Isa!« Jemand packte sie. Sie spürte kalte Erde unter sich, wann war sie zu Boden gegangen? Sie konnte sich nicht daran erinnern. Sie klammerte sich an dem Geländer fest, dann an der Person, die sie umfangen hielt. Fest, so fest, dass sie kaum Luft bekam.

Ihr Vater? Sie brauchte Sekunden, um sich aus der Vergangenheit zu lösen und zu begreifen, dass es nicht ihr Vater war, der sie wiegte. Es war Alexander. Auf Knien zerrte er sie von dem Abgrund weg, keuchte dabei, als habe sie ihm ein Messer ins Herz gerammt.

»Isa, um Himmels willen. Alles ist gut! Du bist in Sicherheit!«

Der Flashback löste sich auf, sie begriff, dass sie kein kleines Kind mehr war, sondern ein Teenager, dass sie nicht mit ihrer Mutter und Ben am Abgrund stand, sondern sicher in Alexanders Armen lag.

»Ich weiß jetzt, was damals passiert ist«, ächzte sie.

Alexander hielt sie auf Armeslänge von sich weg. Er war totenbleich und das zeigte ihr, wie sehr sie ihn erschreckt hatte. Hinter seiner Schulter tauchte Ben auf, der mitbekommen hatte, dass etwas nicht stimmte.

Isa krümmte sich. Ihr war schlecht und im Leben hätte sie das Entsetzen nicht in Worte fassen können, das sie erfasst hatte. Sie musste all ihren Mut zusammennehmen, bevor sie es aussprechen konnte: »Meine Mutter … sie hat versucht, sich umzubringen. Sie wollte von dieser Klippe springen. Zusammen mit Ben und mir.«

KAPITEL 21

Der Schock der Erinnerung hatte alle romantischen Gefühle zu Staub zermahlen. Auf einmal wollte Isa nur noch weg von hier. Weg von der furchtbaren Erinnerung, die wieder und wieder auf sie einstürmte.

Ihre Mutter. Ben auf dem Arm. Sie selbst an ihrer Hand.

Der bröckelnde Rand des Abgrunds direkt vor ihnen.

Sie erinnerte sich nicht daran, wie Adèle mit ihr und Ben über das Geländer geklettert war, aber an die Schrecksekunden dicht vor dem Abgrund erinnerte sie sich jetzt glasklar. Wie war sie dem sicheren Tod entkommen? Auch daran erinnerte sie sich nicht.

Ihr war so unendlich elend und der Schock, den sie in Bens Augen sehen konnte, machte es nicht besser.

»Du ... du meinst ...« Er konnte es nicht wiederholen, es nicht aussprechen. »Ach du ...« Er wich bis ans Geländer zurück, klammerte sich daran fest.

Isa hatte das irrationale Bedürfnis, ihn von dort wegzuziehen, und als sie es tat, klammerte sie sich an ihn und hielt ihn fest, so wie sie es damals auch hatte tun wollen. Damals, als er auf Adèles Arm gezappelt und sich gewehrt hatte, weil sein Kinderverstand natürlich längst begriffen hatte, was seine Mutter vorhatte. Damals, als der kalte Klammergriff von Adèle um ihre kleine Hand sie davon abgehalten hatte. Als hätte der Wunsch, Ben festzuhalten, all die Jahre an ihr genagt und als wäre das der Grund für ihre enge Verbundenheit, presste sie ihn jetzt an sich. So fest, dass er keine Luft mehr bekam.

»Hey!«, keuchte er. »Du erdrückst mich ja.«

Da erst ließ sie ihn los. Lachte. Schluchzte auf. Zitterte.

Unterdessen hatte Alexander sein Handy aufgehoben, das er mitten im Gespräch mit Sera einfach fallen gelassen hatte, um Isa zu Hilfe zu eilen. Sie schien immer noch dran zu sein, denn in kurzen Worten informierte Alexander sie, was passiert war. »Wir kommen nach Hause«, hörte Isa ihn sagen.

Sie zitterte immer noch, als Alexander, Ben und sie den ganzen Weg zurück zum Wagen gegangen waren. Auch noch, als sie Tante Claires Weingut schon fast wieder erreicht hatten. Im Scheinwerferlicht der entgegenkommenden Autos sah sie Bens finstere, geschockte Miene, und sie wusste, dass er dicht davor stand zu explodieren.

»Was machen wir jetzt?« Sie flüsterte die Frage, lange, nachdem sie auf dem Parkplatz des Weingutes angehalten hatten und alle drei nicht wussten, wie sie aussteigen sollten.

Alexander löste sich als Erster aus seiner Erstarrung. »Was ihr macht, weiß ich nicht, aber ich werde hier und jetzt euren Vater zur Rede stellen!« Fast knurrte er die Worte. »Egal, was auch immer eure Mutter euch angetan hat: Sein Schweigen zerstört euch viel mehr, als sie es jemals könnte. Und damit ist hier und jetzt Schluss!« Mit einem Ruck sprang er aus dem Wagen und war schon halb den Weg zum Haus entlang, bevor Isa und Ben die Kraft fanden, ihm zu folgen.

Wie erwartet, saß Isas Vater noch zusammen mit Tante Claire und Sera in dem kleinen Salon. Sie führten offenbar ein ziemlich ernstes Gespräch, als Alexander gefolgt von Isa und Ben in den Raum stürmte.

»Himmel!«, rief Tante Claire. »Beinahe hätte ich einen Herzinfarkt gekriegt!«

»Gott sei Dank!«, stieß Sera hervor und in dieser Sekunde erst ging Isa auf, wie sie sich gefühlt haben musste, als sie verhindert hatte, dass Papa und Tante Claire ihnen nachfuhren, und wie schlimm es für sie gewesen sein musste, Isas Anfall am Telefon mit anzuhören und nichts – rein gar nichts – tun zu können. Isa ging zu ihr, setzte sich neben sie und ließ sich von ihr in die Arme ziehen, während sie Alexander und Ben anschaute. Es tat gut, zu viert hier zu sein, diese ganze elende Sache gemeinsam durchzustehen ...

Ihr Vater war aufgesprungen, als sie hereingekommen waren. Er hatte sofort begriffen, dass etwas geschehen war. Mit einer seiner typischen beherrschten Bewegungen, die Isa rasend machte, setzte er sich wieder. »Was ist los?«, fragte er.

Sie ballte die Fäuste.

Auf dem Weg vom Parkplatz hierher hatte sie sich fest vorgenommen, die Sache auf den Klippen nicht überzudramatisieren, aber es ging einfach nicht. »Maman hat versucht, sich umzubringen, oder?«, platzte es aus ihr raus. »Und Ben und mich mit.«

Eine Stille entstand, die Isas Ohren klingeln ließ. Schon wieder jagte ihr Herz, aber diesmal nicht aus romantischen Gefühlen.

Ben hatte sich auf die andere Seite von Sera aufs Sofa gesetzt und Sera hatte den Arm von Isas Schultern genommen und hielt nun stattdessen ihre Hand. Alexander stand direkt neben Isa, sie glaubte, seine Körperwärme von ihm ausstrahlen zu spüren.

»Woher ...?« Ihr Vater unterbrach sich, dann beugte er sich vor, stützte den Kopf in die Hände.

»Wir waren noch mal in Fontaine-de-Vaucluse«, erklärte Alexander in einem Tonfall, der allen im Raum klarmachte, dass er über Sinn und Unsinn dieser Entscheidung jetzt nicht diskutieren würde. »Isa hat sich daran erinnert.«

Ihr Vater vergrub die Finger in seinen Haaren. Erneut füllte drückende Stille den Raum, bis Tante Claires leise Stimme erklang.

»Du solltest allen endlich reinen Wein einschenken, Johann.«

Da atmete er mit einem Zittern durch. »Also gut.« Stille. »Vielleicht hast du recht.« Weiter sagte er nichts.

Isa wäre vor Anspannung beinahe geplatzt. Auf einmal war sie ganz sicher, dass sie das Kommende lieber doch nicht hören wollte. Ihr Körper wollte aufstehen, aber Sera hielt immer noch fest ihre Hand.

»Wir haben das gemeinsam angefangen, jetzt stehen wir das auch gemeinsam durch«, sagte Alexander.

Isa blieb, wo sie war.

Isas Vater starrte Alexander an, als seien ihm plötzlich Teufelshörner gewachsen.

»Also«, meinte er. Er hustete in die Hand. »Ich muss nicht noch einmal erwähnen, dass Adèle ein Mensch ist, der für die ihr Nahestehenden nicht gut ist. Ich habe alles versucht, euch vor ihr zu beschützen, aber vielleicht ist es wirklich an der Zeit, euch die Wahrheit zu sagen.« Plötzlich sah er sehr müde aus, fand Isa. Müde und so, als habe er nach einem endlosen, schweren Kampf am Ende doch kapitulieren müssen. Sie registrierte das irgendwie emotionslos, vermutlich weil ihre Empathie für ihn inzwischen ziemlich restlos aufgebraucht war. Voller Grimm wartete sie, bis er das Wort direkt an sie richtete. »Du hast recht, Isa. Adèle hat versucht, sich in Fontaine-de-Vaucluse das Leben zu nehmen.«

Ben krampfte die Finger um seine Knie. Sera sah es und

nahm nun auch seine Hand. Er beugte sich vor, streckte die andere Hand nach Isa aus. Sie ergriff sie, sodass sie eine Art Schutzkreis bildeten. Auf diese Weise saßen sie nebeneinander, vorgebeugt und voller Erwartung, und Isa war sich sicher, dass sowohl Ben als auch Sera und Alexander in diesem Moment genau wie sie innerlich zitterten.

Tante Claire hingegen schien froh darüber, dass ihr Bruder endlich den Mund aufmachte.

Und dann erzählte Isas Vater ziemlich weitschweifig davon, wie erst Isa geboren worden war und nur elf Monate später Ben. Er erzählte, dass es Adèle schon nach Isas Geburt nicht gut gegangen war und dass sie dann nach Bens Geburt in einen zutiefst düsteren Gemütszustand verfallen war. »Es hatte etwas Manisch-Depressives und gleichzeitig war es das auch nicht. Ich bin mit ihr von Facharzt zu Facharzt gerannt, aber keiner konnte herausfinden, was genau sie hatte. In einer Klinik in Avignon vermutete man, dass sie ein schweres Trauma erlebt haben musste, aber als ein Arzt ihr das sagte, hat sie ihm beinahe die Augen ausgekratzt. Danach hat sie sich geweigert, noch einen Tag länger in dieser Klinik zu bleiben.« Er seufzte leise und Isa konnte ihm ansehen, wie sehr ihn diese vor vielen Jahren geschehenen Dinge noch immer belasteten.

»Ich habe alles versucht, ihr zu helfen«, murmelte er. »Ich habe lange Spaziergänge mit ihr gemacht, ich habe sie nächtelang im Arm gehalten, wenn sie Albträume hatte, und versucht, sie aufzumuntern, wenn sie wieder mal tagelang nur Löcher in die Luft gestarrt hat. Und dann – irgendwann im Mai nach deinem dritten Geburtstag, Ben, muss es gewesen sein. Da habe ich mit ihr einen Ausflug nach Fontaine-de-Vaucluse gemacht. Ausgerechnet dorthin.«

Ein kalter Schauder rann Isa den Rücken hinunter. Bens

Griff um ihre Finger verstärkte sich und sie musste dagegenhalten, damit er ihr nicht die Knochen quetschte.

Ihr Vater versank für einige Minuten in seinen Erinnerungen. Sein Gesicht wirkte blass und faltiger als gewöhnlich. In seinen Augen flackerte es. »Ich dachte, es wäre eine gute Idee, an diesen schönen Ort zu fahren und seinen Frieden auf sie wirken zu lassen. Ich hatte keine Ahnung, dass sie damit sehr besondere Erinnerungen verband ...« Er blickte zum Esstisch, auf dem immer noch die Gegenstände aus Adèles Kiste lagen. Jemand hatte das Foto von ihr und dem unbekannten Baby mit dem Gesicht nach unten gedreht.

Isa schluckte. »Du wusstest nicht, dass dieser Ort für Maman eine wichtige Bedeutung hatte. Dass es der Ort war, an dem sie zum letzten Mal mit dieser Naïa glücklich war.« Sie dachte daran, wie er auf das Foto reagiert hatte. Er war aufgesprungen und aus dem Salon gerannt.

Jetzt nickte er. »Zuerst wirkte sie ganz normal. Also nicht anders als sonst. Etwas aufgedreht, übertrieben fröhlich und laut. Sie sang euch beiden in einer Tour dieses Lied vor. *Sur le Pont ...*« Wenn es überhaupt möglich war, dann wurde sein Gesicht noch ein bisschen grauer und eingefallener. »Sie wollte unbedingt auf diese Klippe hoch. Ich habe mich beschwert, weil der Pfad so schmal war. Ich hatte Mühe, Bens Buggy dort hinaufzubekommen, aber das war ihr egal. Ganz aufgeregt wirkte sie, wie sie mit dir auf dem Arm vor mir hergelaufen ist, Isa. Darum habe ich sie machen lassen und bin ihr mit Ben gefolgt. Aber oben auf der Klippe dann ...« Wieder stockte er, versank minutenlang in seinen Erinnerungen. »Ihre aufgesetzte Fröhlichkeit war auf einmal wie weggeblasen. Ich merkte, dass etwas überhaupt nicht in Ordnung war. Viel zu spät habe ich es gemerkt.«

»Dich trifft keine Schuld!«, wandte Tante Claire ein.

Er schien es nicht einmal zu hören.

»Ich wollte wieder zurückgehen, aber da ist sie völlig ausgeflippt. Hat mich angeschrien und gesagt, dass ich keine Ahnung hätte, wie es ihr ginge, dass ich niemals verstehen würde, was sie erleidet, dass ich … Sie hat dich aus dem Buggy gehoben, Ben, und bevor ich reagieren konnte, ist sie mit euch beiden über das Geländer geklettert. Sie hat gedroht, sich mit euch zusammen in die Tiefe zu stürzen.«

Die Bilder ihres Flashbacks brachen über Isa herein wie eine Sturzflut aus eiskaltem Wasser. Die kreischende Stimme ihrer Mutter.

Bleib, wo du bist, Johann!

Die Erde, die sich unter ihren Füßen löste und in die Tiefe fiel. Das trübe Wasser der Sorgue so schrecklich tief unter ihnen …

»Nein! Bitte! Maman, bitte!«, wiederholte sie, was sie damals gewimmert hatte, und erst, als alle sie schockiert ansahen, bemerkte sie, dass sie es laut gesagt hatte. »Ich erinnere mich an das alles«, flüsterte sie.

Bens Finger hatten sich mittlerweile in einen Schraubstock verwandelt, seine Stimme war nur ein Flüstern. »Ich fasse das alles einfach nicht.«

»Adèle war ernsthaft krank«, sagte Alexander.

Isas Vater nickte. »Das war sie.«

»Warum hast du uns das all die Jahre verschwiegen?«, flüsterte Isa.

Das brachte ihn in eine Art Verteidigungshaltung. »Sie war krank, Isa!«, sagte er heftig. »Und schlimmer noch: Sie machte alle krank, die sich in ihrer Nähe aufhielten. Ich musste einfach dafür sorgen, dass sie euch nichts antun …« Alle

Energie schien aus ihm zu fließen. »Dass sie euch nicht auch so zerstören konnte, wie sie mich zerstört hat.«

»Du musstest dafür sorgen ...«, echote Isa. Jedes einzelne seiner Worte dröhnte in ihrem Kopf und da war für nichts anderes mehr Platz. Nicht für Gefühle, ja, nicht einmal für die Fassungslosigkeit, die sie eigentlich hätte empfinden sollen. Ihre Mutter war psychisch schwer krank gewesen. Das erklärte so vieles, aber noch überblickte sie es nicht in Gänze. Ein einziger Gedanke allerdings stieß glasklar und schmerzlich durch das ganze Chaos: So also fühlte es sich an, wenn die Welt ins Rutschen kam. Wenn sich alles schlagartig vom Kopf auf die Füße verkehrte, weil man rausfand, dass etwas, das man sein ganzes Leben lang geglaubt hatte, völlig falsch war. »Sie hat gar nicht uns verlassen? Das warst du? *Du* hast *sie* verlassen, weil du Angst hattest ...?« Ihr Blick flog zu Ben, der es ebenfalls in dieser Sekunde verstanden zu haben schien. Der es ebenfalls nicht glauben konnte. Es war jedoch Tante Claire, die als Nächstes das Wort ergriff.

»Stimmt das, Johann?«, fragte sie.

Isas Vater schwankte leicht. »Ich habe sie nicht ... doch. Ja, wenn ihr es so ausdrücken wollt: Es stimmt. Sie hat nicht uns verlassen. Ich habe sie zu ihrer Truppe gebracht und sie dort gelassen.«

Isa machte den Mund auf, machte ihn wieder zu.

Ben erging es nicht anders.

»Gute Güte!«, rief Tante Claire aus. »Darum also hast du damals nie nach ihr gesucht! Weil du wusstest, wo sie war! Weil du selbst sie dorthin gebracht ...?«

Die Verständnislosigkeit in der Stimme seiner Schwester und vermutlich auch die eigenen Schuldgefühle brachten Isas Vater dazu aufzubrausen. »Sie hatte versucht, sich und die Kinder von dieser Klippe zu stürzen, Claire! Ich konnte es nicht verantworten, sie in Isas und Bens Nähe zu lassen.«

Isa traute ihren Ohren nicht.

»Was, bitte schön, ist das denn für ein Scheißspruch?«, rief Ben aus und er sprach Isa aus dem Herzen. Ihr Vater klang, als hätte er nicht einen einzigen Gedanken daran verschwendet, wie es ihrer Mutter ging! Sie hatte gerade zuvor versucht, sich umzubringen, und das war seine Art, darauf zu reagieren? Sie abzuschieben? Während ihr Vater geredet hatte, hatte Isa Ben und Sera ihre Hände entzogen. Jetzt stand sie auf, ging mit steifen Schritten zu dem Regal neben der Tür, in dem seine Romane standen. Die Buchrücken verschwammen vor ihren Augen und sie musste mit den Fingerspitzen darüberstreichen, um ihren Blick zu fokussieren. Es dauerte nur Sekunden, dann hatte sie *Die Frau in Rot* gefunden. Sie zog es heraus. Das Bild auf dem Cover sprang sie förmlich an. Diese bunten Farbtupfen, die den Hintergrund für die Frau und ihr blutrotes Kleid bildeten – plötzlich erkannte sie sie. Es waren die Karussellpferde auf dem Place de l'Horloge! »Du hast diese Entscheidung über sie ganz allein getroffen?«, hörte sie sich flüstern.

»Nein«, widersprach er. »Natürlich nicht! Wir waren uns einig. Sie …«

»Doch, hast du«, sagte Ben.

Mit dem Roman in der Hand drehte Isa sich zu ihrem Vater um. »Du hast sie im Stich gelassen, obwohl sie krank war, und dann hast du all das genutzt und dieses Buch geschrieben?« Ihr wurde bewusst, dass sie schrie. Es war ihr egal. »Wie konntest du eure Geschichte ausschlachten und gleichzeitig uns in dem Glauben lassen, dass Adèle … dass Maman der Bösewicht in dieser Geschichte ist? Wie …« Ihre Worte kippten, sie räusperte sich. »Warum hast du uns die ganze Zeit angelogen?« Sie wisperte jetzt nur noch.

Die Finsterstimme in ihrem Kopf kicherte hämisch. *Zu lügen liegt irgendwie in der Familie, oder?*

»Ich habe das nicht ausgeschlachtet«, verteidigte sich ihr Vater. »Ich habe …«

»Halt den Mund, Papa!«, brüllte sie ihn an. Auf einmal wollte sie nur noch weinen. Zu erfahren, dass ihre eigene Mutter verzweifelt genug gewesen wäre, sich zusammen mit ihr und Ben über eine Klippe in die Tiefe zu stürzen, war schlimm, aber aus irgendeinem Grund war es noch viel schlimmer, dass ihr Vater ihnen all die Jahre eine Lügengeschichte über ihre Mutter erzählt hatte. Es fühlte sich an wie ein richtig übler Vertrauensbruch. Und dann war da noch diese eine, neue Frage, die in Isa keimte: Wer war diese Frau, die sie zur Welt gebracht hatte, wirklich?

Sie hatte das Gefühl, Adèle jetzt noch viel weniger zu kennen als jemals zuvor, und das fühlte sich an, als würde sie wieder über diesem Abgrund stehen und der Boden unter ihr ganz langsam nachgeben.

Sie konnte die Gegenwart ihres Vaters nicht mehr ertragen. Sie warf sich herum, rannte nach draußen auf die Terrasse und sie konnte es nicht verhindern, dass sie dabei laut aufschluchzte.

Mit zitternden Knien und schwer atmend blieb sie unter der großen Platane im Garten stehen. Als sie sich selbst mit den Armen umklammern wollte, merkte sie, dass sie noch immer dieses elende Buch in den Händen hielt. Das Gefühl auseinanderzubrechen war unerträglich.

Dann war Alexander da. Sanft nahm er ihr das Buch aus

den Händen und legte es auf den Tisch. Er umfasste ihre Schultern, sah ihr prüfend ins Gesicht.

»Ben?«, fragte sie.

»Der wollte dir auch nachlaufen, aber Sera hat ihn aufgehalten.« Alexander lächelte, dann zog er sie in seine Arme. Seine Nähe brachte auch noch das letzte bisschen Selbstbeherrschung ins Wanken. Schluchzend vergrub Isa das Gesicht an seiner Brust und dann zerfiel sie in tausend Scherben. All der Kummer, die Angst und die jahrelange Enttäuschung über ihre Mutter, die sie so verzweifelt mit Wut zu unterdrücken versucht hatte, wurden weggeschwemmt von einem tiefen Aufschluchzen. Der Schmerz, der dahinter zum Vorschein kam, war so umfassend, dass er von Horizont zu Horizont zu reichen schien und sie ihn nicht überblicken konnte. All die unzähligen winzigen Splitter, in die sie auseinanderbarst, schienen in sämtliche Himmelsrichtungen davonzufliegen, und es waren allein Alexanders Hände, die Isa davon abhielten, sich vollständig aufzulösen. Wieder und wieder strich er ihr beruhigend über den Rücken.

Bis der Tränenstrom endlich versiegte. Sie wusste nicht, wie viel Zeit vergangen war, als sie sich losmachen wollte. Er hielt sie noch einen Moment länger fest und rückte dann erst auf Armeslänge von ihr ab.

Sie hatte sein Shirt mit ihren Tränen völlig durchnässt. Fahrig strich sie über den nassen Stoff an seiner Brust, fühlte sich leer und elend.

Als sie den Blick zu ihm aufhob, lächelte er schwach. »Das war ein ziemlich dramatischer Abgang, findest du nicht?«

Es war als Scherz gemeint, als etwas, das die Situation auflockern sollte, aber für sie fühlte es sich an wie eine Ohrfeige. *Dramaqueen!*, wisperte es in ihrem Kopf. Schon wieder wollten ihr die Tränen kommen. Bevor sie allerdings noch einmal in haltloses Schluchzen ausbrechen konnte, bemerkte sie, dass Ben und Sera ihnen doch noch gefolgt waren. Unsicher, ob sie Isa und Alexander stören sollten, standen sie in einiger Entfernung. Bei ihrem Anblick wollte etwas in Isas Herz überlaufen. Sie ließ Alexander stehen, ging zu ihnen und umarmte sie beide, so fest sie konnte.

»Uff«, hörte sie Ben murmeln. »Das war ganz schön harter Tobak.«

Isa sah ihm ins Gesicht. Er war blass, aber da lag ein Grinsen auf seinen Zügen, und bevor sie fragen konnte, was los war, wurde ihr klar, dass er einen Plan hatte.

»Cirque Bartoc«, sagte er.

»Wovon sprichst du?«, fragte Alexander.

»Cirque Bartoc«, wiederholte Ben. »Das ist der Name von Mamans Schaustellertruppe. Die, zu der Papa sie gebracht hat. Falls wir zu ihr wollen ...«

Bevor Isa irgendetwas dazu sagen konnte, fragte Alexander erstaunt: »Er hat ihn dir verraten?«

Ben lächelte schmal. »Sagen wir, ich habe ihm ein klein wenig die Pistole auf die Brust gesetzt.« Er strich Isa die wirren Haarsträhnen fort, die an ihren nass geweinten Wangen klebten. Plötzlich war nicht mehr er der kleine Bruder und sie die große, vernünftige Schwester, sondern die Verhältnisse hatten sich umgekehrt. Alles stand plötzlich auf dem Kopf.

»Ach, Ben«, murmelte sie.

Kurz flackerte es in seinen Augen, aber auch das überspielte er. »Schausteller haben einen Spielplan, Isa! Wir können im Internet nachschauen, wo diese Truppe sich gerade aufhält. Und dann fahren wir hin ...«

Sie lauschte in sich hinein, um zu ergründen, ob sie das

wollte. Hinter all ihrer Wut und Enttäuschung, die sich plötzlich auf ihren Vater richteten, lauerte immer noch ein gewisses Grauen, aber der Wunsch, ihre Mutter kennenzulernen, wurde von Minute zu Minute größer. Trotzdem: Das Gefühl, mit einem Fuß über dem Abgrund zu schweben, war so unerträglich, dass sie dagegen anatmen musste.

Sie sah Alexander an. Und aus irgendeinem Grund wusste sie, dass es ihm genauso erging.

Alexander fühlte sich nach all den Erlebnissen des heutigen Tages, als hätte ihn jemand erst in Eiswasser getaucht und dann im kalten Wind zum Trocknen aufgehängt. Irgendwie tat ihm alles weh, was natürlich von der Anspannung kam.

»Zu dieser Truppe zu fahren, schön und gut«, hörte er Sera sagen. »Aber heute auf keinen Fall mehr.« Als sie merkte, dass Ben widersprechen wollte, schüttelte sie sanft den Kopf. »Es ist spät und der Tag war lang und schlimm. Wir sollten schlafen gehen. Morgen sieht die Sache dann schon wieder ganz anders aus, und dann können wir immer noch nach Adèles Schaustelltruppe suchen.«

Schniefend hob Isa den Blick zu ihr auf. »Das ist mir irgendwie zu vernünftig«, murmelte sie.

Alexander nickte unwillkürlich. Es gab Erlebnisse, danach sah die Welt nie mehr so aus wie vorher, dachte er. Alles, was man dann tun konnte, war, in dem Sturm, die sie auslösten, nicht zu ertrinken. Er selbst fühlte das so sehr. Und gleichzeitig fühlte er eine tiefe Erschöpfung, die ihm klarmachte, dass Sera natürlich recht hatte.

Sera lächelte schmal. »Komm!« Sie zog Isa mit sich in Richtung Gewächshaus.

Alexander wollte ihnen folgen, aber Ben hielt ihn auf. »Alexander …« Ihm lag noch etwas auf dem Herzen, das sah Alexander ihm deutlich an. Er war plötzlich wieder voller Anspannung. »Ich muss dir noch was Wichtiges sagen«, erklärte er.

Schlagartig begriff Alexander, dass der Sturm noch nicht seine volle Kraft entwickelt hatte. Da kam noch mehr. Und es schien Ben genauso zu erschüttern, wie die Wahrheit über Adèle zu erfahren.

»Was ist los?« Alexanders Kopfschmerz verstärkte sich.

Ben straffte sich. »Erinnerst du dich daran, wie ich mich das zweite Mal mit Maman getroffen habe? Dass sie Hals über Kopf weggelaufen ist, als ich ihr von uns Kindern erzählt habe?«

Alexander nickte. Sein Kopfschmerz verwandelte sich in ein grelles Schrillen.

Ben stieß einen unterdrückten Fluch aus. »Ich habe ihr von uns und unserem Leben erzählt, und das hat sie ziemlich traurig gemacht. Aber eben, als Papa uns das alles gebeichtet hat, da ist mir noch was eingefallen.« Er stockte. Sammelte sich. »Ausgeflippt ist Maman erst, als ich erwähnt habe, dass *du* bei uns wohnst.«

»Ich verstehe nicht …«, murmelte Alexander, doch das stimmte nicht. In seinem Verstand formten sich bereits die Umrisse von etwas Monströsem.

»Ich erinnere mich jetzt genau! Ich habe Maman erzählt, dass Isa nächstes Jahr ihr Baccalauréat macht, und dann, dass du deins gerade fertig hast. Da ist sie wie von der Tarantel gestochen hochgefahren. *Alexander?*, hat sie geflüstert. Ganz blass war sie. Und gleich darauf ist sie einfach verschwunden.«

Alexander hielt die Luft an. Adèle und er. Wie er schon vermutet hatte, als Pascals Mutter mit ihm gesprochen hatte, schien es eine Verbindung zwischen ihm und Isas Mutter zu geben.

»Als ich hinter Maman her bin, da hat sie etwas gemurmelt«, sagte Ben. »Ich hatte es erst vergessen, aber auch das ist mir jetzt wieder eingefallen.« Er zögerte, dann zitierte er Adèles Worte. *»Ich friere an dir fest.* Wieder und wieder hat sie das gesagt.«

Alexander zuckte zusammen. Schlagartig hatte er eine Vorstellung davon, wie Isa sich vorhin dort oben auf der Klippe gefühlt hatte.

»Ich friere an dir fest«, wiederholte Ben. »Genau wie in dem Gedicht, das du von deiner Mutter hast. Was hat das zu bedeuten, Alexander?«

Ja. Was? Die dumpfen Schmerzen, die Alexander spürte, verwandelten sich in etwas Scharfes, Spitzes, als aus Anspannung Angst wurde. »Danke, dass du mir das gesagt hast«, flüsterte er. Er musste hier weg! Fort aus dem Auge des Sturms. Brauchte Zeit für sich. Ruhe. Und Dunkelheit.

Seine Gedanken rasten.

»Sorry.« Er ließ Ben stehen und marschierte quer durch den Garten zum Hoftor. Er zog es auf und rannte in die Nacht über den Weinbergen hinaus.

Erst als die Lichter des Hofes hinter ihm in der Dunkelheit verschwammen, blieb er stehen. Der Sternenhimmel spannte sich über ihm, doch er sah kaum hin. Er hatte das Gefühl, dass es ihn in die schwarze Unendlichkeit gezogen hätte, hätte er es getan.

Stattdessen nahm er sein Notizbuch aus der Hosentasche und holte den Zettel aus der hinteren Klappe. Seine Hände zitterten, als er ihn auseinanderfaltete. Die mit Schreibmaschine in das Papier gestanzten Worte waren im schwachen Licht des Mondes kaum zu lesen, aber das war egal.

Er kannte die Worte auswendig.

Die Anfangszeilen des Gedichtes klangen in seinem Kopf wie die Schläge einer großen Bronzeglocke.

hab dich mir unters schlüsselbein graviert.

friere an dir fest ...

Friere an dir fest.

Die Worte, die Adèle gesagt hatte, nachdem Ben ihr seinen Namen genannt hatte.

Erinnerungen taumelten durch Alexanders Verstand. Seine Mutter Gemma, die ihm den Zettel mit dem Gedicht darauf gab. Ihre Worte: *Lies ihn. Wir reden heute Abend darüber.*

»Dad ...«, murmelte er. *Was verschweigst du uns noch alles? Was verschweigst du mir?* Er zog das Foto von Madame Hiver aus der Hosentasche, starrte darauf.

KAPITEL 22

»Alexander?«

Der Ruf scholl durch die Dunkelheit. Die Stimme von seinem Dad. Wieder taumelten Bruchstücke seines Lebens durch Alexanders Kopf. Szenen reihten sich aneinander wie Perlen, die in alle Himmelsrichtungen davonkullern wollten, weil die Schnur, die sie zusammengehalten hatte, zerrissen war.

Gemmas verlegenes Lächeln, als er einmal ein Gespräch zwischen ihr und einer ihrer Freundinnen belauscht hatte. *Ganz ehrlich? Ich weiß nicht, wer Alexanders Vater ist,* hatte sie gesagt.

Gemma, die nicht widersprochen hatte, als er sie statt mit *Maman* mit dem Vornamen angesprochen hatte, weil ein Kamerad in der Schule das mit seiner Mutter auch machte und er es irgendwie cool fand.

So langsam begann er zu ahnen, was all das wirklich bedeutete.

»Alexander? Bist du hier irgendwo?« Wieder Dads Stimme.

Die Verzweiflung darin ließ Alexander aus der Vergangenheit auftauchen. »Hier!«, rief er. Er klang sich selbst fremd.

»Gott sei Dank!« Dad kam aus der Dunkelheit auf ihn zu gestolpert. Zerzaust sah er aus im Licht der Sterne und blass. »Ich habe mir Sorgen gemacht!« Er machte Anstalten, Alexander in seine Arme zu ziehen, aber der wehrte ab, und Dad ging wieder auf Abstand. »Ben hat mir gesagt, dass du weggelaufen bist. Er hat mir auch gesagt, was er dir erzählt hat.«

»Friere an dir fest«, flüsterte Alexander. Dann reichte er sei-

nem Dad den Zettel mit dem Gedicht. »Das hat Gemma mir gegeben, kurz bevor sie starb.«

Sein Vater nahm den Zettel. Las. Keuchte auf. »Ja«, sagte er. »Ja.« Er wirkte auf einmal wie ein geprügelter Hund.

Alexander musste all seinen Mut aufbringen, um das Foto hochzuheben und es diesem Mann zu zeigen. Das Foto von Naïa, von Adèle ... und dem Baby, das nicht Ben war. Es fiel ihm unendlich schwer, die eine Frage zu stellen, die ihn nun schon seit Tagen nicht losließ. »Sag mir die Wahrheit«, flüsterte er. »Bin ich das auf diesem Bild?«

Sera bestand darauf, dass Isa mit ihr ins Gewächshaus ging und sich hinlegte, und sie hatte das kaum getan, als Ben zu ihnen hereinkam.

»Scheiße«, hörte sie ihn sagen. »Verdammte Scheiße! Es ist alles nur meine Schuld!«

Isa setzte sich auf. »Wovon sprichst du?« Tief in ihrem Innersten gab sie ihm recht. Wenn er sich nicht auf die Suche nach Adèle gemacht hätte, dann wären sie jetzt alle nicht hier. Dann lägen alle Geheimnisse noch immer schön verpackt irgendwo in einer dunklen Ecke von Papas Verstand und würden ihnen nicht gefährlich sein. Sie wusste schon, warum sie den ersten Brief ihrer Mutter verbrannt hatte, und kurz fühlte sie sich so sehr im Recht, dass es sie regelrecht kribbelig machte. Aber das Triumphgefühl hielt nur sehr kurz, dann wurde es verdrängt von dem Nachhall der diversen Erschütterungen, die sie heute Abend erlebt hatte.

Und vor allem von Bens gequältem Gesichtsausdruck. »Was hast du?«, fragte sie. »Und wo ist Alexander?«

»Bei Papa«, antwortete Ben. »Sie reden.« Er klang, als sei das eine nächste schlimme Nachricht.

»Worüber?«

Er machte ein Geräusch, das wie ein Würgen klang, und sie verspürte Abwehr. Zu viele Enthüllungen für eine Nacht. Zu viele Beben. Sie war so unendlich müde! Sie musste sich regelrecht zwingen, zu sagen: »Raus mit der Sprache, Ben!«

Erneut würgte er. Dann erklärte er es ihr. Er sagte, dass Adèle sich wie eine Verrückte aufgeführt hatte, als er ihr bei ihrem zweiten Treffen von Alexander erzählt hatte. Und er sagte auch, was Adèle in einem fort gesagt hatte.

»Friere an dir fest?«, murmelte sie. Eine Zeile aus diesem Gedicht, das Alexander von seiner Mutter bekommen hatte.

Was hatte das nun schon wieder zu bedeuten?

»Für mich klingt das, als hätten Alexander und Adèle irgendwas miteinander zu tun«, warf Sera ein.

Ben nickte. »Ich glaube, das ist das, worüber Papa und er gerade reden.«

Isa war auf den Beinen, bevor sie so recht wusste, wie ihr geschah. »Wo sind sie?«, herrschte sie Ben an.

»Im Weinberg, glaube ich.«

Und bevor Bens Worte verklungen waren, war Isa draußen. In der Dunkelheit des Gartens. Dann durch das Tor hinaus. Auf der Suche nach ihrem Vater und dem Jungen, den sie liebte.

Isa starrte grübelnd durch die gläserne Decke in die Nacht hinein. Sie hatte vergeblich nach ihrem Vater und Alexander gesucht und schließlich war sie unverrichteter Dinge zurück ins Gewächshaus gekehrt und hatte sich voller Unruhe auf ihr Bett geworfen. Lange Zeit war das Flackern der Petroleumlampe, die Sera angezündet hatte, das Einzige, was sich hier drinnen bewegte. Nur ab und zu hörte sie die Nachtfalter gegen das Gewächshaus prallen. Die Geräusche kamen ihr dumpfer vor als noch neulich, bedrohlicher. Die ganze Welt dort draußen wirkte bedrohlicher als Stunden zuvor.

»Ich kann mir nicht helfen«, hörte sie Ben leise zu Sera sagen. »Aber langsam kriege ich das ungute Gefühl, dass diese ganze Sache Alexander noch viel mehr zerstören wird als uns.«

Isa zog sich die Decke über den Kopf. Irgendwann – draußen wurde es längst wieder hell – fiel sie in einen unruhigen Schlummer, aus dem sie aufgeschreckt wurde, weil dicht neben ihr Schritte ertönten. Sie setzte sich auf.

»Schlaf weiter.« Alexanders leise Stimme. »Ich bin's nur.«

»Das glaubst du ja wohl selbst nicht!«, entfuhr es ihr und damit weckte sie auch Sera und Ben auf, die ebenfalls eingeschlafen waren.

»Alexander!«, sagte Ben.

Sera schwang die Beine aus dem Bett. »Alexander«, sagte auch sie. »Ist alles in Ordnung?«

»Erzähl!«, drängte Ben. »Was ist mit …«

Alexander brachte beide mit einer knappen Handbewegung zum Schweigen. »Ich brauche eine Weile für mich. Tut mir leid.« Er hatte sein Notizbuch und seinen Füllfederhalter in der Hand. Jetzt nahm er seine Jacke, streifte sie über und machte Anstalten, das Gewächshaus wieder zu verlassen.

Isa wollte ihm nachlaufen, aber wieder war es Sera, die sie davon abhielt.

»Lass ihn! Er wird zurückkommen und uns alles erzählen, wenn er selbst damit klargekommen ist.«

Im ersten Moment glaubte Isa, dass sie recht hatte, aber dann besann sie sich. Dieser ganze Mist hier existierte doch nur, weil sie in dieser Familie viel zu lange geschwiegen hatten! »Ich lasse ihn jetzt auf keinen Fall allein da draußen!«, knurrte sie.

Sie fand ihn weder bei der Sitzgruppe unter der alten Platane noch bei dem Pavillon, in dem Ben beim Kinderfest seine Bühne aufgebaut hatte. Sie suchte ihn überall: am Pool, in jedem Winkel des weitläufigen Gartens, sie ging sogar noch einmal in die Weinberge. Vergeblich. Erst als sie zurück auf den Hof kam und dort Michel begegnete, einem der Angestellten von Tante Claire, hatte ihre Suche Erfolg.

»Wen suchst du?«, fragte Michel. Obwohl es noch extrem früh war, schien er schon zu arbeiten. Seine Hände waren schwarz und ölverschmiert und ein Streifen Schmutz zierte seine hohe Stirn.

»Alexander.«

Michel wischte sich die Finger an einem Tuch ab, das ehemals wohl weiß gewesen war, mittlerweile aber so schwarz und speckig glänzte wie seine Hände. »Den habe ich vorhin gesehen«, sagte er. »Ich glaube, er ist auf den Dachboden der Scheune gegangen.«

Isas Blick huschte zu dem alten Gebäude mit dem vollgerümpelten, staubigen Dachgeschoss. »Danke!«, rief sie Michel zu, dann eilte sie zu der steilen Treppe, über die sie und die Jungs erst kürzlich all die Mal- und Verkleidungssachen nach unten geschleppt hatten. Die relative Unbeschwertheit jenes Tages kam ihr fern und unwirklich vor.

Voller Unbehagen starrte sie hinauf in das staubige Dunkel.

Ob Alexander wirklich dort oben war?

Er war es.

Er saß in der hintersten Ecke des großen Raumes auf dem Boden, hatte die Beine vor die Brust gezogen, die Arme darum geschlungen und den Kopf auf die Knie gelegt. Sein Anblick und der von seinem Notizbuch, das zusammen mit seinem Füller neben ihm im Staub lag, zerriss Isa beinahe das Herz.

Die Sache zerstört Alexander, hallte Bens Stimme in ihr nach und obwohl sie keine Ahnung hatte, warum, nagte genau dieses Gefühl auch an ihr. Sie dachte daran, wie Alexander sie so oft gehalten und getröstet hatte, und sie wollte dasselbe auch für ihn tun. Mehr noch: Sie konnten sich gegenseitig festhalten. Sie räusperte sich leise.

Er hob den Kopf. »Isa.«

»Darf ich mich zu dir setzen?«, fragte sie und fühlte sich dabei wieder so klein und hilflos wie früher, wenn sie an seinem Bett gestanden und ihn gebeten hatte, bei ihm schlafen zu dürfen, weil sich all ihre Eingeweide vor lauter Angst zu einem kalten, schmerzhaften Knoten verkrampft hatten.

Er antwortete nicht, aber er sagte auch nicht Nein, also ging sie zu ihm, hockte sich neben ihn in den Dreck. Ein paar erste Sonnenstrahlen drangen durch Ritzen im Dach und ließen Staubkörner in der Luft tanzen wie winzige Sterne in einem Miniaturuniversum. Früher hatte Isa sich manchmal vorgestellt, dass die Staubkörner kleine Welten waren, auf denen Wesen lebten, die lachten und litten, wie sie es hier auf der Erde taten. Und dann hatte sie überlegt, ob die Erde auch nichts anderes war als ein Staubkörnchen auf einem alten Dachboden einer sehr, sehr viel größeren Welt. Wenn sie allzu traurig wegen irgendwas gewesen war, hatte sich dieser Gedanke tröstlich angefühlt, denn die Wesen auf diesem größeren Dachboden hätten ihre Nöte und Sorgen winzig und unbedeutend gefunden.

Blöd, dass diese Vorstellung gerade überhaupt nicht half.

»Was ist passiert?«, fragte sie in die drückende Stille hinein, die nur ab und an von fernen Stimmen draußen auf dem Hof unterbrochen wurde.

Alexander lehnte den Kopf an die Wand und starrte geradeaus.

Isa spürte, dass sie geduldig mit ihm sein musste. »Ben hat mir erzählt, was Adèle gesagt hat, als sie vor ihm davongelaufen ist.«

Schweigen.

Unten auf dem Hof erklang Tante Claires Stimme. »Michel?«, rief sie. Mehr war nicht zu hören.

»Hab mich dir unters Schlüsselbein graviert«, sagte Alexander, nachdem eine halbe Ewigkeit verstrichen war.

Isa nickte. »Der Satz aus deinem Gedicht. Was bedeutet das, Alexander?«

Wieder verstrichen Äonen. »Ich war neun. Gemma kam mit diesem Zettel zu mir und gab ihn mir. Sie wollte mir etwas darüber sagen, aber sie kam nicht mehr dazu.« Er stockte. »Es war der Tag, an dem sie gestorben ist.«

Obwohl sie das alles bereits wusste, fühlte sich Isas Herz auf einmal ganz wund an. »Ach, Alexander«, murmelte sie. Sie machte einen zaghaften Versuch, seine Hand zu ergreifen, aber er zuckte vor ihr zurück.

Wann hatten sich seine Augen so feuerrot gefärbt?

Sie biss die Zähne zusammen. Vorsichtig meinte sie: »Du hast nie viel von diesem Gedicht gesprochen.«

Isa hatte recht. Das hatte er nicht.

Er lauschte ihrer Stimme nach, die sich in der halbdunklen, von Sonnenstrahlspeeren durchbohrten Düsternis des Dachbodens wie eine Rettungsleine anfühlte. Er war dankbar, dass sie gekommen war, und gleichzeitig war er wie erstarrt genau deswegen.

Himmel, wie konnte er ihr nur sagen, was ihr Vater ihm kurz zuvor gebeichtet hatte?

»Rede mit mir, Alexander!«, hörte er sie sagen. »Was treibt dich um?«

Er schloss die Augen, presste die Lippen so fest aufeinander, wie er konnte, weil die letzten beiden Worte ihn sonst hätten schreien lassen.

Die Stille ringsherum nahm ihm den Atem.

»Wenn du dieses Gedicht von Gemma hast, woher kannte Adèle dann diese Zeile?«, fragte Isa.

Ja!, dachte er. Ja, genau das war die zentrale Frage. Adèle. In dieser Geschichte hing alles – alles! – mit Adèle zusammen.

Bittere Galle stieg ihm in der Kehle nach oben, und ohne dass er es verhindern konnte, wanderten seine Gedanken zu dem Gespräch mit seinem Dad in den Weinbergen zurück.

»Bin ich das auf diesem Bild?«, hatte er gefragt.

»Ich ...« Dad hatte so sichtbar mit sich gerungen, dass Alexander das Unheil kommen sah.

»Du machst mir echt Angst, weißt du das?«, hatte er gewispert.

Und da – endlich – hatte Dad sich einen Ruck gegeben. »Also gut«, hatte er gesagt. Er holte tief Luft. »Gemma war nicht deine leibliche Mutter, Alexander. Du ... du bist als kleines Kind adoptiert worden.«

Was?, dachte Alexander schockiert. Ihm kam es vor, als wäre soeben das gesamte All über seinem Kopf zusammengestürzt, und paradoxerweise fühlte es sich gleich darauf an, als hätte sich eine dicke Wand aus Glas zwischen ihn und den Rest der Welt geschoben. Er spürte seinen Körper nicht mehr, seine Gedanken liefen ins Leere, bis Dad diese wenigen erschütternden Worte wiederholte.

Gemma war nicht seine Mutter. Er war adoptiert.

Adoptiert, adoptiert, adoptiert …

»Adèle«, sagte jemand mit heiserer Stimme und erst danach begriff er, dass er selbst es gewesen war. Und dann zerbarst die Glaswand und sämtliche Gefühle, die eben noch so unendlich weit weg gewesen waren, stürzten so geballt auf ihn ein, dass er unter ihnen beinahe zu Boden ging. »Adèle ist meine Mutter, oder?« Er ächzte, weil mit einem Schlag nicht nur seine Vergangenheit zerborsten war, sondern seine Zukunft gleich mit. Wie an einem unsichtbaren Faden gezogen, sprangen seine Gedanken zu Isa. Er spürte den Schock, dann das Begreifen, einen Schmerz, der sich kalt und gnadenlos in sein Herz bohrte. Er wollte es nicht aussprechen, aber etwas zwang ihn dazu. »Isa ist meine Schwester, nicht wahr?«

Er sah, wie Isas Vater den Mund öffnete, glaubte zu sehen, dass er *Nein!* sagte, aber er hörte es nicht. Er hörte nichts mehr, nur noch dieses Kreischen in seinen Ohren, dieses helle, hohe Sirren, das die Glaswand gemacht hatte, während die Milliarden Scherben, in die sie zerborsten war, immer noch in Zeitlupe zu Boden taumelten.

Die Stille danach war allumfassend und sie zersprang, als sein Vater auflachte. »Adèle deine Mutter … Gott, nein!« Es war ein ungläubiges Lachen. »Daran denkst du als Erstes? Wegen Isa, oder?« Er sah Alexander forschend an. Er mochte gedankenlos sein und viel zu häufig mit seinem Kopf in seinen Romanwelten stecken, aber er war nicht blind. In diesem Moment ging Alexander auf, dass sein Vater sehr wohl mitbekommen hatte, was er für Isa – was sie füreinander empfanden. »Um Himmels willen, Alexander!«, rief Dad aus. »Ich glaube nicht, dass Adèle ist deine Mutter ist. Du und Isa, ihr seid nicht verwandt! Ich …« Ihm gingen die Worte aus. »Du liebe Güte!«, wisperte er.

Danach hatten sie sich gegenübergestanden, dort draußen in der Dunkelheit der Weinberge und die Sterne hatten kalt und unberührt auf sie niedergeleuchtet.

»Wie sicher bist du dir?«, fragte Alexander.

Dad hatte ihn nur gequält angesehen.

Isas Herz krampfte sich vor Angst zusammen, als sie sah, wie Alexanders Miene zerfiel und blanker Verzweiflung Platz machte. Es war ganz deutlich zu sehen, dass seine Gedanken in die Vergangenheit abgedriftet waren.

Und dann überwand er sich. Er schluckte. Rieb sich mit den Fingerspitzen aller zehn Finger die Stirn und die Schläfen. »Gemma war nicht meine Mutter«, hauchte er. »Sie hat mich als Neugeborenes adoptiert.«

Bäm!

Diesmal kehrte die Welt sich nicht vom Kopf auf die Füße. Diesmal blieb sie einfach stehen.

»Was?«, hörte Isa sich flüstern.

Alexander nickte. Es war eine mechanische Geste. Seine Lippen teilten sich und bevor er gezwungen war, es noch einmal zu sagen, ergriff Isa rasch wieder das Wort: »Ich meine: Das ist doch nicht wahr, oder?« Sie sah, wie er die Augen schloss. »Woher weißt du das?«, wisperte sie.

»Dein Vater hat es mir erzählt. Er hat mir erzählt, dass meine leibliche Mutter offenbar nicht wollte, dass ich je erfahre, wer sie ist. Sie hat mich auf den Stufen einer Kirche abgelegt. In einem Pappkarton, Isa!« Seine Miene verzerrte sich vor Qual. »Alles, was sie mir mitgegeben hat, war ein blauer

Strampelanzug, eine weiße Häkeldecke und dieses Gedicht.« Er deutete auf das Papier, das Isa noch immer in den Händen hielt. »Gemma hat es für mich aufbewahrt und als ich neun war, da hat sie wohl gedacht, dass es besser wäre, wenn sie mir langsam verrät, dass ich adoptiert bin. Sie hat mir dieses Gedicht gegeben, ich vermute, dass sie glaubte, es würde die Sache für mich einfacher machen, wenn ich erfuhr, dass meine richtige Mutter auch Gedichte geschrieben hat. Ich hatte damals gerade selbst ein bisschen damit angefangen. Wie auch immer: Ich sollte das Gedicht in Ruhe lesen und dann wollte sie mit mir darüber reden.«

»Aber sie hatte diesen schrecklichen Unfall«, murmelte Isa. Ihr war eiskalt.

»Genau. Dein Vater hat mich aufgenommen. Er und Gemma haben sich offenbar gekannt.«

»Woher wusste er, dass du adoptiert bist?« Sie hörte, wie ihre Stimme bei dem Wort kippte.

»Ich vermute vom Jugendamt, als er die Pflegschaft für mich übernommen hat. In meinen Unterlagen muss es ja irgendwo vermerkt stehen.«

»Aber er hat es dir nie gesagt.«

»Nein.«

Er hatte ihnen allen so unendlich viel verschwiegen, dachte Isa mit einem Anflug von Wut. »Ich weiß nicht, was ich sagen soll«, murmelte sie. Ihre Gedanken schwirrten. Sie konnte nur versuchen, sich vorzustellen, wie Alexander sich in diesem Augenblick fühlte. Sie selbst hatte zeit ihres Lebens unter der Abwesenheit ihrer Mutter gelitten, erst unbewusst und seit Kurzem richtig und echt. Wie mochte es sich da erst anfühlen zu erfahren, dass man sein ganzes Leben lang den falschen Menschen für seine Mutter gehalten hatte? Sicher: Er hatte in Gemma einen Menschen gefunden, der ihn wie ein eigenes Kind liebte. Aber trotzdem war sie nicht seine Mutter. War das Loch in einem Leben schlimmer, wenn es sich über Jahre langsam auftat oder wenn es mit der Wucht einer Atombombe aufgerissen wurde? Konnte man die beiden Dinge überhaupt vergleichen?

Und dann traf sie eine weitere Erkenntnis wie ein Zehntonner mit Vollgas. »Du ... du denkst, dass es Adèle war, die dich damals auf die Kirchenstufen gelegt hat. Dass Ad... meine Mutter auch deine ist.« Es auszusprechen, war, als würde sie in eine Rakete steigen, die sie in eine Umlaufbahn katapultierte. Auf einmal war sie weit weg von all ihren Gefühlen, wie schwerelos in einer unendlichen und kalten Dunkelheit.

Nein!

Nein, nein, nein!

Er durfte nicht Adèles Sohn sein. Weil er dann ... sie versuchte, Luft in ihre Lungen zu bekommen, aber es ging nicht. Sie konnte einfach nicht mehr atmen. Weil er dann wirklich ihr großer Bruder war!

Mit einer müde wirkenden Bewegung nahm er ihr das Gedicht aus der Hand, faltete es zusammen und steckte es wieder in sein Notizbuch. Minuten vergingen, in denen Isa nach Luft rang und versuchte, die Scherben ihres auseinanderfliegenden Lebens zusammenzuhalten. Als Alexander endlich wieder sprach, klang er ganz heiser. »Ich habe stundenlang darüber nachgedacht, aber ich finde einfach keinen anderen Grund, warum Adèle das Gedicht kennen und zitieren sollte, das Gemma mir gegeben hat.«

Isa wollte den Kopf schütteln. *Das ist nicht wahr!* Das durfte nicht wahr sein. Es gab eine andere Erklärung für all das. Es musste einfach eine andere Erklärung geben, denn das, was sie für Alexander fühlte, war einfach zu tief, zu echt. War es nicht so, dass man instinktiv davor zurückschreckte, einen engen Verwandten zu lieben? Weil der Körper wusste, dass eine Verbindung zwischen Bruder und Schwester …

Andererseits: Die Weltliteratur war voll von Geschichten über Bruder- und Schwesterliebe. Und die Pharaonen hatten auch … Sie stöhnte auf.

Nein!

Es gab eine andere Erklärung dafür, dass Adèle das Gedicht kannte! Es musste einfach so sein!

»Du bist nicht mein leiblicher Bruder«, flüsterte sie und wollte sich an diese Worte klammern. Ihr freier Fall durch die Dunkelheit war allerdings viel zu schnell dafür.

»Ein Argument dagegen gibt es tatsächlich«, murmelte er.

Wilde Hoffnung durchströmte sie. »Welches?«

Statt zu antworten, zog er ein Foto zwischen den Seiten des Notizbuches hervor und gab es ihr. Es war jenes, das Madame Hiver ihnen gegeben hatte. Isa betrachtete die beiden so unterschiedlichen Frauen und das Baby darauf.

»Ich habe eine Weile gebraucht, um es zu sehen«, sagte er.

Sie schaute ihn an, offenbar wollte er, dass sie es selbst entdeckte. Was genau meinte er? Sie schaute noch genauer hin.

Und dann hatte sie es.

»Eine weiße Häkeldecke«, entfuhr es ihr. »Das hast du eben gesagt. Du hattest nur dieses Gedicht, einen Strampelanzug und eine weiße Häkeldecke, als du auf diesen Kirchenstufen gelegen hast.« Sie starrte die weiße Häkeldecke auf dem Foto an. »Du glaubst, dass das du bist, oder?« Sie wusste nicht, wie das ein Argument gegen ihre Verwandtschaft sein sollte. Verwirrt schüttelte sie den Kopf.

Er nahm ihr das Foto weg, deutete auf die krank aussehende Frau darauf, die das Baby im Arm hielt. »Madame Hiver sagte, dass diese Frau die Mutter ist.«

Er hatte recht! Das hatte die Fotografin in Fontaine-de-Vaucluse gesagt. Die Hoffnung wurde ein klitzekleines Stückchen größer. »Diese Naïa?«, meinte Isa.

Alexander nickte. »Naïa, ja. Ich denke, sie ist meine Mutter. Ich hoffe es.«

Danach war es lange sehr, sehr still auf dem staubigen Dachboden. Bis Alexander erneut den Mund aufmachte und sagte: »Wenn wir wirklich Geschwister sein sollten, Isa, ich weiß nicht, was ich dann tun würde.«

»Sind wir nicht.« Ganz waren ihre Zweifel nicht ausgeräumt, immerhin hatten sie nur diese eine Aussage von Madame Hiver. *Die zweite Frau, die, die mit ihrem Kind und Adèle hier war* … So hatte sie gesagt …

»Weißt du, was?«, murmelte Isa. »Es sieht ganz so aus, als hätten wir jetzt noch einen Grund mehr, Adèle endlich zu finden. Damit sie uns bestätigen kann, dass du nicht mein Bruder bist.« Sie hielt Alexander ihre Hand hin, die Fläche zeigte nach oben. Sie war ganz staubig. Egal. Alexander legte seine Hand in ihre und sie schloss ihre Finger um seine.

Fürs Erste, dachte sie, musste das reichen.

Alexander zählte seine Atemzüge, während Isa neben ihm saß und versuchte, all die Dinge zu verarbeiten, die er ihr erzählte. Atmen, dachte er. Und schreiben. Er würde alles später in seinem Notizbuch festhalten und es dadurch von etwas Erschütterndem in etwas verwandeln, mit dem er würde umgehen können. So hatte er am Ende auch Gemmas Tod verarbeitet. Das Chaos, das er im Moment in sich spürte, würde beherrschbar werden, sobald er es aufs Papier bannte. Ob seine Mutter solche Gedanken auch gehabt hatte, als sie ihm dieses Gedicht aufgeschrieben hatte?

Seine Mutter …

Er starrte auf das Foto, das er auf seinen ausgestreckten Oberschenkel gelegt hatte. Naïas ausgezehrtes Gesicht verschwamm vor seinen Augen. Plötzlich fühlte er sich ihr sehr nahe. Ja, sie musste einfach seine Mutter sein. Jetzt brauchten sie nur noch rauszufinden, was es mit diesem Gedicht auf sich hatte. Es war nichts weiter als ein neues Rätsel, das die geheimnisvolle Adèle ihnen allen aufgab. Nur ein weiteres Rätsel …

»Hab dich mir unters Schlüsselbein graviert«, murmelte er und umfasste Isas Hand fester.

KAPITEL 23

Sie verbrachten noch eine Weile auf dem Dachboden und als sie gemeinsam wieder nach unten kletterten, fanden sie Ben und Sera unter der Platane im Garten. Der Tisch war für das Frühstück gedeckt, aber sie schienen beide nicht besonders viel Hunger zu haben. Vor Ben lag ein unangetastetes Croissant und er rührte in einer Tasse mit Café au Lait herum.

»Ah!«, machte er, als er sie kommen sah. »Genug von staubigen Dachböden und schwermütigen Gesprächen?«

Isa schüttelte den Kopf. »Woher wusstet ihr, wo wir sind?«

»Michel hat es uns verraten«, erklärte Sera. »Wir haben natürlich nach euch gesucht, aber wir dachten, wir lassen euch besser in Ruhe.«

»Ah.« Isa setzte sich auf die Kante eines Sessels. »Wo ist Papa?«

Ben seufzte. »Wo wohl? Er geht uns aus dem Weg.« Er verzog das Gesicht zu einer Grimasse. »Wundert das irgendwen?«

Isa jedenfalls nicht.

»Wir müssen euch was Wichtiges sagen«, erklärte Alexander.

»Sagt nicht, ihr habt euch verlobt!«, rutschte es Ben raus.

Isa sah ihn böse an und das gelang ihr umso besser, weil seine Worte ihr tief ins Herz gefahren waren und dort etwas berührten. »Was für ein Quatsch!« Sie sah Alexander an, aber dessen Miene war ausdruckslos. Als sie beide sich gesetzt hatten, erzählten sie Ben und Sera von seiner Adoption. Sie legten die ganze Geschichte vor ihnen dar – davon, wie man

Alexander auf den Kirchenstufen gefunden hatte, bis zu dem Punkt, an dem sie davon ausgingen, dass er das Baby auf dem Foto war.

Und Naïa seine Mutter.

Hoffentlich.

Bens Zähne klackten aufeinander. »Adoptiert? Krasse Sache!« Er kratzte sich an der Wange. »Was erfahren wir wohl in dieser irren Geschichte noch alles?«

Auch Sera wirkte von dieser Neuigkeit erschüttert und Isa fragte sich, ob ihr der Gedanke kam, dass Adèle und nicht Naïa Alexanders Mutter war. Wenn, dann ließ sie es sich zumindest nicht anmerken. Isa hatte das Bedürfnis, alle drei ihrer Geschwister gleichzeitig in den Arm zu nehmen. Stattdessen griff sie nach dem Glas mit Orangensaft, das Ben vor sich stehen hatte, und nahm einen langen Zug, um ihre Emotionen – und die immer noch an ihr nagende Sorge, Alexander könnte doch ihr leiblicher Bruder sein – zu verbergen.

»Na klar«, grummelte Ben. »Bedien dich ruhig!«

Sie ignorierte ihn. »Okay. Ben, du hast gesagt, du kannst den Spielplan vom Cirque Bartoc im Internet suchen. Hast du schon?«

»Nee, aber das geht schnell.« Zufrieden darüber, dass sie sich jetzt endlich zu dem Zirkus aufmachen würden, nestelte Ben sein Handy aus der Tasche und rief den Browser auf. Dann googelte er nach *Cirque Bartoc.* »Hier ist deren Website!« Er ging auf diese Seite, dann fluchte er. »Verdammt! Die haben das Ding nicht handyoptimiert.« Er drehte das Telefon so, dass Isa sehen konnte, dass die Schrift auf dem Bildschirm winzig klein war. Mühsam vergrößerte er sie mit zwei Fingern, dann las er sich durch die Informationen. »Die müssen doch irgendwo einen Spielplan haben, verflixt!«

Während er sich abmühte, kam Isas Vater über den Rasen auf sie zu. Er sah erschöpft aus, aber auch entschlossen. »Ihr müsst nicht länger suchen«, sagte er ohne Begrüßung. »Sie sind in Remoulins. Wenn ihr wollt, fahren wir zusammen hin.« Sein Blick und der von Alexander verhakten sich ineinander.

»Ach, wie kommt es denn zu diesem plötzlichen Gesinnungswechsel?« Isa merkte selbst, dass sie bissig klang und aggressiv.

Zum Glück schien ihr Vater es ihr nicht übel zu nehmen. Er schaute sie traurig an. »Du musst mich für ein Scheusal halten«, murmelte er.

Echt jetzt?, fragte Isas ganz persönliche Finsterstimme. *Wie kommst du bloß darauf?*

Sie knirschte mit den Zähnen.

»Aber das bin ich nicht«, fuhr ihr Vater fort. »Es hat gestern offenbar so geklungen, als hätte ich eure Mutter gegen ihren Willen zu ihren Leuten abgeschoben. Aber so war es nicht. Sie und ich, wir haben das gemeinsam entschieden. Adèle war einer Meinung mit mir. Nachdem ihr klar geworden war, was sie euch beiden da auf der Klippe beinahe angetan hätte, wusste sie, dass sie im Schoße ihrer eigenen Leute am besten aufgehoben war.«

Isa dachte an Adèles Brief, und sah sich wieder in ihrer Wohnung in Paris vor dem brennenden Ofen. Der Geruch von verkohlendem Papier schien durch Zeit und Raum bis in ihre Nase zu wehen.

Es ist lange her, und was geschehen ist, tut mir unendlich leid, hatte Adèle geschrieben. Es lag Isa auf der Zunge, diese Worte laut zu sagen, aber sie schluckte sie hinunter. Noch konnte sie ihrem Vater nicht genug verzeihen – und vor allem traute sie ihm nicht mehr genug, um ihm das zu erzählen. Sie spürte, wie sich etwas in ihr spreizte. »Warum willst du uns jetzt auf einmal helfen?«, wiederholte sie ihre Frage.

Er stieß ein Geräusch aus, das wie ein winziges Wimmern klang. »Isa …«

Sie schnaubte. »Was willst du, Papa? Soll ich dir etwa Absolution erteilen? Sagen: *Schon okay? Ich verstehe, dass du das alles gemacht hast? Uns die Sache mit Adèle verschweigen, und Alexander das mit seiner Adoption.* Tut mir leid, aber das wirst du nicht von mir hören. Weil ich es nämlich *nicht* verstehe!« Sie wollte etwas hinzufügen, wollte all den Kummer und den Schmerz, den sie in sich trug, in Worte fassen, aber dazu waren sie viel zu groß. Alles, was sie gerade empfand, war das Bedürfnis, ihm wehzutun. »Für dich war die ganze Angelegenheit doch sehr lohnenswert«, murmelte sie. »Schließlich war es die perfekte Story für ein Buch!«

Er zuckte zusammen. »Du bist unfair, Isa, aber vermutlich hast du alles Recht der Welt dazu.«

»Na, vielen Dank!«

Er seufzte. Sekundenlang starrten sie sich gegenseitig an.

Bis Ben einen leisen Fluch ausstieß. »Wenn ihr dann fertig seid mit dem Mist«, warf er ein, »dann könnten wir ja vielleicht endlich losfahren.«

KAPITEL 24

Remoulins lag ziemlich genau westlich von Avignon und war mit dem Auto in knapp einer halben Stunde zu erreichen. Es war eine gewöhnliche südfranzösische Kleinstadt mit staubigen Straßen, einem riesigen Einkaufszentrum und den für die Gegend so typischen hellen Häusern mit Fensterläden in den verschiedensten Farben.

Sie waren direkt nach Isas Auseinandersetzung mit ihrem Vater aufgebrochen.

Da es sowohl in Alexanders als auch im Familienauto ziemlich eng für fünf Leute war, machten sie sich in beiden Wagen auf den Weg, wobei Sera und Ben mit ihrem Vater fuhren und Isa mit Alexander. Kurz hinter Avignon setzte Alexander seine Sonnenbrille auf, weil die Sonne ihn blendete.

»Obercool«, sagte Isa, weil sie das Gefühl hatte, die Stille irgendwie füllen zu müssen.

Er grinste, aber es sah gezwungen aus. Die Brille verbarg die tiefen Schatten unter seinen Augen. Isa fragte sich, ob er genauso aufgekratzt und in Sorge war wie sie. Was, wenn sich am Ende rausstellte, dass Madama Hiver sich getäuscht hatte darüber, dass Naïa die Mutter des Kindes war, das sie und Adèle bei dem Fotoshooting dabeigehabt hatten? So was geschah leicht. Und dann ... Sie schob den Gedanken von sich. Sie fühlte sich, als würde irgendeine Droge durch ihre Adern rauschen, was kein Wunder war. Immerhin hatten sie beide vergangene Nacht nicht geschlafen. Trotzdem war sie nicht ein bisschen müde. Im Gegenteil.

Was erwartete sie in Remoulins? Würde sie dort wirklich endlich ihrer Mutter gegenüberstehen? Und was würde das für ihre Zukunft bedeuten?

Um nicht sinnlos vor sich hin zugrübeln, beugte sie sich zu ihrem Rucksack hinab, den sie im Fußraum zwischen ihren Beinen abgestellt hatte. Das Erste, was ihr in die Hände fiel, war Adèles Spieluhr. Sie nahm sie heraus. Die goldenen Beschläge des wertvollen Stückes glänzten in der Sonne. »Ich frage mich immer noch, warum sie uns all diese Sachen geschickt hat, statt sich einfach mit uns zu treffen.«

»Sie hatte Angst«, vermutete Alexander und das erschien Isa auch die beste Erklärung. Mit der goldenen Schatulle und den Gegenständen darin konnte Adèle sich einreden, dass das Universum entscheiden würde, wie ihre Geschichte weiterging.

Irgendwie, dachte Isa, hätte sie es vielleicht genauso gemacht.

Und genau das passte zu Dramaqueens wie Adèle und ihr selbst.

Sie zog die Spieluhr auf und ließ sie laufen. *Sur le Pont d'Avignon* erfüllte das Auto mit seinem naiven Klang. Isa stellte sich vor, wie ihre Mutter und ihr Vater sich zum ersten Mal getroffen hatten. Auf diesem Karussell an der Place de l'Horloge hatte sie gesessen, das Lied war erklungen, während sich die weißen Karussellpferde im Kreis gedreht hatten. Adèle hatte ein rotes Kleid angehabt ...

Das Bild verblasste in dem Moment, als die Spieluhr abgelaufen war und mit einem leichten Leiern der letzten Töne stehen blieb.

Isa bückte sich erneut, legte die Spieluhr zurück und holte *Die Frau in Rot* heraus. Während Alexander sich auf den Verkehr konzentrierte, beugte sie sich über das Buch und fing von vorne an, es zu lesen.

Zu ihrer eigenen Überraschung las sich die Geschichte diesmal sehr viel weniger sperrig als beim ersten Mal. Isa sah nur einmal kurz auf, als Alexander wegen eines entgegenkommenden Autos bremsen musste, und dann wieder, als sie Remoulins erreichten und er den Wagen auf den riesigen Parkplatz eines Einkaufszentrums lenkte, auf den gefühlt halb Paris gepasst hätte. Ihr Vater hielt hinter ihm, er und Alexander stiegen aus und besprachen sich, wo genau sich der Festplatz mit den Schaustellern befinden mochte. In Google Maps war er nicht gekennzeichnet. Dass der Cirque Bartoc im Ort war, war allerdings kaum zu übersehen, denn an nahezu jeder Laterne und jedem Strommast hingen Werbeplakate, die deren aktuelles Stück anpriesen. Es war *Tristan und Isolde* in einer offenbar sehr ungewöhnlichen Inszenierung.

Tristan und Isolde. Wie das ledergebundene Buch, zu dem Adèle sie geführt und das dieser alte Antiquar ihnen geschenkt hatte. Isa kaute gedankenverloren auf ihrer Lippe herum und sah zu, wie Alexander eine Frau ansprach, die mit einem vollen Einkaufswagen aus dem Supermarkt kam. Er fragte sie nach dem Festplatz und offenbar erhielt er eine sehr genaue Wegbeschreibung, denn die Frau redete eine ganze Weile.

Genug Zeit für Isas Vater das Buch in ihren Händen zu bemerken. »Du liest es«, sagte er durch das heruntergekurbelte Beifahrerfenster hindurch.

Sie nickte nur und ihr Blick wanderte zu einem der Ankündigungsplakate.

»Warum *Tristan und Isolde?*«, fragte sie und dachte an die

Widmung, die Naïa Adèle in das ledergebundene Buch geschrieben hatte.

Der Blick ihres Vaters glitt zu demselben Plakat und sie hätte gern gewusst, was er dachte. Das Interview fiel ihr ein, das sie kürzlich mit ihm gesehen hatte. Wie er gesagt hatte, dass er schreiben musste, um sich seiner eigenen Gefühle bewusst zu werden.

Er zuckte mit den Schultern. »Keine Ahnung.«

»Hat die Truppe es schon damals gespielt?«

»Nein. Aber es war ein Lieblingsstoff von Adèle. Vielleicht habe ich es deswegen in meinem Buch adaptiert.«

Um zu verarbeiten, dass er sie verloren hatte, dachte Isa und dann dachte sie: Wie kam sie darauf? Er hatte Adèle zu ihrer Truppe abgeschoben, da ... sie biss sich auf die Lippe. Andererseits: Die beiden hatten die Entscheidung gemeinsam getroffen. Auch das hatte er gesagt. Es fühlte sich seltsam an, ihrem eigenen Vater nicht mehr zu vertrauen. Irgendwie ... ja, sonderbar erwachsen.

»Ich weiß, wo wir langmüssen. Es ist nur noch ein kleines Stück.« Alexander kehrte zum Wagen zurück und stieg wieder ein.

Ihr Vater stand noch ein paar Sekunden lang an Isas Fenster. Dann klopfte er zweimal kurz auf das Autodach und ging zu seinem eigenen Wagen zurück.

Es dauerte keine drei Minuten, dann lag der Festplatz von Remoulins vor ihnen. Isa schaute auf eine bunte Mischung aus modernen Wohnwagen, alten Zirkuswagen und bunt bemalten Lkw, die auf einem staubigen Areal ganz in der Nähe eines Campingplatzes standen. In der Mitte ragte ein Zirkuszelt aus nachtschwarzem Stoff auf, das mit Sternen bestickt war.

Über dem Dach des Zeltes war ein verblüffend modern aussehendes Display angebracht, auf dem eine Art Trailer lief. Ebenfalls auf nachtschwarzem Untergrund taumelte von rechts das Wort *Zirkus* ins Bild, von links das Wort *Theater.* Die beiden Wörter kollidierten in einer Art Sternenexplosion miteinander und gebaren zwei neue: *Cirque Bartoc.* Der Name blieb einige Sekunden, dann liefen in schneller Folge geschnitten einige Szenen ab, die genauso gut aus einem Actionfilm hätten stammen können und die eine herzzerreißende und offenbar ziemlich spannende Geschichte erzählten.

Tristan und Isolde.

»Krass«, hörte Isa Ben sagen. Sie alle waren ausgestiegen und er hatte sich unbemerkt neben sie und Alexander gestellt. Er wirkte ein bisschen blass um die Nase. Logisch, dachte sie. Wenn alles nach Plan lief, würden sie gleich Adèle treffen und für ihn bedeutete das natürlich ähnlich viel wie für sie. Isa fasste nach seiner Hand und diesmal fühlte es sich nicht gut an, so wie gestern, als sie mit ihm und Sera auf dem Sofa in Tante Claires Salon gesessen hatte. Diesmal kam es ihr eher so vor, als sei Ben wieder ein kleines Kind und sie die fürsorgliche große Schwester.

Er lächelte sie verkrampft an.

Sie lächelte zurück, nicht weniger verkrampft. Einmal fest drückte sie Bens Hand, dann ließ sie sie wieder los. Plötzlich war ihr übel vor lauter Aufregung.

Ihrem Vater schien es nicht viel anders zu ergehen. Er hatte die Schultern zurückgenommen, das Kinn vorgereckt wie jemand, der gleich in eine wichtige Schlacht ziehen würde. Sie sah seinen Kehlkopf rucken. »Also«, sagte er leise. »Dann wollen wir mal …«

Alexander hatte eine ziemlich genaue Vorstellung davon, wie Isa, Ben und sein Dad sich in dem Augenblick fühlten, als sie den staubigen Platz mit den bunten Wagen betraten. Wie Menschen, denen ein mächtiger Wirbelsturm das ganze Leben durcheinandergebracht hatte.

Ihm selbst erging es ja ebenso.

Noch immer befand er sich in einer Art Schockzustand wegen der Sache mit seiner Adoption und der Sorge, dass er und Isa blutsverwandt sein könnten. Er hoffte, dass Adèle diese Sorge zerstreuen würde, dass sie ihm mehr über Naïa erzählen konnte und er sich danach nicht mehr fühlen würde wie ein Baum, dem jemand sämtliche Wurzeln gekappt hatte. Der Gedanke, dass man von einem Tag auf den anderen nicht mehr wusste, wer man eigentlich war, fühlte sich unbeschreiblich an. Zu groß, dachte er, um auch nur zu versuchen, es in Worte zu fassen.

Mit zitterigen Knien folgte er Ben, Isa und ihrem Vater zwischen die bunt angemalten Wagen. Sera blieb zurück. Zwei Frauen in ölverschmierten Latzhosen waren dabei, ein ziemlich verdrecktes Geländemotorrad zu reparieren, das offenbar nicht mehr ansprang. Eine weitere Frau hängte Wäsche auf eine Leine, die zwischen zwei Wagen gespannt war. Ein Spiderman-Logo prangte auf dem Kopfkissenbezug, den sie gerade mit Klammern befestigte, als Alexander und die anderen um die Ecke kamen. Die Frau bemerkte sie, klemmte eine letzte Klammer an den Bezug und tauchte dann unter der nassen Wäsche hindurch.

»Kann Ihnen jemand helfen?«, fragte sie.

Isas Vater blieb stehen. »Wir sind auf der Suche nach Adèle Cevêche.«

»Adèle.« Die Frau musterte Isas Vater von Kopf bis Fuß. Sie

war groß und hager und ihre Zähne waren so gelb, als würde sie entweder den ganzen Tag Kette rauchen oder literweise Tee trinken. Nachdem sie fertig war mit ihrer Musterung, huschte ihr Blick kurz über Alexander und blieb dann an Isa und Ben hängen. So etwas wie Erkennen erschien in ihrem Blick und Alexander dachte an die Fotos von Adèle. Daran, wie ähnlich Isa und ihre Mutter sich sahen.

Die Frau nickte bedächtig. Sie deutete auf einen Zirkuswagen, der ein wenig abseits von den anderen stand und in einem sehr hübsch aussehenden dunklen Blau gestrichen war. »Gehen Sie zu Bartoc und fragen Sie dort nach ihr.«

Isas Vater bedankte sich, dann steuerten sie den bezeichneten Wagen an.

»Die hat uns erkannt, oder?«, sagte Ben auf dem Weg dorthin. »Heißt das, dass Maman wirklich hier ist?«

Niemand antwortete ihm, auch Isa nicht. Sie war jetzt sehr still und in sich gekehrt und Alexander war sich sicher, dass sie sich ähnlich verunsichert fühlte wie er selbst. Bevor er jedoch zu ihr aufschließen und ihr den Arm schützend um die Schulter legen konnte, kamen sie an einem offenen Zelt vorbei.

»Hey!«, rief ihnen jemand hinterher.

Gleichzeitig mit Isa drehte Alexander sich um.

In dem Zelt kümmerte sich ein junger Mann um ein weiteres Motorrad, allerdings war er nicht damit beschäftigt, es zu reparieren, sondern er putzte es mit einem weichen Lappen, den er jetzt von einer Hand in die andere wechselte. »Die erste Vorstellung ist erst heute Nachmittag um drei.« Ziemlich unverschämt grinste er Isa an. Er hatte schulterlange schwarze Haare, sehr hellbraune Augen und tiefe Grübchen an den Wangen. »Wenn du mich also als tragischen Helden erleben willst, musst du noch mal wiederkommen.« Er wedelte mit dem Lappen und warf sich so sehr in die Brust, dass es geradezu albern aussah.

Alexander schnaufte verächtlich. Der Typ sah gut aus und er wusste es auch. Gespannt wartete er darauf, wie Isa reagieren würde.

Sie krauste die Nase, als hätte sie etwas Ekliges gerochen. »Wenn ich Lust auf tragische Schmalspurhelden habe, gehe ich ins Kino!«

Der saß, aber der Typ schien ein guter Verlierer zu sein. Er lachte. »Sieht aus, als hätte ich den verdient.« Er warf das Tuch auf den Sattel der Maschine und umrundete sie. Mit ausgestrecktem Arm kam er auf Isa zu. »Ich bin Gilles.«

Isa schüttelte ihm die Hand. »Isa.«

Wer die Menschen in ihrer Begleitung waren, schien ihn nicht zu interessieren. »Sucht ihr wen?«, fragte er.

Isa erklärte ihm, dass sie auf dem Weg zu einem Mann namens Bartoc waren. Er schaute in Richtung des blau angemalten Wagens. »Der ist im Büro. Was wollt ihr von ihm?«

»Geht dich gar nichts an!« Ben wollte Isa weiterziehen, aber wie unbeabsichtigt machte Gilles einen Schritt vor und versperrte ihm dadurch den Weg.

»Ihr seid Zwillinge, oder? Das sieht man.«

Ben verzichtete darauf zu verneinen. Und er verzichtete auch darauf, Gilles noch einmal zu sagen, dass ihn das nichts anginge.

Wieder grinste Gilles. Dann wandte er sich an Alexander. »Und wer bist du? Ihr Bruder, oder was?«

Alexander sah Isa zusammenzucken. Er spürte ihren Blick auf sich. Was sollte er jetzt sagen?

Gilles schien an einer Antwort aber ohnehin nicht besonders interessiert zu sein. Er wandte sich wieder an Isa. »Du siehst Adèle sehr ähnlich.«

»Klar«, meinte sie. »Danke für deine Hilfe!« Sie griff Alexander am Oberarm und zog ihn mit sich und ganz kurz hatte er das Bedürfnis, Gilles zu sagen, dass er nicht Isas Bruder war.

Verdammt! Wie gern er sich deswegen sicher gewesen wäre!

Im ersten Moment ärgerte Isa sich darüber, dass Alexander nicht auf Gilles' machohafte Anmache reagiert hatte. Schlagartig war es wieder da, dieses elende Dramagefühl, aber anders als bei Pascal neulich schaffte sie jetzt, es zu unterdrücken. Sie fand sich selbst ziemlich widersprüchlich und sie konnte nicht verhindern, dass bei diesem Gedanken schon wieder ihre Mutter in ihrem Hirn herumspukte.

Ihr Vater hatte inzwischen den blauen Zirkuswagen erreicht und war vor dessen Tür stehen geblieben. Eine kleine, aus drei hölzernen Stufen bestehende Treppe führte hinauf. Ohne die Stufen zu betreten, klopfte er.

Es dauerte einen Augenblick, dann klang es, als werde drinnen ein Stuhl über den Boden geschoben. Gleich darauf wurde die Tür geöffnet und ein Mann streckte den Kopf heraus. »Was ist?«, meinte er barsch, dann erst sah er, dass es niemand von seinen Leuten war, sondern jemand Fremdes.

»Oh«, machte er. »Entschuldigung, ich …« Er stutzte. »Johann?«, stieß er ungläubig hervor.

Isas Vater nickte und trat ein Stück zurück, sodass der Mann die Wagentür ganz aufstoßen und mit einem einzigen Satz über die drei Stufen nach draußen springen konnte. »Johann! Ich fasse es nicht.« Mit einer Hand packte der Mann die von Isas Vater und schüttelte sie kräftig, mit der anderen

Hand umfasste er seinen Oberarm. »Wie lange ist das her, Mann?«

»Dreizehn Jahre«, sagte Isas Vater.

»Dreizehn Jahre. Eine lange Zeit. Was führt dich her?« Der Blick des Mannes glitt zu Isa und den beiden Jungs. »Was führt *euch* her?«, verbesserte er sich. Er hatte dunkle, tief liegende Augen, in denen genau wie bei der Frau an der Wäscheleine und auch bei Gilles so was wie Begreifen aufblitzte.

Sie alle hier schienen Adèle zu kennen, dachte Isa. Sie verglichen sie mit ihr.

Ihr Vater befreite seine Hand aus der Umklammerung des Mannes. »Cécil, das hier sind meine beiden Kinder, Isa und Ben.«

Der Blick des Mannes klebte noch immer an Isas Gesicht. »Sie sehen ihr sehr ähnlich.«

»Ich weiß.« Isas Vater deutete auf Alexander. »Das ist Alexander. Er ist mein, hm … Pflegesohn. Isa, Ben, Alexander, das ist Cécil Bartoc, der Geschäftsführer dieser Truppe.«

Bartoc schüttelte nun auch noch Ben, Alexander und Isa die Hände. »Gründer und Geschäftsführer«, ergänzte er gut gelaunt. Dann kratzte er sich ungläubig am Kopf. »Du siehst ihr wirklich extrem ähnlich, Mädchen.«

Ihr.

Adèle.

Isa schluckte.

»Ist sie hier, Cécil?« Die Frage von Isas Vater hing in der Luft wie drohendes Unheil.

Bartoc kratzte sich am Kinn. »Ich erinnere mich daran, dass du damals sagtest, es wäre besser für alle, wenn ihr euch nie wiederseht.« Ihm war anzusehen, dass ihn ihr plötzliches

Auftauchen irritierte. Kurz überlegte er, aber dann sagte er einfach nur: »Ich würde sagen, ihr kommt erst mal rein. Drinnen bespricht sich das besser.«

Das Innere des dunkelblauen Wagens sah völlig anders aus, als Isa erwartet hatte. Statt plüschiger Einrichtung im Zirkusstil enthielt der Wagen ein ziemlich modern aussehendes Büro mit zwei Schreibtischen, Computern, Telefonen und mehreren Aktenschränken, die einen überaus ordentlichen Eindruck machten. Einzig ein knallbuntes Plakat an der Wand zeigte, dass es sich hier um das Büro eines Zirkusses handelte. Auf dem Plakat war ein mittelalterlich gezeichnetes Liebespaar abgebildet, das sich in theatralisch-sehnsuchtsvoller Pose küsste. Es ähnelte der Abbildung in Adèles *Tristan-und-Isolde*-Band. Der Schriftzug darüber, der ankündigte, dass demnächst – *ganz neu und erstmalig!* – das Stück *Tristan und Isolde* gespielt werden würde, wirkte ebenfalls mittelalterlich. Das Datum allerdings, das unten in der Ecke auf das Plakat gedruckt war, war schon ein paar Jahre alt.

Isas Vater starrte das Plakat an.

»Ja«, sagte Bartoc mit einem Seufzen. »Es ist unser erfolgreichstes Stück. Alle sind Adèle sehr dankbar dafür, dass sie uns damals dazu brachte, es zu spielen.« Er besann sich. »Setzt euch doch!« Er deutete auf eine dunkel gebeizte Eckbank ganz hinten im Wagen, die nicht so recht zur restlichen modernen Einrichtung passen wollte.

Wie erbeten nahm Isa auf der Bank Platz, Ben quetschte sich auf der einen Seite neben sie, Alexander auf der anderen, was den angenehmen Nebeneffekt hatte, dass ihre Oberschenkel sich berührten. Bartoc und Isas Vater nahmen auf zwei Stühlen Platz.

»Also«, setzte Bartoc an. »Du bist sicher, dass ihr Adèle sehen wollt?«

Isas Vater nickte. Der Anblick des Plakats schien ihn berührt zu haben. Bevor er sprechen konnte, schaute er es noch einmal an und musste schlucken. Dann räusperte er sich. »Ja. Sie hat Kontakt mit uns aufgenommen.«

Bartocs Augen weiteten sich. Dann nickte er. »War klar, dass sie das irgendwann tun würde, oder?«

»Ich habe mich, ehrlich gesagt, gewundert, dass sie es nicht schon viel eher getan hat«, sagte Isas Vater.

»Ganz ehrlich? Als du sie damals hergebracht hast, war ich fest davon überzeugt, dass du als Erster wieder angelaufen kommen würdest.«

Es lag ein stummer Vorwurf in Bartocs Worten, der Isas Vater für eine Sekunde die Augen schließen ließ. »Wir waren uns einig, dass es das Beste für alle ist, wenn wir uns nie wiedersehen«, sagte er, aber es klang lahm.

Bartoc nickte bedächtig. »Stimmt. Und du hast das Beste draus gemacht.«

»Wovon sprichst du?«

»Na, von deinem Erfolg als Schriftsteller. Du hättest all deine Bücher doch niemals so schreiben können, wenn du Adèle nicht kennengelernt hättest.«

Isas Vater reckte angriffslustig das Kinn vor. »Ich habe unsere Geschichte in keinem einzigen Buch ausgeschlachtet!«, brauste er auf und Bartoc hob beschwichtigend die Hände.

»Weiß ich, Johann.«

»Ach ja? Und woher?«

Bartoc lächelte. »Na, ich habe sie gelesen. Sie sind gut.«

Das nahm Isas Vater den Wind aus den Segeln. Er sackte ein

Stück in sich zusammen. »Ich hasse diesen Vorwurf, ich hätte Adèles Schicksal für mein Schreiben ausgeschlachtet.«

»Du bist Autor, Johann. Du solltest diesen Vorwurf gewohnt sein.«

Isas Vater schnaubte nur.

»Als Autor bist du darauf geeicht, nach Emotionen zu graben, vor allem in dir selbst. Wie wir Schauspieler seid ihr Autoren ständig auf der Suche nach dem bestmöglichen Konflikt für eure Romane. Vielleicht ist das der Grund, warum wir alle auch im wahren Leben immer bis an die Grenzen des Fühlbaren gehen.«

Was eine ziemlich gute Umschreibung für eine *Dramaqueen* war, schoss es Isa durch den Kopf. Sie waren alle Dramaqueens, ein jeder auf seine eigene Weise. Sie schaute von einem Mann zum anderen. Es klang geradezu so, als hätten ihr Vater und dieser Bartoc nahtlos ein Gespräch weitergeführt, das sie vor dreizehn Jahren abgebrochen hatten. Isas Verwunderung darüber, wie vertraut die beiden miteinander umgingen, musste ihr an der Miene abzulesen sein, denn ihr Vater lächelte entschuldigend. »Ihr müsst euch wundern …«, sagte er. »Cécil und ich kennen uns gut.«

»Vor allem schon sehr lange.«

»Cécil ist Adèles Patenonkel.« Isas Vater atmete durch. Dann beugte er sich vor und umklammerte die Tischkante. »Gut. Schluss mit dem höflichen Getue. Ist sie hier, Cécil?«

Bartoc antwortete bestimmt eine Minute lang nicht. Eine Minute, in der Isas Vater völlig regungslos dasaß, in der eine Uhr auf einem der Schreibtische leise vor sich hin tickte und draußen vor dem Wagen Stimmen von Vorbeigehenden ertönten, die über ein technisches Problem der kommenden Aufführung diskutierten. Erst als diese Stimmen verklungen waren, schüttelte Bartoc – noch immer nicht überzeugt – den Kopf.

Ben platzte der Kragen. »Sie hat Kontakt mit uns aufgenommen! Sie hat uns geschrieben, mehrmals. Und sie hat uns Sachen geschickt.« Er verstummte, weil ein finsterer Ausdruck in Bartocs Miene auftauchte.

Isas Vater nestelte an der Brusttasche seines Hemdes herum und zog einen Zettel hervor. Als er ihn Bartoc reichte und der ihn auseinanderfaltete, sah Isa, dass es der Brief war, den Ben abgefangen hatte. Einer der beiden Briefe, mit denen diese ganze Geschichte begonnen hatte.

Bartoc las ihn. Wieder kratzte er sich am Kinn. Dann legte er den Brief auf den Tisch, strich ihn glatt. »Wir haben lange gebraucht, um sie zu heilen, Johann. Ich weiß nicht, ob es gut ist, wenn ihr jetzt …«

Da fluchte Isas Vater leise. »Cécil! Du weißt, dass ich immer mein Möglichstes gegeben habe, um Adèle vor ihren inneren Dämonen zu beschützen. Und dass mir das manchmal verdammt viel abverlangt hat …« Er seufzte. »Ich habe vor langer Zeit akzeptiert, dass Adèle nicht für ein Leben mit mir gemacht ist. Aber die Kinder, Cécil.« Er deutete auf Ben und Isa. »Ich glaube, dass ich all die Jahre unrecht hatte. Ich sehe jetzt, dass sie ein Recht darauf haben, ihre Mutter wenigstens kennenzulernen.«

Bartoc schien nicht überzeugt. »Du hast damals entschieden, dass die Brücken zwischen euch abgebrochen werden, und die Ärzte hielten es auch für eine gute Idee. Was, wenn Adèle euch nicht sehen will?«

Das klang nun allerdings ein bisschen anders als das, was ihr Vater ihnen erzählt hatte, dachte Isa. Er hatte behauptet, dass ihre Mutter und er *gemeinsam* entschieden hatten, dass sie sich trennen und ihre Mutter hier bei der Truppe leben sollte. Was von beidem die Wahrheit war, würde sie vermutlich nie erfahren. Vielleicht gab es ja auch gar keine endgültige Wahrheit. Es war immerhin möglich, dass ihr Vater sich an die Vorgänge damals falsch erinnerte. Oder dass er sich etwas einredete ...

»*Sie* hat *uns* geschrieben!« Bens Ausruf holte sie aus ihren philosophischen Gedanken. Er wirkte aufgebracht und sie konnte es ihm nachfühlen. Auch sie saß mittlerweile wie auf heißen Kohlen. Wie schaffte es Alexander nur, so ruhig zu bleiben? Sie an seiner Stelle hätte schon längst nach Naïa gefragt.

In Bartocs Augen war ein Sturm erschienen. »Bon! Ich mache dir einen Vorschlag. Schaut euch heute Nachmittag die Vorstellung an. Das gibt mir Zeit, mit Adèle zu reden und herauszufinden, was sie will. Und dann sehen wir weiter. Einverstanden?«

Was sie will? Sie hat uns angeschrieben und um ein Treffen gebeten, Herrgott noch mal! Isa war drauf und dran, das herauszuschreien. Sie hatte keine Lust auf irgendeine Vorstellung von einem uralten Stück, das, dem Trailer nach zu urteilen, mehr als kitschig war. Sie wollte jetzt endlich ihre Mutter sehen, wollte sie zur Rede stellen. Erfahren, ob sie Alexanders Mutter war ... Was also sollte diese Verzögerungstaktik?

Bevor sie den Mund aufmachen konnte, ließ ihr Vater die Schultern hängen. »Du weißt, ich denke, dass Adèle hier bei euch am besten aufgehoben ist, und das ist auch immer noch so. Also gut. Ich bin einverstanden.« Er legte die Hand auf Adèles Brief und schob ihn Bartoc hin. »Aber gib ihr den, bitte, wenn du mit ihr redest. Sag ihr, dass ich mit Isména und Benjamin hier bin. Sag ihr das genau so. Isména und Benjamin, so wollte sie ihre Kinder immer genannt haben. Und sag ihr, dass wir keine Gefahr für sie sind.«

»Was, bitte schön, war das denn eben dadrinnen? Ist der Typ hier so was wie ein Kaiser, oder was, dass er darüber entscheidet, wann und wo Maman uns sehen darf?« Ben sprach Isa aus der Seele.

Sie alle standen draußen vor Bartocs nachtblauem Wagen und das Gespräch klang noch in ihr nach, als sich jetzt auch Sera wieder zu ihnen gesellte. Sie hatte bei dem offenen Zelt gestanden und sich offenbar mit diesem Gilles unterhalten.

»Alles in Ordnung?«, fragte sie.

Wütend verneinte Ben, dann erzählte er, wie Bartoc sie eben hatte abblitzen lassen.

Isas Vater seufzte. »Lasst uns irgendwo eine Kleinigkeit trinken gehen«, bat er. »Vielleicht solltet ihr wissen, was nach der Katastrophe auf der Klippe passiert ist. Danach werdet ihr besser verstehen.«

Na großartig, dachte Isa. Ob das alles irgendwann mal ein Ende hatte?

Kurz darauf saßen sie in einem ziemlich hässlichen Café, das an den großen Supermarkt angeschlossen war. Die Stühle bestanden aus violett angemaltem Stahl, die Wanddeko sah aus, als hätte jemand in der ersten Klasse den Auftrag bekommen, Kaffeetassen und Kuchenstücke zu malen. Man musste sich seine Getränke am Tresen selbst holen und die Auswahl beschränkte sich auf Cafè Crema, Latte Macchiato und Cappuccino, dazu gab es drei Sorten Tee.

Isa entschied sich für roten Früchtetee. Einen Kaffee hätte ihr nervöser Magen in diesem Augenblick vermutlich nicht vertragen.

Ihr Vater bezahlte und während er und Sera mit ihren Getränken ankamen, schoben Alexander und Ben zwei Tische zusammen, sodass sie alle daranpassten.

Als sie sich gesetzt hatten, umklammerte Isas Vater seinen Cappuccino mit beiden Händen und pustete darüber. »Nachdem eure Mutter ... Adèle ...« Er trank einen Schluck, verbrannte sich mit ziemlicher Sicherheit den Mund. Mit entschlossener Stimme sprach er weiter. »Nachdem Adèle in Fontaine-de-Vaucluse diesen furchtbaren Ausraster hatte, wusste ich, dass sie dringend Hilfe brauchte.«

Die Ärzte, von denen Bartoc gesprochen hatte, dachte Isa.

»Was ich mich die ganze Zeit schon frage«, warf Ben ein. »Wie hast du es geschafft, sie vom Springen abzuhalten?«

Isa entwich unwillkürlich ein kleiner, erschrockener Laut. Sie schaute Alexander an, der jedoch in seine eigenen Gedanken versunken war, dann wandte sie sich an Sera.

Die lächelte ihr aufmunternd zu und als würde es die ganze Situation besser machen, schob sie Isa den Zuckerstreuer hin. Sie nahm ihn, schüttete Zucker in ihren Tee und rührte um. Der Geruch des Kaffees mischte sich mit dem künstlichen Aroma von Kirschen.

Isas Vater nahm einen zweiten Schluck von seinem Cappuccino. Mit leicht verzerrtem Gesicht wischte er sich die Lippen ab. »Ich bin mir gar nicht so sicher, ob sie wirklich vorhatte zu springen. Das Ganze war eher so eine Art ... Hilferuf. Zumindest glaube ich das heute. Aber um deine Frage zu beantworten, Ben: Ich habe mit Engelszungen auf sie eingeredet. Zuerst vergeblich. Aber dann habe ich sie angefleht, mir nicht meine Kinder wegzunehmen. Und das schien irgendeinen Schalter in ihr umgelegt zu haben. Plötzlich wurde sie ganz ruhig, wo sie vorher geweint und getobt hatte. Sie reichte dich mir, Ben. Und dann hob sie dich ebenfalls über das Geländer, Isa.« Ihm schien noch heute der Atem zu stocken bei der Erinnerung. »Eine Sekunde lang habe ich gefürchtet, dass sie jetzt ohne euch springt. Aber aus irgendeinem Grund hatte ich den Bann gebrochen. Sie kletterte wieder auf sicheren Boden. Ich erinnere mich noch, wie sehr sie gezittert hat. Danach wollte ich sie in die psychiatrische Klinik bringen, in der sie schon mal längere Zeit war, aber sie hat sich geweigert, dort zu bleiben. Sie hat mich angefleht, sie zu ihren Leuten zu bringen, und das habe ich nach Rücksprache mit ihren Ärzten dann auch gemacht. Als Cécil und die anderen sich um sie gekümmert haben, ging es ihr besser und da wusste ich, dass ich sie bei ihnen lassen und den Kontakt abbrechen musste.«

»Du bist mit uns nach Paris gegangen«, vermutete Isa.

Er nickte. »Ja. Warum ich eurer Tante und meiner ganzen Familie gegenüber behauptet habe, dass Adèle mich zum zweiten Mal verlassen hat, weiß ich heute nicht mehr so genau. Vielleicht wollte ich vermeiden, dass sie erfahren, wie schlimm es um Adèles Krankheit stand, und irgendwann kam ich aus der Nummer dann nicht mehr raus.« Er lächelte traurig. »Alle haben mir meine Geschichte nur zu gern geglaubt. Immerhin war Adèle ja schon einmal spurlos verschwunden.«

»Was genau hat sie eigentlich?«, fragte Alexander.

»Tja. Das ist eine wirklich gute Frage. Einige Ärzte meinten, es handelt sich um eine ausgeprägte Form von Paranoia, verbunden mit einer extrem histrionischen Persönlichkeitsstörung. Andere gingen davon aus, dass sie irgendein Trauma erlitten haben muss.«

Trauma. Paranoia. Histrionische Persönlichkeitsstörung. Isa wusste, was das war, weil sie erst vor Kurzem einmal einen Beitrag bei YouTube darüber gesehen hatte. Als Histrioniker bezeichnete man Menschen, die unter übersteigerter Emotionalität litten und das durch egozentrisches und theatralisches Verhalten ausdrückten. Mit einem Anflug von Beschämung dachte Isa daran, wie sie Adèle stets als Dramaqueen gesehen hatte. Jetzt zu hören, dass mehr dahintersteckte, dass das absonderliche Verhalten ihrer Mutter möglicherweise Symptom einer schweren psychischen Erkrankung war, machte natürlich alles irgendwie verständlicher. Gleichzeitig aber auch beängstigender. Sie fühlte sich Adèle schließlich so ähnlich. Was, wenn sie diese Krankheit auch in sich trug? Wenn dieses ständige Dramagefühl, das sie hatte, nicht einfach nur ein Charakterfehler war, sondern etwas wirklich Ernstes?

Sie legte beide Hände um ihre warme Tasse.

»Also was?«, warf Ben ein. »Gehen wir jetzt zu dieser komischen Aufführung oder nicht?« Als Sera fragend schaute, erklärte er ihr, was Bartoc zur Bedingung dafür gemacht hatte, Adèle sehen zu können.

»Ich fürchte, wir haben keine andere Wahl«, antwortete Isas Vater. »Wenn Cécil sich etwas in den Kopf gesetzt hat, bringen ihn nicht mal zehn Pferde mehr davon ab.«

Ben warf sich gegen die Rückenlehne. »Na toll!«, schnaufte er.

KAPITEL 25

Da es bis zur Aufführung noch etwas Zeit war und Isa das Gefühl hatte, in einem Schraubstock zu stecken, bat sie Alexander, zusammen mit ihr einen kleinen Spaziergang durch den Ort zu machen. Im ersten Moment wollte Ben mitkommen, aber als er bemerkte, dass Isa etwas mit Alexander besprechen wollte, ließ er sie allein losziehen. Er, Sera und Isas Vater blieben in dem Café sitzen und versuchten, die Zeit anderweitig rumzubringen.

Seite an Seite spazierten Isa und Alexander durch den kleinen Ort. Die Straße, die sie entlanggingen, war rechts und links von hohen Zäunen und Hecken flankiert, über denen nur ab und zu das Dach eines Hauses zu sehen war. In der Luft lag das Geräusch eines Rasensprengers und direkt vor ihnen wehte der Wind feinen Sprühnebel über die eine Hälfte der Straße.

»Was denkst du?«, fragte Alexander, nachdem sie eine Weile lang beide ihren eigenen Gedanken nachgehangen hatten.

Isa war nicht sicher, was sie sagen sollte. Seit sie den Grund für Adèles irrationales Verhalten kannte, drehten sich ihre Gedanken im Kreis. Sie wollte Alexander davon erzählen, welche Sorge plötzlich nach ihr gegriffen hatte, wollte ihn fragen, ob er glaubte, dass sie wie ihre Mutter unter dieser psychischen Störung litt. Aber sie zögerte. Sie hätte ihm dann auch von ihren Dramagefühlen erzählen müssen und davor schreckte sie zurück. Was, wenn er sie danach mit anderen Augen sah? Wenn er auch glaubte, dass sie wie ihre Mutter war? Wenn er sie deswegen nicht mehr … wollte? Gerade noch konnte sie das Wort »liebte« aus ihren Gedanken verbannen.

Um ein wenig Zeit zu gewinnen, tat sie so, als genieße sie den feinen Schleier des Rasensprengers auf ihrem Gesicht. Als sie darunter durchgingen, roch die Luft kurz nicht nach sonnenverbrannter Erde, sondern frisch und kühl wie in einem Wald. Und plötzlich festigte sich etwas in ihr. Sie alle in dieser Familie hatten viel zu lange Geheimnisse voreinander gehabt. »Ich habe keine Ahnung, wo uns dieser ganze Kram hier hinführt, aber ich möchte, dass du eins über mich weißt.«

Er wartete, wirkte angespannt und fast ein bisschen ängstlich angesichts dessen, was nun kommen würde. »Wenn es um die Frage geht, ob ich dein Bruder …«

»Das neulich Nacht mit Pascal«, fiel sie ihm ins Wort. »Ich wollte, dass du kommst und mich rettest, so wie früher, so …« Wie albern und kindisch das gewesen war!, dachte sie. Und auch jetzt noch fühlte sie sich genau so: albern und kindisch. Aber so war es nun einmal gewesen und hier und jetzt würde sie es wenigstens einmal aussprechen. Was er dann daraus machte – sie würde es abwarten müssen.

Er jedoch überraschte sie. Wieder einmal.

»… so wie mit Comte de Brissac«, ergänzte er ihre Worte. Dann lächelte er. »Weiß ich doch längst.«

Sie sah ihn an. Begriff. »Du hast mich an dem Abend schon durchschaut«, stellte sie fest.

Er lächelte einfach schweigend weiter.

»Ich schäme mich ganz schön«, gestand sie.

Lächeln. Schweigen.

Sie lauschte in sich hinein, suchte nach Anzeichen dafür, dass Adèles Krankheit auch in ihr lauerte, aber sie spürte nichts davon. Histrionische Persönlichkeit. Sie unterdrückte den Wunsch, Alexander zu fragen, ob so was vererbbar war. Sie schüttelte den Kopf. »Es ist ganz schön anstrengend, erwachsen zu werden«, sagte sie.

Da zuckte er mit den Schultern. »Hat nie jemand etwas anderes behauptet.«

Bartoc hatte ihnen an der Kasse Karten für die besten Plätze im Zelt zurücklegen lassen. Isas Vater bestand darauf, sie zu bezahlen, obwohl die junge Frau, die sie ihnen aushändigte, sagte, es seien Freikarten.

Kurz darauf saß Isa zwischen Ben und Alexander auf einem gepolsterten Sitz in einer Art Loge. Sera und ihr Vater hatten sich in der Bank direkt hinter ihnen niedergelassen, die ein wenig erhöht war, sodass sie alle gut sehen konnten. Verwundert betrachtete Isa die Szenerie um sich herum. Beim Anblick des Zeltes von außen hatte sie geglaubt, dass es innen wie in einem klassischen Zirkus aussehen würde. Aber das war nicht der Fall. Ganz im Gegenteil. Es gab keine Manege in der Mitte. Die Sitzplätze waren in einem Halbkreis um eine Bühne angeordnet, die dem Zelteingang gegenüberlag und die eine ungewöhnliche Mischung aus Sandplatz und hoch aufragenden Kulissen war, die schroffe Felsen und Bäume darstellten. Eine Art Steg führte links von der Bühne weg und in einem weiten Kreis einmal zwischen den Sitzplätzen der Zuschauer hindurch, bis er rechts auf der zweiten Ebene wieder auf die Bühne traf. Das Ganze erinnerte Isa an die Bühnengestaltung des Musicals *Starlight Express,* das ihr Vater vor Jahren einmal mit ihnen allen besucht hatte. Natürlich war der Aufbau hier wesentlich weniger aufwändig, aber immer noch überraschend komplex dafür, dass sie sich im Zelt einer fahrenden Schauspieltruppe befanden.

Sie dachte an den Trailer auf dem Display über dem Zelt. Die Kollision der beiden Wörter *Zirkus* und *Theater* ergaben auf einmal Sinn.

Bis eben hatte sie sich darüber geärgert, dass Bartoc sie verdonnert hatte, sich dieses Stück anzusehen, aber plötzlich war sie doch gespannt darauf.

Neugierig senkte sie den Blick auf den Flyer mit der Handlung, den die Frau an der Kasse ihnen zusammen mit den Eintrittskarten ausgehändigt hatte. Die Fotos darin ließen auf eine Mischung aus Liebesgeschichte und Actiontheater schließen. Offenbar spielten mehrere Motorräder eine Rolle. Isa las den abgedruckten Auszug aus einer Zeitungskritik: *Mit* Tristan und Isolde *schafft der Cirque Bartoc es inzwischen seit Jahrzehnten, Mittelalter und Moderne, Kitsch und Rasanz zu einem Stück zu vereinen, das die Zuschauer von der ersten Minute an in ihren Bann schlägt.* Und an anderer Stelle stand: *Die Pferde sind heute Motorräder, die Schwerter Schusswaffen, aber abgesehen davon hält sich* Tristan und Isolde *dicht an die mittelalterliche Vorlage und bietet alles, was das Herz von Lovestory- und Actionfans höherschlagen lässt.*

Na dann, dachte sie, als das Licht ausging und Fanfarenmusik erklang.

Ben neben ihr prustete Luft durch die zusammengepressten Lippen. »Das kann ja was werden«, glaubte sie ihn grummeln zu hören. Sie wandte den Kopf, um zu sehen, wie Sera reagierte. Ihre Wahlschwester schien ähnlich neugierig zu sein wie sie selbst, aber sie zwinkerte Isa zu. Isa konzentrierte sich auf das Stück.

Es begann mit einer Schlacht. Mehrere als Ritter verkleidete Schauspieler kämpften auf ihren Motorrädern gegeneinander, wobei der Hauptdarsteller – Tristan – schwer verwundet wurde. Von Gram gebeugt, legten seine Gefährten ihn in ein kleines Boot und nahmen ihm den Helm ab.

»Das ist Gilles!«, entfuhr es Sera.

Isa hatte sich das bereits gedacht, denn sie hatte sein Motorrad erkannt. Eine Videoprojektion setzte ein, die verblüffend echt den Eindruck erweckte, dass Tristan in seinem Boot über ein weites Meer schaukelte und schließlich an einem einsamen Strand anlandete.

Bestimmt eine Minute lang untermalten Möwengeschrei und traurige, dramatische Klänge die Szenerie, bis Stimmen und Gelächter erklangen und zwei Frauen den projizierten Strand entlangkamen.

Eine davon war ein Mädchen ungefähr in Isas Alter. Sie spielte die Isolde, die sich auf der Stelle in den schönen und halb toten Tristan verliebte und sich daranmachte, ihn gesund zu pflegen. Isa allerdings konnte den Blick nicht von der zweiten Darstellerin lassen. Sie war um einiges älter und offenbar spielte sie Isoldes Amme oder Kinderfrau.

Diese zweite Schauspielerin war Adèle.

»Maman!« Ben, der ein paar Sekunden gebraucht hatte, um seine Mutter zu entdecken, schaffte es gerade noch, seinen spitzen Schrei zu einem halblauten Ruf zu dämpfen. Sein Kopf ruckte zu Isa herum. Seine Augen waren weit aufgerissen.

Isa nickte. »Ich habe sie gesehen«, flüsterte sie.

Sie spürte, wie Alexanders Hand sich ihrer näherte, um ihr Halt zu geben, und sie klammerte sich daran. Seine Finger waren eiskalt, genau wie ihre. Auf der Bühne wachte Gilles/Tristan aus seinem totenähnlichen Schlaf auf, öffnete die Augen und verfiel seinerseits der schönen Isolde. Adèle warnte Isolde in drängendem Ton, sich von diesem Mann fernzuhalten. Sie behauptete, sie habe einen bösen Traum gehabt und